I0073155

Geldanlage

Vermögensbildung

von

Prof. Dr. Dr. h.c. Hermann May

unter Mitarbeit von

Dipl.-Hdl. Ulla May

4., völlig überarbeitete, aktualisierte
und erweiterte Auflage

Oldenbourg Verlag München

Bibliografische Information der Deutschen Nationalbibliothek

Die Deutsche Nationalbibliothek verzeichnet diese Publikation in der Deutschen
Nationalbibliografie; detaillierte bibliografische Daten sind im Internet über
<http://dnb.d-nb.de> abrufbar.

© 2009 Oldenbourg Wissenschaftsverlag GmbH
Rosenheimer Straße 145, D-81671 München
Telefon: (089) 45051-0
oldenbourg.de

Das Werk einschließlich aller Abbildungen ist urheberrechtlich geschützt. Jede Verwertung
außerhalb der Grenzen des Urheberrechtsgesetzes ist ohne Zustimmung des Verlages unzulässig
und strafbar. Das gilt insbesondere für Vervielfältigungen, Übersetzungen, Mikroverfilmungen
und die Einspeicherung und Bearbeitung in elektronischen Systemen.

Lektorat: Wirtschafts- und Sozialwissenschaften, wiso@oldenbourg.de
Herstellung: Anna Grosser
Coverentwurf: Kochan & Partner, München
Gedruckt auf säure- und chlorfreiem Papier
Druck: Tutte Druckerei GmbH, Salzweg
Bindung: Thomas Buchbinderei GmbH, Augsburg

ISBN 978-3-486-59114-9

Vorwort

Wachsende Einkommen und Vermögen erweitern fortlaufend den finanziellen Dispositionsspielraum der privaten Haushalte und stellen diese – insbesondere auch im Hinblick auf eine selbstverantwortliche Altersvorsorge – zunehmend vor die Frage nach der zweckmäßigen Geldanlage. Neben den traditionellen Anlageformen wie Sparkonten, Lebensversicherungen, Bauspareinlagen und festverzinsliche Wertpapiere rücken dabei mehr und mehr risikoreichere Investments ins Blickfeld des Interesses. Mit sich mehrendem Wohlstand steigt der Reiz von und die Bereitschaft zu renditeträchtigeren und damit aber auch gewagteren Transaktionen.

Aus dieser erfreulichen Entwicklung versucht eine Vielzahl von Medien Kapital zu schlagen. Zeitungen, Zeitschriften, Fernsehsendungen und Websides kolportieren nicht selten in marktschreierischer Aufmachung Tips und Tricks, die – insbesondere bei weniger kundigen potentiellen Anlegern – häufig zu vorschnellen Entscheidungen führen. Selbsternannte Börsengurus verkünden zuhauf ihre zweifelhaften Weisheiten und verhöhnen diejenigen, die mit konservativer Vorsicht mit ihrem Geld disponieren.

Hier spontan nach verstärkter staatlicher Aufsicht und Regulierung zu rufen, ist verfehlt. Wer sich als Anleger engagieren möchte, muß selbst wissen, auf welch' anspruchsvolles und unstetes Gebiet er sich damit begibt. Er muß sich vor allem darüber im klaren sein, daß Rendite und Risiko der Anlagen direkt korrelieren. Hohe Rendite – hohes Risiko, geringe Rendite – geringes Risiko! Dieser Kausalzusammenhang gilt immer! Er kann weder durch geschickte (Verkaufs-)Rhetorik noch durch persönliche Zugeständnisse des Anlageberaters aufgehoben oder entschärft werden! Der Anleger muß selbst wissen, was er tut; er ist für sich selbst verantwortlich!

Um selbstverantwortlich Geld anlegen zu können, muß der Investor über solides einschlägiges Grundwissen verfügen. Diesem Erfordernis versucht die vorliegende Publikation zu entsprechen. Über eine eingehende Auseinandersetzung mit den diversen, teilweise miteinander konfligierenden Anlagezielen wird der Leser an das Thema Geldanlage herangeführt. Die Fragen, wie sich die (private) Anlage von Spargeldern vor dem Hintergrund des Konfliktes von Rentabilität und Risiko sowie der persönlichen Vermögensverhältnisse des Anlegers sachlich und zeitlich zu gestalten und auf welche Besonderheiten dieser bei der Anlageberatung durch entsprechende Institute zu achten habe, führen an die konkreten Anlageformen heran. Sie werden in Geldwertanlagen, Sachwertanlagen, gemischte Anlagen und (Finanz-)Termingeschäfte gegliedert. Besondere Beachtung finden die vermögenswirksame Anlage nach dem Fünften Vermögensbildungsgesetz sowie das Altersvorsorge-Sondervermögen.

Obgleich die (speziellen) steuerlichen Implikationen der einzelnen Anlageformen bereits unter diesen erfaßt werden, wird die Besteuerung von Geldanlagen – der Übersichtlichkeit halber – in einem eigenen Kapitel zusammenfassend dargestellt.

Einige kritische Anmerkungen beschließen die Darlegungen zur Geldanlage.

Möge dieses Buch all jenen eine hilfreiche Instruktion bieten, die – separat von oder ergänzend zu den Ratschlägen einschlägiger Institute – ein eigenes Wissen um die Möglichkeiten der Vermögensbildung und damit eine entsprechende Anlagekompetenz erwerben wollen.

Dem Abteilungsdirektor Vermögensanlage der Volksbank Offenburg, Herrn Juergen Ulmer, sei für seine fortwährende Unterstützung bei der Bewältigung anlagespezifischer Problemverhalte herzlich gedankt.

Heidelberg, im Mai 2001   Hermann May

Vorwort zur zweiten Auflage

Eine Vielzahl rechtlicher Änderungen und Neuerungen auf dem (Geld-)Anlagemarkt erforderten eine umfassende Überarbeitung und Aktualisierung dieses Buches. Die anhaltend rege Nachfrage nach demselben kam der raschen Berücksichtigung dieser Erfordernisse entgegen.

Heidelberg, im März 2004   Hermann May

Vorwort zur dritten Auflage

Die Innovationsflut am Markt für Finanzprodukte sowie die Unstetigkeit des Rechts, insbesondere des Steuerrechts, erzwingen nach relativ kurzer Zeit eine erneute Überarbeitung und Erweiterung dieses Werkes.

Der Anlageberaterin der Volksbank Offenburg, Frau Nicole Hurst, sei für ihre allzeit kompetente Auskunft in einschlägigen Fragestellungen und die prompte und selektive Beschaffung von Anschauungsmaterialien herzlich gedankt.

Heidelberg, im Oktober 2006   Hermann May

Vorwort zur vierten Auflage

Wiederum waren es Innovationen auf dem Markt für Finanzprodukte sowie steuerrechtliche Neuerungen, die eine Aktualisierung dieses Buches verlangten.

Dem Vermögensberater der Volksbank Offenburg, Herrn Peter Karg, sei für seine allseits umsichtige und sensible Befassung mit einschlägigen Grafiken und Übersichten herzlich gedankt.

Heidelberg, im Februar 2009   Hermann May

Inhaltsübersicht

Abkürzungen

Abb.	Abbildung
Abs.	Absatz
AfA	Absetzung für Abnutzung
AG	Aktiengesellschaft
AktG	Aktiengesetz
Art.	Artikel
AS	Altersvorsorge-Sondervermögen
Aufl.	Auflage
AZ	Aktenzeichen
BaFin	Bundesanstalt für Finanzdienstleistungsaufsicht
BFH	Bundesfinanzhof
BFM	Bundesministerium der Finanzen
BGH	Bundesgerichtshof
Bio	Billion(en)
Bobl	Bundesobligationen
bspw.	beispielsweise
BStBl	Bundessteuerblatt
ca.	circa
CAC	Aktienindex der Compagnie des Agents de Change (Paris)
DAX	Deutscher Aktienindex
d.h.	das heißt
d.i.	das ist
DM	Deutsche Mark
d.s.	das sind
DTB	Deutsche Terminbörse
d.Verf.	der Verfasser
€	Euro
EigZulG	Eigenheimzulagengesetz
EStG	Einkommensteuergesetz
EStDV	Einkommensteuer-Durchführungsverordnung
ErbStG	Erbschaftsteuergesetz
etc.	et cetera
EU	Europäische Union
EUR	Euro
Eurex	European Exchange (Europäische Terminbörse)
Euribor	European Interbank Offered Rate
EURO STOXX	European Stock Exchange Index
EUWAX	European Warrant Exchange
EZB	Europäische Zentralbank
FAZ	Frankfurter Allgemeine Zeitung
f.	folgende(r) (Singular!)
ff.	folgende (Plural!)
FTSE	Financial Times London Stock Exchange
GmbH & Co.KG	Gesellschaft mit beschränkter Haftung und Compagnie Kommanditgesellschaft
GrEStG	Grunderwerbsteuergesetz
GrStG	Grundsteuergesetz
Hrsg.	Herausgeber

hrsgg.	herausgegeben
i.d.F.	in der Fassung
i.d.R.	in der Regel
i.G.	im Gegensatz
i.Verb.	in Verbindung
InvZulG	Investitionszulagengesetz
IWF	Internationaler Währungsfonds
KAGG	Gesetz über Kapitalanlagegesellschaften
KGV	Kurs-Gewinn-Verhältnis
KSt	Körperschaftsteuer
LIBOR	London Interbank Offered Rate
M-DAX	Mid Caps Aktienindex (Deutschland)
MEZ	Mitteleuropäische Ortszeit
Mio	Million(en)
Mrd	Milliarde(n)
NASDAQ	National Association of Security Dealers Automated Quotation System (Composite Index)
NIBOR	New York Interbank Offered Rate
Nikkei-Index	Nikkei Dow Jones Average Index (Tokio)
NJW	Neue Juristische Wochenschrift
Nr.	Nummer
NV	Nichtveranlagung
OTC	Over the Counter Market
p.a.	per annum, pro anno
PEX	Pfandbriefe-Index
PEXP	PEX-Performance-Index
REX	Deutscher Renten-Index
REXP	REX-Performance-Index
S.	Seite
s.	siehe
SMAX	Small Caps Aktienindex (Deutschland)
SOFFEX	Swiss Options and Financial Futures Exchange
sog.	sogenannte(r)
StEntlG	Steuerentlastungsgesetz
STOXX	Stock Exchange Index
STRIPS	Separate Trading of Registered Interest and Principal of Securities
StSenkG	Steuersenkungsgesetz
S & P	Standard and Poor's
u.	und
u.a.	und andere
u.a.m.	und andere(s) mehr
US	United States
USA	United States of America
UStDV	Umsatzsteuergesetz-Durchführungsverordnung
UStG	Umsatzsteuergesetz
u.U.	unter Umständen
v.	vom, von
v.H.	vom Hundert
VermBG	Vermögensbildungsgesetz
v.T.	vom Tausend

WM	Wertpapier-Mitteilungen
WpHG	Wertpapierhandelsgesetz
XETRA	Exchange Electronic Trading
z. B.	zum Beispiel
Ziff.	Ziffer

I
ALLGEMEINE
VORBEMERKUNGEN

1 Vermögensbildung der privaten Haushalte* in Deutschland[1]

Die privaten Haushalte in Deutschland haben im Zuge einer seit den 1950er Jahren anhaltenden Wohlstandsmehrung ein Bruttovermögen von insgesamt 10,3 Billionen Euro (2006) aufgebaut. 46,4 Prozent entfallen davon auf Immobilien, 43,6 Prozent auf Geldvermögen[2] und 10 Prozent auf Gebrauchsvermögen. Mittelfristig ist das Bruttovermögen dieses Sektors seit 1991 bis 2006 um 73 Prozent angewachsen. Allerdings läßt sich für diesen Zeitraum eine deutliche Verschiebung in der Vermögensstruktur ausmachen. Während der Immobilienanteil am Gesamtvermögen der privaten Haushalte 1991 noch bei 56 Prozent und der des Geldvermögens bei 34 Prozent lagen, bezifferten sich diese Anteilswerte 2006 auf 46,4 beziehungsweise 43,6 Prozent. – Diesem Gesamtvermögen steht eine Gesamtverschuldung von 1,6 Billionen Euro gegenüber. Zwei Drittel derselben entfallen auf Hypotheken.

Die privaten Haushalte in Deutschland haben seit 1991 ihr Geldvermögen weiter sukzessive gemehrt und erreichten 2006 einen Gesamtbestand von 4,53 Billionen Euro (siehe Schaubild I, 1).

Geldvermögen der privaten Haushalte
– Jahresendstände –

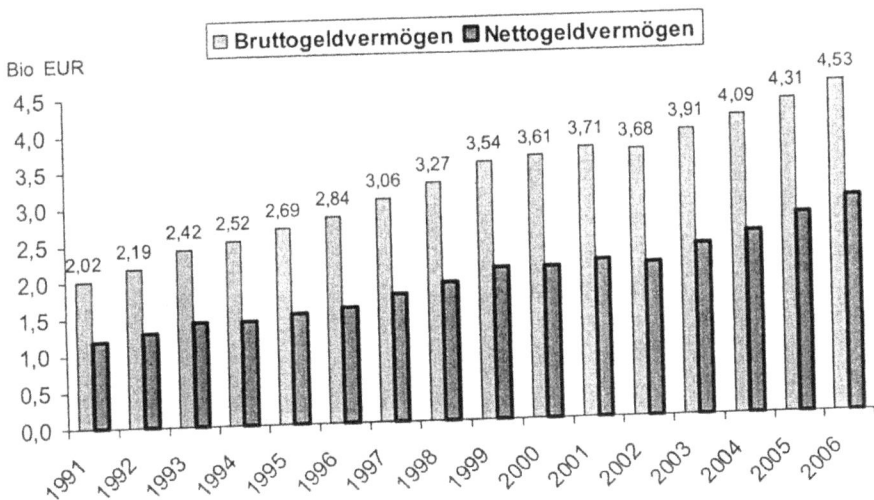

Quellen: Deutsche Bundesbank u. Allianz Dresnder a.a.O.

Schaubild I, 1

Der Ansteig des Geldvermögens von 1991–2006 vollzog sich mit einem jährlichen Wachstum von durchschnittlich 5,5 Prozent. Diese Wachstumsrate folgt einem deutlichen Abwärtstrend von rund 12 Prozent in den sechziger Jahren, über 11

---

* Einschließlich private Organisationen ohne Erwerbszweck.
[1] Siehe hierzu Allianz Dresdner Economic Research, Vermögensreport 2007.
[2] In der Finanzierungsrechnung der Deutschen Bundesbank (Volkswirtschaftliche Gesamtrechnung): der Wert aller Forderungen abzüglich der Verbindlichkeiten der privaten Haushalte.

Prozent in den Siebzigern und rund 7 Prozent in den Achtzigern (siehe Schaubild I, 2).

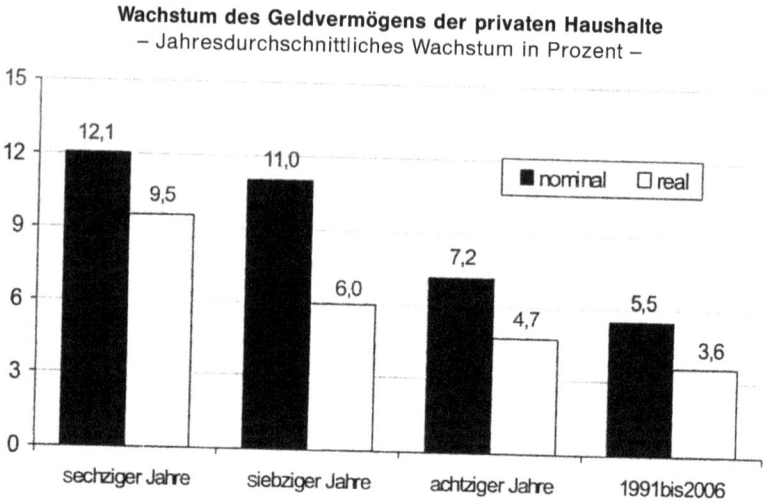

Wachstum des Geldvermögens der privaten Haushalte
– Jahresdurchschnittliches Wachstum in Prozent –

	nominal	real
sechziger Jahre	12,1	9,5
siebziger Jahre	11,0	6,0
achtziger Jahre	7,2	4,7
1991bis2006	5,5	3,6

Quellen: Deutsche Bundesbank u. Allianz Dresdner a.a.O.

Schaubild I, 2

Die Vermögensbildung der privaten Haushalte in Deutschland war bis Anfang der neunziger Jahre fast ausschließlich über deren Sparen aus Arbeitseinkommen induziert. Erst nach diesem Zeitpunkt erlangten auch Kursgewinne aus Wertpapieren eine gewisse Relevanz für den Vermögensaufbau. Im Verlauf der Börsenhausse der Jahrtausendwende war dieser nur noch zu 60 Prozent aus den Arbeitseinkommensersparnissen gespeist, 40 Prozent resultierten aus Wertzuwächsen bei Wertpapieren.

Die starken Kurseinbrüche am Aktienmarkt Anfang des neuen Jahrtausends haben die privaten Haushalte in Deutschland in ihrem Anlageverhalten nachhaltig verunsichert. Ihre Investmententscheidungen sind seither verstärkt von Sicherheits-

So viel Prozent der Befragten hatten sich im Jahr 2007 für die folgenden Geldanlagen entschieden (Mehrfachnennungen)

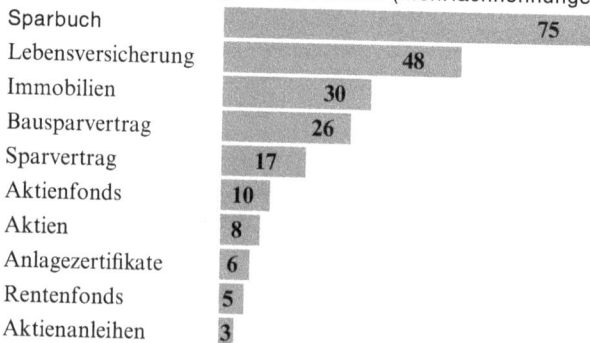

Geldanlage	Prozent
Sparbuch	75
Lebensversicherung	48
Immobilien	30
Bausparvertrag	26
Sparvertrag	17
Aktienfonds	10
Aktien	8
Anlagezertifikate	6
Rentenfonds	5
Aktienanleihen	3

Quellen: DIA, Deutsches Derivate Insitut, Insitut der deutschen Wirtschaft Köln

Schaubild I, 2a

erwägungen geprägt und zeigen eine deutliche Zurückhaltung gegenüber Aktien-engagements. Ein eher konservatives Anlageverhalten stellt sich ein (siehe Schau-bild I, 2a).

Mittelfristig dürfte jedoch unter dem Aspekt der Renditemehrung respektive des Eigenvorsorgebedarfs eine gezielte Umschichtung des Portefeuilles zugunsten von Kapitalmarktprodukten nicht zu umgehen sein. Der in Deutschland im Vergleich zu den USA, aber auch zu europäischen Staaten wie der Schweiz, den Niederlanden oder Großbritannien, immer noch relativ gering geschätzten Aktienanlage kommt in diesem Zusammenhang verstärkte Bedeutung zu.

2 Geldanlageformen im Überblick

Bevor wir in die Darlegung einzelner Geldanlageformen eintreten, erscheint es sinnvoll, einen ordnenden Überblick über dieselben zu geben.

Ganz allgemein lassen sich Ersparnisse in Geldwerten und in Sachwerten anlegen.

Geldwertanlagen verschaffen dem Berechtigten Anspruch auf Auszahlung einer bestimmten Geldsumme zu einem frei wählbaren oder im voraus festzulegenden Zeitpunkt beziehungsweise in einem bestimmten Fall. Geldwertanlagen sind unter anderem: Spareinlagen, Festgelder, Sparbriefe, Bausparen, Rentenpapiere wie auch Versicherungen.

Sachwertanlagen sind im wesentlichen Aktien, Immobilien, Gold, Edelmetalle.

Neben den reinen Geld- und Sachwertanlagen sind auch **gemischte Anlagen**, das heißt Anlagen, die sowohl Geldwerte als auch Sachwerte umfassen, möglich. Solche gemischte Anlagen sind insbesondere bei Investmentfonds anzutreffen.

Eine Geldanlage besonderer Art bilden die **(Finanz-)Termingeschäfte/(Finanz-)Derivate**.

Welchen Geldanlagemöglichkeiten sich nun der Anleger im einzelnen zuwendet, hängt im wesentlichen von seinen mit der jeweiligen Anlage verbundenen indivi-duellen Zielvorgaben (Geldanlagezielen) ab.

3 Geldanlageziele

Die mit der Anlage von Spargeldern verfolgten Ziele sind recht unterschiedlich. Diese Unterschiedlichkeit ist nicht nur ein Reflex der Individualität des Anlegers mit seinen unterschiedlichsten Präferenzen (Vorlieben), sie hängt in der Regel auch von dessen vermögensmäßiger Ausstattung (Wohlhabenheit) ab.

Im allgemeinen sind es drei bis vier Ziele, die von den Anlegern in ihr Anlagekalkül einbezogen werden und – je nach deren Präferenzstruktur – vorrangige oder nach-geordnete Berücksichtigung erfahren. Es sind dies:

– Sicherheit der Anlage,
– Rentabilität der Anlage,
– Liquidität der Anlage und
– Steuerminderung durch die Anlage.

Neben den vorgenannten klassischen Geldanlagezielen wird in jüngster Zeit auch der Aspekt der ethischen Verantwortbarkeit von Anlagen herausgestellt. Hier werden nicht selten mit Technik- und Fortschrittsfeindlichkeit oder mit Öko-Parolen dubiose Anlagepolitik betrieben und fragwürdige Geschäfte angebahnt. Hier ist erhöhte Vorsicht geboten!

3.1 Sicherheit

Mit der Sicherheit der Anlage wird das Ausmaß der Erhaltung des Anlagebetrages und seiner nominalen Rückzahlung umschrieben. Diese Sicherheit steht in Abhängigkeit von einer Reihe von Risiken, die eine Geldanlage mehr oder weniger zwangsläufig begleiten. Es sind dies im einzelnen folgende Risiken:

– Verlustrisiko,
– Kursrisiko,
– Ertragsrisiko,
– Währungsrisiko,
– Inflationsrisiko.

3.1.1 Verlustrisiko

Das Verlustrisiko einer Geldanlage besteht in der Gefahr, dieselbe teilweise oder insgesamt zu verlieren. Dieser Verlust kann durch widrige Umstände (z. B. Insolvenz oder wirtschaftlicher Niedergang des Unternehmens, in das die Geldanlage erfolgte), aber auch durch kriminelle Handlungen skrupelloser Anlagevermittler oder -verkäufer (außerhalb des Bankenbereiches)[1] erfolgen. Dem letzteren Verlustrisiko läßt sich dadurch begegnen, daß man solche freien Anlagevermittler/ -verkäufer (des grauen Kapitalmarktes) meidet und sich nur solchen Anbietern zuwendet, die ihre Einlagen durch Mitgliedschaft bei einem Einlagensicherungsfonds (einem sogenannten „Feuerwehrfonds") absichern. Solche durch Zusammenschlüsse fast aller Banken gebildete Fonds garantieren die Rückzahlung der Einlagen im Falle ihres Verlustes. Es empfiehlt sich deshalb für einen Anleger, sich nach der Mitgliedschaft eines in Betracht gezogenen Anbieters (von Geldanlagen) bei einem solchen Einlagensicherungsfonds zu erkundigen. Die Anbieter sind verpflichtet, hierüber ihren Kunden unmißverständlich Auskunft zu geben.

3.1.2 Kursrisiko

Bei fest- und variabel verzinslichen Wertpapieren sind mehr oder minder große Abfälle des Verkaufspreises (Verkaufskurses) gegenüber dem ursprünglichen Einkaufspreis (Einkaufskurs) nicht auszuschließen, so daß der Anleger – falls er zu solch einem Zeitpunkt diese Papiere verkaufen wollte (oder müßte) – mehr oder minder große (Kurs-)Verluste gegenüber dem (ursprünglichen) Einkaufskurs und damit Vermögenseinbußen in Kauf nehmen müßte.

Bei festverzinslichen Wertpapieren (Rentenpapieren) sind die Kursrisiken in der Regel verhältnismäßig eng begrenzt. Bei variabel verzinslichen Wertpapieren (so insbesondere Aktien) sind diese quasi unbegrenzt.

---

[1] Nach dem Kreditwesengesetz unterstehen die Finanzdienstleister des grauen Marktes der Kontrolle der Bundesanstalt für Finanzdienstleistungsaufsicht (BaFin). Um eine Lizenz für den Vertrieb von Finanzprodukten zu erlangen, müssen diese bestimmte Mindestanforderungen erfüllen. Vermittler von Fondsanteilen und Bausparverträgen unterstehen nicht dieser Aufsicht.

3.1.3 Ertragsrisiko

Mit Ertragsrisiko wird die Gefahr umschrieben, einen geringeren Ertrag aus Anlagen zu realisieren als ursprünglich ins Auge gefaßt. Erträge sind: Zinsen, Dividenden, Mieten, staatliche Zuwendungen (Prämien, Steuergutschriften) und andere mehr. Bei festverzinslichen Wertpapieren (Rentenpapieren) ist dieses Risiko nicht gegeben. Bei variabel verzinslichen Wertpapieren (so insbesondere Aktien) kann jedoch die Verzinsung (Dividende) bis auf Null absinken.

Zwischen Ertragsrisiko und Kursrisiko kann es bei variabel verzinslichen Wertpapieren leicht zu Koppelungseffekten kommen. Wenn nämlich bei diesen die Zinsen (Dividenden) fallen (z. B. auf Grund von Ertragseinbußen oder geschmälerten Gewinnerwartungen), führt dies (infolge von verstärkten Verkäufen dieser Papiere oder verminderter Nachfrage nach ihnen) häufig auch zu entsprechenden Kursverlusten.

3.1.4 Währungsrisiko

Werden Geldanlagen in einer fremden Währung vorgenommen, so ergibt sich damit für den Anleger ein Währungsrisiko. Fällt nämlich der Kurs der Fremdwährung, in der die Anlage getätigt wurde, gegenüber dem Euro, dann muß der Anleger beim Umtausch dieser Anlage in Euro zwangsläufig Wertverluste (gegenüber dem ursprünglichen Kaufpreis der Anlage) hinnehmen.

3.1.5 Inflationsrisiko

Im Gegensatz zu Sachwertanlagen unterliegen Geldwertanlagen (deren Rückzahlung in Geld erfolgt) dem Inflationsrisiko, das heißt der Gefahr der Wertminderung durch Kaufkraftverlust. Eine solche Wertminderung der Geldanlage kann gegebenenfalls durch eine entsprechende Verzinsung kompensiert bis überkompensiert werden.

3.2 Rentabilität

Die Rentabilität einer Anlage ergibt sich – je nach Art der Anlage – aus verschiedenen Teilgrößen:

- der Verzinsung,
- dem Kursgewinn/-verlust,
- den Kosten und Gebühren.

3.2.1 Verzinsung

Entsprechend der jeweiligen Geldanlage ist die Verzinsung *fest* (bei Spareinlagen, Rentenpapieren, Immobilien [Mietzins]) beziehungsweise *variabel* (bei Aktien, Investmentfonds). Bei einer festen Verzinsung richtet sich der vertraglich vereinbarte Zinssatz nach der Knappheit des Geldes am (Geld-)Anlagemarkt. Je knapper die Anlagegelder, desto höher die Zinssätze und umgekehrt!

3.2.2 Kursgewinne/Kursverluste

Soweit die Anlagen am Markt, insbesondere an der Börse, gehandelt werden, können sich neben den Zinserträgen Kursgewinne beziehungsweise Kursverluste ergeben. Auf solche Kursgewinne richtet sich in der Regel das Hauptinteresse der einschlägigen Anleger. Die Zinsen der Geldanlagen spielen daneben meist eine untergeordnete Rolle.

3.2.3 Kosten und Gebühren

Um die Rentabilität einer Anlage zu ermitteln, müssen die mit derselben anfallenden Kosten und Gebühren, so insbesondere Maklergebühren, Provisionen, Bankspesen, in Ansatz gebracht werden. Sie schmälern den Ertrag der Anlage.

Eine umfassende Auflistung der mit einer Geldanlage möglicherweise anfallenden Kosten und Gebühren ist kaum zu geben, da sich in diesem Bezug die Banken/Anlageinstitute nicht nur recht unterschiedlich, sondern auch zuweilen äußerst erfinderisch verhalten.

Es lassen sich jedoch für den Kauf, den Verkauf und die Verwaltung von Wertpapieren folgende Standard-Belastungen ausmachen:

3.2.3.1 Kosten und Gebühren beim Kauf und Verkauf

Die Kosten und Gebühren beim Kauf und Verkauf von Wertpapieren sind in der Regel gleich. Sie unterscheiden sich jedoch insbesondere hinsichtlich Aktien, Options- und Genußscheinen sowie Zertifikaten einerseits und Anleihen andererseits hinsichtlich der Höhe der Abschlüsse wie auch hinsichtlich der einzelnen Kreditinstitute.

3.2.3.1.1 Aktien, Options- und Genußscheine, Zertifikate, Wandelanleihen

(1) *Provision:* 0,75–1 % des Kurswertes, mindestens 25–35 Euro. (Bei Telefonbanking niedrigere Sätze [0,3–0,5 %, mindestens 10 Euro]; allerdings dabei keine Beratung!)
(2) *Maklergebühr/Courtage* (nur bei Parketthandel): zwischen 0,4 und 0,8 ‰ des Kurswertes, mindestens 0,75 Euro.
(3) *Börsenspesen:* Parkett: 3 Euro; XETRA: 0,06 ‰ vom Kurswert (zwischen 1,50 u. 4 Euro).
(4) *Eigene Spesen der betrauten Bank:* zwischen 1,25 und 3 Euro.

3.2.3.1.2 Anleihen

(1) *Provision:* 0,5 % des Kurswertes, mindestens 15–35 Euro. (Bei Telefonbanking niedrigere Sätze [0,15–0,25 %, mindestens 10 Euro]; allerdings dabei keine Beratung!)
(2) *Maklergebühr/Courtage:* zwischen 0,26 und 0,75 ‰ des Nenn- bzw. Kurswertes (soweit der Kurs über pari), mindestens 0,75 Euro.
(3) *Börsenspesen:* 3 Euro.
(4) *Eigene Spesen der betrauten Bank:* zwischen 1,25 und 3 Euro.

3.2.3.2 Kosten für Verwahrung und Verwaltung

Für Aktien wie für Anleihen werden von den verwahrenden Kreditinstituten üblicherweise Depotgebühren in Höhe von 1,25 bis 2,5 ‰ vom Kurswert (Aktien) beziehungsweise Nennwert (Anleihen) zuzüglich 19 % Mehrwertsteuer in Anrechnung gebracht (mindestens 4–6 Euro pro Posten zuzüglich 19 % Mehrwertsteuer). Online-Broker verwahren und verwalten die über sie erstandenen Wertpapiere i. d. R. kostenlos beziehungsweise mit einer Jahresgebühr zwischen 10 und 30 Euro.

Die Verwaltung von Bundeswertpapieren durch die Bundeswertpapierverwaltung ist gebührenfrei.

3.2.4 Rendite

Die rechnerische Größe zur Beurteilung der Rentabilität einer Geldanlage ist deren Rendite. Sie zeigt in einem Zinssatz an, welchen Ertrag diese Anlage pro Jahr erbringt. Sie definiert sich als das Verhältnis des jährlichen Ertrags der Geldanlage zu deren Kaufpreis.

Wird eine Geldanlage unter dem Rückzahlungswert erworben, so erhält der Anleger außer dem jährlichen Ertrag, das heißt der laufenden Verzinsung, einen Zusatzertrag aus dem Rückzahlungsgewinn. Es lassen sich dann die *laufende Verzinsung* und die *effektive Verzinsung* unterscheiden.

Beispiel: Erwerb einer 6%-igen Anleihe zum Ausgabekurs von 92% und einer Laufzeit von 10 Jahren

1. *Laufende Verzinsung*

$$\frac{\text{Nominalzins} \cdot 100}{\text{Kaufpreis bzw. Kurs}} = \frac{6 \cdot 100}{92} = 6,52\%$$

2. *Effektive Verzinsung*

$$\frac{\text{Nominalzins} \cdot 100}{\text{Kaufpreis bzw. Kurs}} + \frac{\text{Rückzahlungsgewinn} \cdot 100}{\text{Restlaufzeit} \cdot \text{Kaufpreis bzw. Kurs}}$$

$$\frac{6 \cdot 100}{92} + \frac{8 \cdot 100}{10 \cdot 92}$$

$$6,52 + 0,87 = 7,39\%$$

Für Anleger mit Erträgen aus Geldanlagen (Kapitalerträgen) über 801 Euro **(Sparer-Pauschbetrag 750)** für Ledige bzw. 1602 Euro für Verheiratete (Freistellungsauftrag!) pro Jahr sind auch steuerliche Aspekte für die Berechnung der Rentabilität in Betracht zu ziehen. (Siehe hierzu insbesondere die Ausführungen unter X.)

3.3 Liquidität

Mit Liquidität wird die Möglichkeit umschrieben, die Geldanlage zu „verflüssigen", das heißt wieder in Bargeld umzuwandeln. Die Liquidität einer Anlage ist umso höher, je schneller und problemloser sie wieder in Bargeld umgewandelt werden kann.

Bei Anlagen auf Konten bestimmt sich die Liquidität nach den vertraglichen Kündigungsfristen. Bei börsennotierten Wertpapieren kann die Anlage jederzeit (allerdings auch unter Inkaufnahme eines Kursverlustes!) liquidiert werden. Problematischer gestaltet sich die Liquidierbarkeit bei Immobilien oder Kapitalbeteiligungen, die nicht an der Börse gehandelt werden.

Eine genaue Prüfung der Liquidität einer in Erwägung gezogenen Anlage erscheint immer dann angezeigt, wenn bereits im vorhinein bekannt ist, daß die angelegte Geldsumme zu einem bestimmten Zeitpunkt oder vielleicht sogar jederzeit kurzfristig verfügbar sein muß. Eine Nichtbeachtung dieses Erfordernisses hätte nämlich gegebenenfalls zur Folge, daß der Anleger auf sein eigenes (nicht verfügbares) Vermögen einen Kredit aufnehmen und dafür (Schuld-)Zinsen und möglicherweise Gebühren zahlen müßte, die die ihm durch die Anlage zufließenden Guthabenzinsen weit übersteigen würden.

3.4 Steuerminderung

Die Auswirkungen einer Geldanlage auf die persönliche Steuersituation (siehe hierzu die zusammenfassenden Ausführungen unter X) sollten – insbesondere unter dem Blickwinkel der Steuerersparnis – vor jeder Anlageentscheidung eingehend geprüft werden. Es ist insbesondere zu achten auf:

– die Ausnutzung des Sparer-Pauschbetrages (Kapitalerträge einschließlich des Werbungskostenpauschbetrages sind bis zu einem Betrag von 801 Euro für Ledige beziehungsweise 1602 Euro für Verheiratete pro Jahr von der Einkommensteuer befreit!);
– den persönlichen Einkommensteuersatz (sofern er niedriger ist als der Abgeltungssteuersatz von 25 %);
– die allgemeine Besteuerung bestimmter Anlageformen (z. B. Grundvermögen);
– die allgemeine Besteuerung bestimmter Erträge (z. B. Erträge aus Vermietung und Verpachtung);
– die steuerliche Begünstigung bestimmter Anlageformen (z. B. Lebensversicherungen, Wohnungsbau);
– die Erbschaftsteuer, der das Vermögen unterliegen kann.

Obgleich die Ausnutzung steuerlicher Vergünstigungen von Geldanlagen äußerst verlockend ist, sollte darüber die Beachtung der anderen Anlageziele – insbesondere die Sicherheit und Rentabilität – nicht vernachlässigt werden. Aus einer schlechten Geldanlage wird durch Steuervorteile keine gute!

3.5 Zielkonflikte

Die Anlageziele Sicherheit, Rentabilität, Liquidität und Steuerminderung stehen untereinander in einem nicht zu übersehenden Konfliktverhältnis. Sie lassen sich praktisch nie bei *einer* Anlageform gleichzeitig maximieren, denn:

– hohe Rentabilität geht in der Regel mit hohem Risiko einher;
– Sicherheit geht meist zu Lasten der Rentabilität;
– langfristige Anlagen haben in der Regel eine höhere Rentabilität als kurzfristige (das heißt: höhere Liquidität wird meist durch geringere Rentabilität erkauft!);
– die Steuerbegünstigung von Geldanlagen ist meist mit langen Bindungsfristen (stark geminderte Liquidität!) oder hohen Risiken (Risikokapital!, Abschreibungsmodelle!) gekoppelt.

Es liegt letztlich im freien Belieben und der höchst persönlichen Verantwortung eines jeden Anlegers selbst zu entscheiden, welche Ziele er in Anbetracht seiner individuellen Situation vorziehen und welche er nachordnen möchte. Verallgemeinernde Feststellungen lassen sich hierfür nur schwer oder gar nicht treffen.

Neben einer klaren Zielorientierung sollte der Anlieger nicht außer Betracht lassen, welcher laufende persönliche Zeitaufwand mit der „Betreuung" der jeweiligen Geldanlage verbunden ist. So kann eine flexible Anlage in Aktien zeitaufwendige Marktbeobachtung (über entsprechende Berichte, Sendungen, Analysen etc.) und Portefeuille-Umschichtungen (Verkäufe u. Käufe) erfordern oder der Erwerb von Immobilien zeitraubende Überwachungen und nervenaufreibende Auseinandersetzungen mit Mietern/Pächtern implizieren. Solche und andere oft zwangsläufig sich mit der Geldanlage einstellende Belastungen werden bei der Entscheidungsfindung nicht selten übersehen.

4 Struktur und Dauer von Geldanlagen

Die Anlage von Spargeldern in bestimmten Anlageformen hat sich vor dem Hintergrund des Konfliktes von Rentabilität und Risiko in erster Linie von den persönlichen Vermögensverhältnissen des Anlegers leiten zu lassen. Je kleiner das Vermögen des Anlegers, desto größer sollte die Sicherheit der zu wählenden Anlage und desto höher seine Zurückhaltung gegenüber risikobehafteten Anlagen sein. Wer Vermögensverluste gegebenenfalls nicht oder nur schwer verkraften kann, sollte das Wagnis risikobehafteter Anlagen meiden. Je bescheidener die Vermögensverhältnisse, desto solider/sicherer die Geldanlagen; je besser die Vermögensverhältnisse, desto eher kann Anlagerisiko (mit entsprechendem Gewinnpotential) eingegangen werden! – Gleichwohl sollte jeder Anleger – ob seine Vermögensverhältnisse nun als bescheiden oder beachtlich einzustufen sind – hinsichtlich seines Vermögensaufbaus eine seinen (Vermögens-)Verhältnissen entsprechende Risikostreuung vornehmen. Seine Vermögensstruktur sollte seinen Vermögensverhältnissen Rechnung tragen.

Entsprechend ihrer zu-/abnehmenden Sicherheit und ihres korrelierten zu-/abnehmenden Gewinn-/Verlustpotentials lassen sich die wichtigsten Anlageformen wie folgt (siehe Übersicht I, 3) ordnen:

Gewinn- und Verlustpotentiale von Geldanlagen
– Überblick –

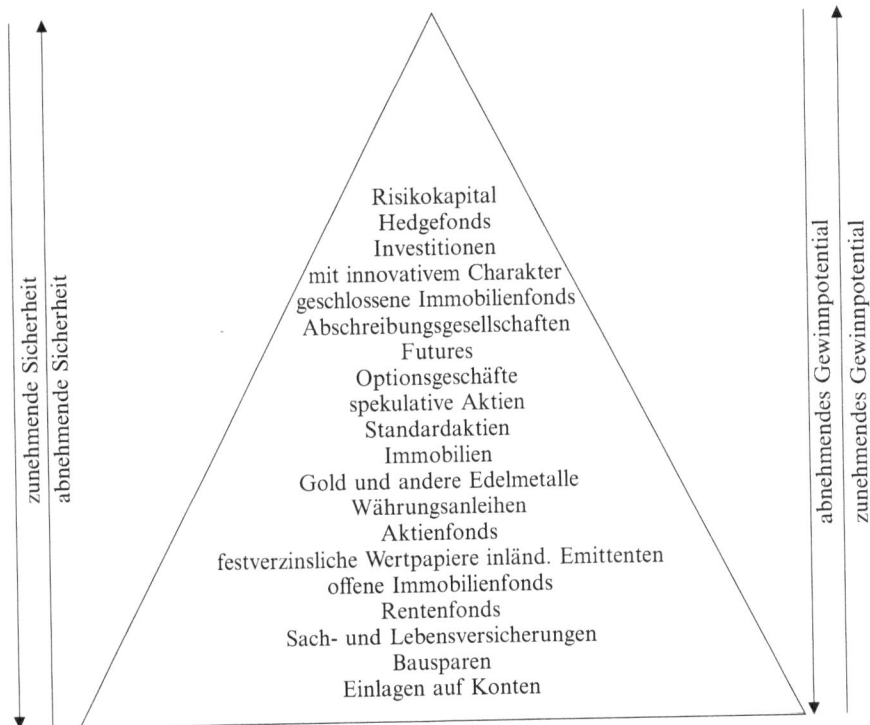

zunehmende Sicherheit / abnehmende Sicherheit

Risikokapital
Hedgefonds
Investitionen
mit innovativem Charakter
geschlossene Immobilienfonds
Abschreibungsgesellschaften
Futures
Optionsgeschäfte
spekulative Aktien
Standardaktien
Immobilien
Gold und andere Edelmetalle
Währungsanleihen
Aktienfonds
festverzinsliche Wertpapiere inländ. Emittenten
offene Immobilienfonds
Rentenfonds
Sach- und Lebensversicherungen
Bausparen
Einlagen auf Konten

abnehmendes Gewinnpotential / zunehmendes Gewinnpotential

Übersicht I, 3

Auf dem Hintergrund der vorausgegangenen Darlegungen wäre in Anlehnung an Karl H. Lindmayer[1] für Vermögen unterschiedlicher Größenordnung beispielhaft von folgender **Anlagestruktur** auszugehen (siehe Übersicht I, 4).

Die Vermögensstruktur unter anlagestrategischen Gesichtspunkten		
– Empfohlener Strukturrahmen des liquiden Gesamtvermögens in Prozent* –		
Gesamtvermögen 50 000 Euro	Gesamtvermögen 500 000 Euro	Gesamtvermögen 5 Millionen Euro
Investmentzertifikate (gemischter Wertpapier- und Immobilienfonds) 25%	– Immobilien – Steuersparende Anlagen – Gewerbliche Beteiligungen 25%	– Immobilien, davon je zur Hälfte Wohn- und Gewerbeimmobilien – Steuersparende Anlagen in Euro und Fremdwährung – Gewerbliche Beteiligungen 45%
Versicherungen 10%	– Aktien – Optionen u. Futures – Kunstgegenstände – Sammlungen, Gold 20%	
Rentenpapiere 45%	Investmentzertifikate (besonders Aktienfonds) 10%	Kunstgegenstände Sammlungen, Edelmetalle 15%
	Versicherungen bis 5%	Aktien, Optionen und Futures einschließlich Risikokapital 20%
	Rentenpapiere einschließlich Zerobonds 30%	Rentenpapiere einschließlich niedrig verzinslicher Wertpapiere und Zerobonds in Euro und Fremdwährung 15%
Kurz- und mittelfristige Anlagen • Spareinlagen • Termingeldeinlagen • Geldmarktfonds ohne Ausgabeaufschlag 20%	Kurz- und mittelfristige Anlagen (Liquidität) in Euro und Fremdwährung 10%	Kurz- und mittelfristige Anlagen (Liquidität) in Euro u. Fremdwährung 5%

* ohne Berücksichtigung der vorgesehenen Anlagedauer

Übersicht I, 4

---

[1] Vgl. Lindmayer, Karl H., Geldanlage und Steuer 2009, Wiesbaden 2009, S. 17 ff.

Als eine die Sicherheits- und Rentabilitätsziele übergreifende Faustregel der Vermögensstrukturierung läßt sich ausmachen: In Zeiten niedriger (Geldmarkt-) Zinsen sollte grundsätzlich mehr Liquidität gehalten werden (um bei einem Zinsanstieg Gelder für attraktive Anlagen rasch verfügbar zu haben)! In Zeiten hoher Zinsen sollte dann die angestaute Liquidität für mittel- und langfristige Anlagen in Anspruch genommen werden!

Um im Zeitverlauf einen differenzierten Überblick über das gebildete Vermögen zu haben und die Kontrolle der ins Auge gefaßten Anlageziele nicht zu verlieren, empfiehlt es sich, jährlich eine **Vermögensinventur** durchzuführen. Eine darauf basierende **Vermögensbilanz** (Vermögensübersicht/Vermögensstatus) sollte die Ausgangssituation für Vermögensumschichtungen, Verkäufe und weitere Käufe, markieren. Die Einholung gegebenenfalls hierfür erforderlicher Ratschläge bei ausgewiesenen Fachleuten (in der Regel von Banken) oder in seriösen Publikationen und der Wirtschaftsfachpresse (Wirtschaftswoche, Capital, Handelsblatt, Frankfurter Allgemeine Zeitung, Finanztest, Das Wertpapier, Geldidee, Focus-Money u. a.) sollte nicht gescheut werden.

5 Anlageberatung und Haftung

Gibt der Kunde dem Kreditinstitut/der Vertriebsorganisation nicht lediglich einen *Anlageauftrag*, sondern sucht bei diesem/dieser auch ein Auskunfts- und Beratungsgespräch, dann kommt zwischen den beiden stillschweigend ein *Auskunfts- und Beratungsvertrag* zustande. Dieser Auskunfts- und Beratungsvertrag beinhaltet für das Kreditinstitut/die Vertriebsorganisation die Pflicht, dem Anleger (Kunden) alle für dessen Anlageentscheidung bedeutsamen und zum Beratungszeitpunkt bekannten beziehungsweise in Erfahrung zu bringenden Tatsachen mitzuteilen. Um dieser Pflicht genügen zu können, muß sich der mit der Beratung des Anlegers betraute Anlageberater zunächst bei diesem über dessen finanzielle Verhältnisse, dessen Anlageziele, bevorzugte Anlageformen sowie die beabsichtigte Finanzierung des Geschäftes erkunden. (Zur Protokollierung der Fragen und Antworten dieses Erkundungsgespräches siehe die Ausführungen unter I, 5.3.)

Vor diesem Hintergrund (der persönlichen Situation und Interessenlage des Kunden) hat sich die Beratung des Kunden zu vollziehen. In diese Beratung hat der Berater nicht nur sein einschlägiges Standardwissen, sondern auch die einschlägige aktuelle Problemlage (Wirtschaftsnachrichten, Hintergrundinformationen) einzubringen (Wertpapierhandelsgesetz vom 1.1.1995 §§ 31 ff. Verhaltensregeln für Wertpapierdienstleister)!

Für eine *schuldhafte* Verletzung dieser Auskunfts- und Beratungspflicht haftet das Kreditinstitut/die Vertriebsorganisation dem Kunden.

Es lassen sich im wesentlichen drei Haftungsfälle unterscheiden

- die Prospekthaftung,
- die Haftung auf Grund verspäteter, unterlassener oder unwahrer Veröffentlichung kursrelevanter Tatbestände und
- die Beratungshaftung.

5.1 Prospekthaftung

Nach § 30 Börsengesetz i. Verb. mit § 13 Börsenzulassungs-Verordnung* ist der Emittent von Wertpapieren zusammen mit dem antragstellenden Kreditinstitut verpflichtet, mit dem Antrag auf Zulassung der Wertpapiere zum Börsenhandel der Zulassungsstelle der Börse einen Börsenzulassungsprospekt einzureichen. Dieser Prospekt soll dem Publikum einen umfassenden Einblick in die rechtlichen und wirtschaftlichen Verhältnisse des Emittenten und die Einzelheiten des Wertpapiers und seiner Emission geben.

Die Herausgeber des Prospektes (Emittent und antragstellendes Kreditinstitut) haften jedem späteren Erwerber des Wertpapieres für Nachteile, die sich aus dem vorsätzlichen oder fahrlässigen Verschweigen oder aus einer vorsätzlichen falschen Darstellung wichtiger Einzelheiten ergeben (§§ 44 ff. Börsengesetz). Nach einschlägiger Rechtsprechung kann ein Haftungsanspruch der Anleger möglicherweise schon dadurch gerechtfertigt sein, daß die Chancen und Risiken der Anlage nicht wirklichkeitsnah dargelegt wurden. Auch leichtfertig in einen Prospekt eingeflochtene Werturteile und Prognosen, die sich im nachhinein als falsch erweisen, können einen Haftungsanspruch begründen. Der Anleger muß nämlich nach Auffassung der Gerichte darauf vertrauen dürfen, daß einschlägige Prospektaussagen sachlich fundiert und nicht vage Vermutungen und Wunschträume sind.

Neben den Herausgebern des Prospektes und den emissionsbegleitenden Banken können unter Umständen auch Personen wie Steuerberater, Wirtschaftsprüfer oder Rechtsanwälte zur Haftung herangezogen werden, sofern sie bei dem Anlagegeschäft durch ihre berufliche Autorität unberechtigtes Vertrauen erweckten und damit zum Abschluß beitrugen. Hierfür ist es unerheblich, ob der Name der betreffenden Person oder Praxis im Prospekt genannt ist oder nicht. Ein Haftungsanspruch dieser (Person) gegenüber kann schon dadurch begründet werden, daß sich der Prospekt auf einen Prüfbericht/ein Gutachten derselben beruft (BGH 14.1.1985, WM 1985, 533).

Nach § 44 Börsengesetz haben geschädigte Anleger Anspruch auf Erstattung des Erwerbspreises, soweit dieser den ersten Ausgabepreis der Wertpapiere nicht überschreitet, zuzüglich der mit dem Erwerb verbundenen üblichen Kosten. – Anleger, die ihre Wertpapiere bereits wieder verkauft haben, können die Zahlung des Unterschiedsbetrages zwischen dem Erwerbspreis, soweit dieser den ersten Ausgabepreis nicht überschreitet, und dem Veräußerungspreis der Wertpapiere sowie der mit dem Erwerb und der Veräußerung verbundenen üblichen Kosten verlangen.

Der Anspruch nach § 44 Börsengesetz verjährt gemäß § 46 Börsengesetz in einem Jahr seit dem Zeitpunkt, zu dem der Erwerber der Wertpapiere von der Unrichtigkeit oder Unvollständigkeit der Prospektangaben Kenntnis erlangt hat, spätestens jedoch in drei Jahren seit Veröffentlichung des Prospektes.

Im Falle von einschlägigen Rechtsstreitigkeiten wird – soweit der Erwerb der Wertpapiere innerhalb von sechs Monaten nach der erstmaligen Einführung derselben erfolgt ist – generell zu Gunsten des Anlegers vermutet, daß er die Wertpapiere auf Grund der durch den Prospekt stimulierten Kaufstimmung erworben hat.

---

* Das zum 1. Juli 2002 in Kraft getretene Vierte Finanzmarktförderungsgesetz hat die rechtliche Stellung des Anlegers in beachtlichem Umfang verbessert.

5.2 Haftung auf Grund verspäteter, unterlassener oder unwahrer Veröffentlichung kursrelevanter Tatbestände

Unterläßt der Emittent von zum Handel an einer inländischen Börse zugelassenen Wertpapieren vorsätzlich oder grob fahrlässig die unverzügliche Veröffentlichung einer neuen in seinem Tätigkeitsbereich eingetretenen nicht öffentlich bekannten Tatsache, die geeignet ist, den Börsenkurs der zugelassenen Wertpapiere erheblich zu beeinflussen, so ist er nach § 37b Wertpapierhandelsgesetz Erwerbern von solchen zum Ersatz des durch die Unterlassung entstandenen Schadens verpflichtet. Voraussetzung dafür ist allerdings, daß der Erwerber die Wertpapiere nach der Unterlassung erwirbt und er bei Bekanntwerden der Tatsache noch Inhaber der Wertpapiere ist oder die Wertpapiere vor dem Eintritt der Tatsache erwirbt und nach der Unterlassung veräußert.

Der Schadensersatzanspruch verjährt in einem Jahr von dem Zeitpunkt an, zu dem der Anleger von der Unterlassung Kenntnis erlangt, spätestens jedoch in drei Jahren seit der Unterlassung.

Veröffentlicht der Emittent von zum Handel an einer inländischen Börse zugelassenen Wertpapieren in einer Mitteilung über potentiell kursbeeinflussende Tatsachen einen unwahren Sachverhalt, der in seinem Tätigkeitsbereich eingetreten sein soll und nicht öffentlich bekannt ist und der geeignet ist, den Börsenkurs der zugelassenen Wertpapiere erheblich zu beeinflussen, so ist er nach § 37c Wertpapierhandelsgesetz Erwerbern von solchen zum Ersatz des durch das Vertrauen derselben auf die Richtigkeit seiner Verlautbarung entstandenen Schadens verpflichtet. Voraussetzung dafür ist allerdings, daß der Anleger die Wertpapiere nach der betreffenden Veröffentlichung erwirbt und er bei Bekanntwerden der Unrichtigkeit des Sachverhaltes noch Inhaber der Wertpapiere ist oder die Wertpapiere vor der Veröffentlichung erwirbt.

Der Schadensersatzanspruch verjährt in einem Jahr von dem Zeitpunkt an, zu dem der Anleger von der Unrichtigkeit des Sachverhaltes Kenntnis erlangt, spätestens jedoch in drei Jahren seit der Veröffentlichung.

5.3 Beratungshaftung

Nachweisbare Verstöße gegen die §§ 31 ff. Wertpapierhandelsgesetz begründen für den Anleger Haftungsansprüche gegenüber den betreffenden *Wertpapierdienstleistern*. Nach höchstrichterlichem Urteil (BGH VII ZR 259/77) sind diesen all jene Personen zuzurechnen, denen Anleger „typischerweise ihr Vertrauen schenken" beziehungsweise die „als in der Branche vielfältig erfahren und damit sachkundig im wirtschaftlichen Verkehr auftreten" oder den „Eindruck persönlicher Zuverlässigkeit erwecken oder mit der Auskunft ein eigenes wirtschaftliches Interesse verfolgen".

Ein Haftungsanspruch des Anlegers gegenüber einem Wertpapierdienstleister kann jedoch nur dann geltend gemacht werden, wenn dieser seine Beratungspflicht *schuldhaft*, das heißt vorsätzlich oder fahrlässig, verletzte. Den Wertpapierdienstleister trifft *keine* Beratungspflicht, wenn der Anleger ihm einen gezielten Auftrag zum Kauf bestimmter Wertpapiere erteilt (BGH 27.2.1996, AZ XI ZR 133/95, NJW 1996, S. 1744).

Hat nach Auffassung des Anlegers der Anlageberater seine Beratungspflicht verletzt, so ist grundsätzlich dieser respektive dessen Dienstherr (in der Regel das

Kreditinstitut) zum Nachweis verpflichtet, daß der bestehenden Beratungspflicht genügt wurde und somit ein Verschulden seinerseits ausscheidet.

Das gleiche gilt für die – wie oben dargelegt – dem Anlageberater nach dem Wertpapierhandelsgesetz § 31 Abs. 2 obliegende Pflicht, sich einen Eindruck über die Erfahrungen und Kenntnisse des Kunden mit Wertpapiergeschäften, dessen finanzielle Verhältnisse, dessen Anlageziele, bevorzugte Anlageformen sowie die beabsichtigte Finanzierung der in Erwägung gezogenen Geldanlage zu machen. Um gegebenenfalls die Erfüllung dieser Pflicht beweisen zu können, halten *die Kreditinstitute/Vertriebsorganisationen* ihre einschlägigen Aktivitäten auf **Erfassungsbögen** fest. Diese bilden dann die Grundlage für die Einordnung der betreffenden Kunden in eine bestimmte *Risikoklasse*. Üblicherweise werden fünf Risikoklassen unterschieden, von „Sicherheit" (Klasse 1) bis „spekulativ" (Klasse 5). Es empfiehlt sich für den anlage-interessierten Kunden die vom Anlageberater gestellten Fragen wahrheitsgemäß zu beantworten. Die vom Anlageberater im Erfassungsbogen festgehaltenen Gesprächsergebnisse sollten vom Kunden auf ihre Korrektheit hin geprüft werden! Der Bogen sollte von beiden Seiten unterschrieben und dem Kunden in Kopie überlassen werden!

Wie bereits dargelegt, setzt ein Haftungsanspruch des Anlegers immer voraus, daß dieser dem Berater eine Verletzung seiner Auskunfts- respektive Beratungspflicht nachweist. Um diesen Nachweis gegebenenfalls erbringen zu können, erscheint es *seitens des Anlegers* sinnvoll, wichtige Beratungsgespräche unter Hinzuziehung eines Dritten zu führen und außerdem die bedeutsamsten Gesprächspunkte protokollarisch festzuhalten und anschließend durch Unterschrift des Anlageberaters bestätigen zu lassen.

Die *Verbraucherzentrale* Nordrhein-Westfalen e.V. hat ein solches Anlageberatungsprotokoll als Musterfassung konzipiert. Es wird nachfolgend (siehe Abb. I, 5a–d) widergegeben.

Der aus der Haftung in den vorgenannten Fällen von dem betreffenden Kreditinstitut oder Anlageberater zu ersetzende Schaden umfaßt nicht nur Teile des eingesetzten Kapitals, sondern auch die Zinsen, die für das angelegte Kapital während der Anlagedauer in einer Anlageform mit marktüblicher Verzinsung erzielt worden wären (entgangener Zinsgewinn).

Haftungsansprüche infolge Verletzung der Beratungspflicht (d.s. fehlerhafte Beratung und Information) verjähren nach höchstens 3 Jahren. Werden Steuerberater, Wirtschaftsprüfer oder Rechtsanwälte wegen Verletzung ihrer Beratungspflicht bei Wertpapiergeschäften in Anspruch genommen, so gelten für diese Ansprüche die berufsspezifischen Verjährungsfristen.

5.4 Haftung nach den Allgemeinen Geschäftsbedingungen der Banken und Sparkassen

Nach den Allgemeinen Geschäftsbedingungen der Banken und Sparkassen von 1993 haften diese für jedes Verschulden ihrer Mitarbeiter und der Personen, die sie zur Erfüllung ihrer Verpflichtungen hinzuziehen. Diese Haftung gilt auch für den Bereich der Geldanlage/Vermögensbildung. Hier besteht die Verpflichtung der Kreditinstitute unter anderem darin, anlageinteressierte Kunden fachmännisch zu beraten. Erleidet ein Kunde durch falsche Anlageberatung einen Vermögensschaden, so kann er sein Kreditinstitut dafür nach den Allgemeinen Geschäftsbedingungen haftbar machen.

Anlageberatungsprotokoll

Ort u. Datum der Beratung _____

1 Personalien

Name und Anschrift
des Kunden

Name und Anschrift des
Kreditinstitutes /
der Vertriebsorganisation

Name des Beraters
(und bei freien Beratern
auch Privatanschrift)

2 Anlagebedarf

Anlagezweck

☐ Regelmäßige Ansparung von gleichbleibenden/veränderlichen*
  Geldbeträgen …

  ☐ zur Anlage vermögenswirksamer Leistungen

  ☐ zur Finanzierung größerer Anschaffungen
    (Art der geplanten Anschaffung):

  _____

  ☐ zur Bildung finanzieller Rücklagen

  ☐ zum Erwerb von Wohneigentum

Nichtzutreffendes bitte streichen

Abb. I, 5a

☐ zur Sicherung der Altersversorgung

☐ _____

☐ Einmalanlage eines bestimmten Geldbetrages

Höhe des Anlagebetrages bzw. Sparbetrages

☐ einmaliger Anlagebetrag: Euro ....

☐ Sparbetrag: Euro ....

   ☐ monatlich

   ☐ vierteljährlich

   ☐ halbjährlich

   ☐ jährlich

☐ _____

Geplante Anlagedauer bzw. geplanter Ansparzeitraum

_____

Verfügbarkeit des Anlagebetrages bzw. Ansparguthabens

☐ Der Anlagebetrag soll jederzeit ohne Nachteile verfügbar sein.

☐ Der Anlagebetrag soll mit einer Kündigungsfrist
von .... Monaten verfügbar sein.

☐ Der Anlagebetrag soll nach .... Monaten/Jahren*
ohne Kündigung verfügbar sein.

☐ Der Anlagebetrag muß während des Anlage- bzw. Anspar-
zeitraumes nicht vorzeitig verfügbar sein.

Gewünschte Art der Verzinsung bzw. Ausschüttung

☐ Die Erträge sollen regelmäßig ausgezahlt werden.

☐ Die Erträge sollen automatisch wiederangelegt und zum Ende
der Anlagedauer in einer Summe ausgezahlt werden.

*Nichtzutreffendes bitte streichen

Abb. I, 5b

Sicherheit des Anlagebetrages bzw. Ansparguthabens

☐ Die Rückzahlung des vollen Anlagebetrages bzw. Ansparguthabens muß in jeder Phase gesichert sein.

☐ Die Rückzahlung des vollen Anlagebetrages bzw. Ansparguthabens muß zum Laufzeitende gesichert sein, bei einer vorzeitigen Verfügung wird dagegen die Möglichkeit von Kursverlusten in Kauf genommen.

☐ Im Hinblick auf bessere Ertragsmöglichkeiten durch risikoreiche Anlageformen wird auch die Möglichkeit von Kapitalverlusten in Kauf genommen.

Sicherheit der Anlageerträge

☐ Die Erträge sollen über die gesamte Laufzeit fest sein.

☐ Die Erträge können teils fest und teils variabel sein.

☐ Die Erträge können in ihrer Höhe variabel sein; es sollen aber in jeder Phase Erträge gezahlt werden.

☐ Im Hinblick auf bessere Ertragsmöglichkeiten durch risikoreiche Anlageformen wird auch die Möglichkeit in Kauf genommen, daß in ungünstigen Phasen keinerlei Erträge gezahlt werden.

Gewichtung der Anlageziele

Die Anlage soll in erster Linie:

☐ ein hohes Maß an Sicherheit bieten

☐ sehr gut verfügbar sein

☐ sehr gute Ertragsmöglichkeiten bieten

☐ Steuerersparnisse bieten

☐ ethische Gesichtspunkte berücksichtigen

Abb. I, 5c

3 Anlageempfehlung

Empfehlung des Anlageberaters:

(Produktbezeichnung, Konditionen)

_____

_____

_____

_____

_____

Begründung für die Empfehlung:

_____

_____

_____

_____

Weitere Anmerkungen:

_____

_____

_____

_____

_____

Bestätigung der Protokollangaben:

_____   _____

Datum, Unterschrift des   *Datum, Unterschrift des*
Beraters   *Kunden*

Abb. I, 5d

5.5 Das neue Anlegerschutzrecht

Mit einer Reihe von Gesetzen versucht die Bundesregierung in jüngster Zeit das Vertrauen der (potentiellen) Anleger in den Kapitalmarkt zu verbessern.

5.5.1 Anlegerschutzverbesserungsgesetz vom 28. 10. 2004

– Börsennotierte Aktiengesellschaften sind verpflichtet, kursrelevante Tatsachen in Ad-hoc-Mitteilungen zu veröffentlichen.
– Vorstände, Aufsichtsräte und Directors müssen auch kleine Verkäufe von Aktien ihres Unternehmens melden.
– Emittenten müssen in umfangreichen Verzeichnissen alle Personen erfassen, die Zugang zu Insiderinformationen haben.
– Prospektpflicht für alle Anlageprodukte. (Schadensersatz bei Prospektfehlern!)

5.5.2 Bilanzrechtsreformgesetz vom 4. 12. 2004

– Bessere Vergleichbarkeit von Bilanzen durch internationale Standards.
– Präzisierung der von Wirtschaftsprüfern zu erbringenden Beratungsleistungen.

5.5.3 Bilanzkontrollgesetz vom 15. 12. 2004

– Privatrechtlich organisierte Enforcement-Stellen sowie die Bundesanstalt für Finanzdienstleistungsaufsicht haben das Recht, Konzernabschlüsse zu prüfen.

5.5.4 Kapitalanleger-Musterverfahrensgesetz vom 17. 6. 2005

– Möglichkeit der Bündelung von zehn oder mehr Klagen zur Anstrebung einer Sammelklage.

5.5.5 Gesetz zur Unternehmensintegrität und Modernisierung des Anfechtungsrechts vom 1. 11. 2005

– Wer ein Prozent der Aktien eines Unternehmens oder solche im Wert von 100 000 Euro hält, kann eine Sonderprüfung des Unternehmens verlangen, mit der Beweise für eine eventuelle spätere Haftungsklage erbracht werden sollen; ebenso kann dieser Personenkreis Klage gegen den Vorstand erheben.
– Aktionärsforen im elektronischen Bundesanzeiger sollen den Zusammenschluß von Aktionären erleichtern.
– Aufsichtsräte dürfen keine Aktienoptionen erhalten.

5.5.6 Gesetz zur Neuregelung des Versicherungsvermittlerrechts (Vermittlergesetz) vom 22. 12. 2006

– Versicherungsvermittler müssen in einem öffentlich zugänglichen Register erfaßt sein; Voraussetzung dafür sind guter Leumund, einschlägige Qualifikation und eine Berufshaftpflicht-Vermögensschadenhaftpflichtversicherung.
– Versicherungsvermittler sind gegenüber ihren Kunden zu eingehender Information und Beratung verpflichtet; die Beratung ist zu dokumentieren (Beratungsprotokoll).
– Für Streitigkeiten zwischen Versicherungsvermittler und Kunden ist eine Schlichtungsstelle einzurichten.
– Die Kundengelder müssen hinreichend gesichert werden.

5.5.7 Transparenzrichtlinie-Umsetzungsgesetzv (TUG) vom 5.1.2007

- Emittenden müssen regelmäßig über die wirtschaftliche Lage ihres Unternehmens informieren.
- Die zu erstellenden Jahres- und Halbjahresfinanzberichte haben nach dem internationalen Standard IFRS (International Financial Reporting Standards) zu erfolgen.
- Für Aktien und Wandelanleihen sind zudem Quartalsangaben vorgeschrieben.

5.5.8 Finanzrichtlinie-Umsetzungsgesetz (Directive on Markets in Financial Instrumens/MiFID) vom 16.7.2007

- Wer Anleihen (unter Euro 50 000), Aktien oder andere Wertpapiere öffentlich anbietet oder an einer geregelten Börse der Europäischen Union zum Handel zulassen will, muß einen Wertpapierprospekt veröffentlichen.
- Der Prospekt muß Angaben enthalten über Vermögenswerte und Verbindlichkeiten, die Finanzlage, den Gewinn und Verlust des Unternehmens sowie die wirtschaftlichen Aussichten desselben wie auch die mit den Wertpapieren verbundenen Rechte des Anlegers.
- Ein entsprechender Prospekt, der von einem Mitgliedstaat der EU genehmigt wurde, kann EU-weit verwendet werden.

6 Einlagensicherung

Zur Sicherung von Nichtbankeneinlagen, das heißt Guthaben von Privatpersonen, Wirtschaftsunternehmen und öffentlichen Einrichtungen, unterhalten die deutschen Banken freiwillige Sicherungssysteme, sogenannte Einlagensicherungsfonds. Diese sind so ausgelegt, daß alle dem jeweiligen Einlagensicherungsfonds angehörenden Banken diesem jährlich einen bestimmten, an ihrer Größe ausgerichteten Betrag einzahlen.

Derzeit bestehen in Deutschland folgende Einlagensicherungsfonds:
- Einlagensicherungsfonds des Bundesverbandes deutscher Banken,
- Einlagensicherungsfonds des Bundesverbandes Öffentlicher Banken Deutschlands (VÖB),
- Garantiefonds und Garantieverbund des Bundesverbandes der deutschen Volksbanken und Raiffeisenbanken (BVR),
- Bausparkassen-Einlagensicherungsfonds e. V.,
- Einlagensicherungsfonds der Sparkassen
  - 11 regionale Sparkassen-Stützfonds,
  - Fonds der Landesbanken und Girozentralen, ergänzt durch den Sicherungsfonds der Landesbausparkassen,
  - überregionaler Ausgleich aller Sparkassen-Stützungsfonds und Haftungsverbund der Sicherungseinrichtungen der Landesbanken und Landesbausparkassen.

Für Ansprüche gegenüber Sparkassen, die vor dem 18. 7. 2005 entstanden sind, gilt die Gewährträgerhaftung.

Die durch die Sicherungsfonds geschützten Einlagen umfassen im wesentlichen: Sichteinlagen auf Girokonten, Termineinlagen, Spareinlagen sowie auf Namen lautende Sparbriefe. Schuldverschreibungen, Zertifikate wie auch Genußrechte von

Banken fallen nicht unter die Einlagensicherung. Ebenso nicht: Fondsanlagen und Wertpapiere, die Banken/Sparkassen für ihre Kunden in ihren Depots verwahren.

Die Banken müssen ihre Kunden nach §23a Kreditwesengesetz vor Aufnahme einer einschlägigen Geschäftsbeziehung darüber informieren, ob sie einem Einlagensicherungsfonds angehören oder nicht. Desweiteren haben sie diese (Kunden) über die für die Sicherung ihrer Einlagen geltenden Bestimmungen einschließlich Umfang und Höhe dieser Sicherung zu unterrichten. Sofern Einlagen und andere rückzahlbare Gelder nicht gesichert sind, hat das Institut auf diese Tatsache hinzuweisen.

Fondsanlagen und Wertpapiere, die Banken/Sparkassen für ihre Kunden verwahren, verbleiben im Eigentum derselben (Kunden). In einem etwaigen Insolvenzfall eines solchen Depotinstituts kann der Kunde diese Wertpapiere herausverlangen oder sein Depot auf ein anderes Institut übertragen lassen.

Nicht alle Banken gehören einem Einlagensicherungsfonds an. Gemäß Einlagensicherungs- und Anlegerentschädigungsgesetz gehören jedoch alle (Banken), welche das Einlagengeschäft in privater Rechtsform betreiben, zwingend der gesetzlichen Entschädigungseinrichtung deutscher Banken GmbH (EdB) an. Ausnahmen hiervon bestehen nur für Bankfilialen von EU-Ländern, die aus ihrem Herkunftsland entsprechend abgesichert sind.

Bei Instituten, die keinem freiwilligen Versicherungsfonds angeschlossen sind, greift im Fall der Insolvenz nur die gesetzliche Entschädigung. Diese beträgt 90 Prozent der Einlagen bis zum Höchstbetrag von Euro 20 000.

Der Schutz durch den freiwilligen Einlagensicherungsfonds beginnt dort, wo die gesetzliche Sicherung durch die Entschädigungseinrichtung deutscher Banken GmbH aufhört. – Der Einlagensicherungsfonds übernimmt im Falle der Insolvenz eines ihm angeschlossenen Instituts den 10-prozentigen Selbstbehalt und die Einlagenteile, welche die 20 000-Euro-Grenze übersteigen, bis zur jeweiligen Sicherungsgrenze.

Was die nicht unter die Einlagensicherung fallenden Zertifikate anbelangt, ist nach der jüngsten Finanzmarktkrise (2008/2009) erhöhte Aufmerksamkeit gegenüber der Bonität diesbezüglicher Emittenten angebracht. – Da nämlich Zertifikate von Emittenten als Inhaberschuldverschreibungen ausgegeben werden, trägt der Anleger – wie bei der klassischen Unternehmensanleihe – das Risiko der Zahlungsunfähigkeit derselben. – Kann der Emittent während der Laufzeit oder bei Fälligkeit des Zertifikats seinen Zahlungsverpflichtungen nicht mehr nachkommen, trifft den Anleger möglicherweise der totale Kapitalverlust! Deswegen gilt auch hier: Trau, schau wem!

7 Vermögensverwahrung und -verwaltung

Der Umstand, daß viele Anleger nicht über die notwendige Zeit und/oder nicht über ausreichende Spezialkenntnisse verfügen, um die mit Geldanlagen verbundenen Aufgaben und Probleme selbst wahrzunehmen und lösen zu können, veranlaßt die Kreditinstitute in zunehmendem Maße, neben der Verwahrung die Verwaltung solcher Geldanlagen (Vermögen) als Dienstleistung anzubieten. Zu diesem Zweck muß der Anleger vor dem ersten Wertpapierkauf bei der jeweiligen Bank neben seinem Giro- oder Sparkonto ein Depot(-konto) einrichten.

Die häufigsten Fragen, die im Rahmen einer solchen Dienstleistung zur Beantwortung und zu entsprechendem Tätigwerden seitens des Kreditinstitutes anstehen, sind:

– wann und in welchem Umfang scheint eine Vermögensumschichtung geboten,
– welche Wertpapiere sollten verkauft, welche gekauft werden?

Selbstverständlich setzen entsprechende Entscheidungen und Aktivitäten der Kreditinstitute bestimmte Vollmachten durch den jeweiligen Anleger voraus. Kreditinstitut und Anleger schließen deshalb einen Vertrag *(Vermögensvertrag)*, in dem die vermögensverwaltende Bank/Sparkasse ermächtigt wird, alle Maßnahmen zu ergreifen, die ihr geeignet erscheinen, den übernommenen Auftrag nach bestem Wissen und Gewissen zu erfüllen. Das Kreditinstitut handelt damit frei von Weisungen und Anordnungen als Treuhänderin des Vermögens im Interesse des Anlegers.

Der Vermögensverwalter seinerseits verpflichtet sich, dem Anleger (Vermögensinhaber) kurzfristig alle für diesen wissenswerten Informationen, so insbesondere über die Zusammensetzung und den Wertestand des Vermögens, zu liefern.

Der Vermögensverwalter ist berechtigt, seine Dienste nach festgelegten (Gebühren-)Sätzen abzurechnen und gegebenenfalls eine Erfolgsgebühr zu veranschlagen.

II
GELDWERTANLAGEN

1 Anlagen auf Konten

1.1 Sichteinlagen

Sichteinlagen im *engeren Sinn* sind Guthaben auf Kontokorrent- und Girokonten, über die der Einleger jederzeit – ohne vorherige Kündigung – das heißt „bei Sicht", verfügen kann, sei dies in Form von Barabhebungen, Scheckziehungen, mittels Bankcard ec oder Überweisungsaufträgen. Mit der Bankcard ec und einer zusätzlichen Geheimnummer (PIN) kann man auch über Kassenautomaten Bargeld abheben.

Im *weiteren Sinn* werden den Sichteinlagen auch Geldanlagen mit einer Kündigungsfrist oder Laufzeit von weniger als einem Monat zugerechnet.

Der private Anleger unterhält Sichteinlagen hauptsächlich aus zwei Gründen:

– zum einen zur Abwicklung von Zahlungsverpflichtungen im Wege der Barabhebung, Überweisung, Lastschrift, Scheckziehung,
– zum anderen zur Niedrighaltung seiner Barbestände.

Mit der Entscheidung für Sichteinlagen verzichtet der Anleger bewußt auf eine attraktive Verzinsung derselben. Nicht selten werden nämlich von den Kreditinstituten keine oder nur sehr geringe Zinsen (z. B. 0,5 %) gezahlt. Zuweilen werden Sichteinlagen auch erst ab bestimmten Mindestsummen (z. B. Euro 5000) verzinst.

Für die Führung der Giro- und Kontokorrentkonten berechnet die Bank Gebühren, die teilweise recht beachtlich sind.

Obgleich Giro- und Kontokorrentkonten unter dem *Ertragsaspekt* völlig uninteressant sind, werden sie noch immer von vielen Privatleuten als Ansparinstrument für größere Anschaffungen oder Geldanlagen genutzt. Hiervon ist nachdrücklich abzuraten! Es gibt eine Vielzahl von Anlageformen, die auch kleineren Geldbeträgen offenstehen und eine attraktive Verzinsung garantieren (z. B. Bundesschatzbriefe ab Euro 50).

1.2 Termineinlagen

Termineinlagen sind (meist größere runde) Geldbeträge (etwa ab Euro 5000 oder Euro 10 000), die – um entsprechende Zinserträge zu erzielen – für mindestens 30 Tage (und für normalerweise nicht länger als 1 Jahr) angelegt werden. Der von den Banken/Sparkassen auf diese gewährte Zinssatz richtet sich außer nach der Höhe des Anlagebetrages nach der Anlagedauer. Je länger die Laufzeit, desto höher der Zinssatz (z. Z. [2009] zwischen 3,8 u. 5,0 %)!

Nach dem Verfügbarkeitszeitpunkt dieser Geldanlagen lassen sich unterscheiden:

– **Festgelder**, die an einem bei Vertragsabschluß vereinbarten Tag fällig werden, das heißt dem Anleger wieder zur freien Vergügung stehen, und
– **Kündigungsgelder**, die nach einer bei Vertragsabschluß vereinbarten Kündigung und einer dieser folgenden Kündigungsfrist (von mindestens 1 Monat) dem Anleger verfügbar sind.

Verfügt der Anleger von *Festgeldern* am Fälligkeitstag nicht über dieselben, so werden diese ab dem Fälligkeitstag als Sichteinlagen behandelt. – Es kann jedoch auch vereinbart werden, daß – falls der Anleger am Fälligkeitstag nicht über den

(Festgeld-)Betrag verfügt – die Anlagedauer desselben zu den bis dahin geltenden Zinskonditionen verlängert wird.

Beispiel für Konditionen von Festgeldern

Festgeld 30 bis 359 Tage	30–89 Tage	90–179 Tage	180–359 Tage
ab EUR 5 000,00	1,00 %	1,50 %	2,00 %
ab EUR 25 000,00	1,60 %	2,00 %	2,20 %
ab EUR 50 000,00	1,60 %	2,00 %	2,20 %
ab EUR 100 000,00	1,70 %	2,10 %	2,20 %

Festgeld ab 1 Jahr*	ab 1 Jahr	ab 2 Jahren	ab 3 Jahren	ab 4 Jahren	ab 5 Jahren	ab 6 Jahren	ab 7 Jahren	ab 8 Jahren	ab 9 Jahren	ab 10 Jahren
ab EUR 500,00	1,80 %	1,90 %	2,10 %	2,30 %	2,45 %	2,50 %	2,60 %	2,70 %	2,80 %	2,90 %
ab EUR 5 000,00	2,05 %	2,15 %	2,35 %	2,55 %	2,70 %	2,75 %	2,85 %	2,95 %	3,05 %	3,15 %
ab EUR 12 500,00	2,30 %	2,40 %	2,60 %	2,80 %	2,95 %	3,00 %	3,10 %	3,20 %	3,30 %	3,40 %
ab EUR 50 000,00	2,30 %	2,40 %	2,60 %	2,80 %	2,95 %	3,00 %	3,10 %	3,20 %	3,30 %	3,40 %

Zinssätze p. a.

* Zinsauszahlung jährlich nachträglich oder nur bei Fälligkeit (kein Zinseszins)

Übersicht II,1

Werden *Kündigungsgelder* bei Fälligkeit nicht in Anspruch genommen, bleiben diese weiterhin Kündigungsgelder.

Für Privatanleger kommt heute den Kündigungsgeldern kaum noch Bedeutung zu.

Termineinlagen werden von den Banken/Sparkassen auf einem eigens für den jeweiligen Anleger dafür eingerichteten Termingeldkonto (Festgeldkonto/Kündigungsgeldkonto) geführt. Nach Fälligkeit (und Nichtverlängerung der Anlagedauer) wird die Einlage samt der aufgelaufenen Zinsen an den Anleger ausgezahlt/überwiesen und das Termingeldkonto aufgelöst.

Die *Zinskonditionen* der Banken und Sparkassen für Termineinlagen sind zuweilen recht unterschiedlich. Es empfiehlt sich daher, vor Abschluß eines entsprechenden Anlagevertrages nicht nur die Anlagebedingungen der ortsansässigen Banken und Sparkassen, sondern auch diejenigen überregionaler Institute zu erkunden. Wenn Sie dabei feststellen, daß andere Kreditinstitute günstigere Anlagekonditionen bieten als Ihre Hausbank, so sollten Sie nicht zögern, diese davon in Kenntnis zu setzen und um ein entsprechendes Entgegenkommen bitten. Zeigt sich Ihre Hausbank wenig flexibel, so sollten Sie eine Anlage bei der günstigeren Konkurrenz in Erwägung ziehen!

Es ist nie auszuschließen, daß der Anleger trotz vorsichtiger *Zeitplanung* in einen nicht vorhersehbaren Finanzierungsengpaß gerät und deshalb vorzeitig über eine Termineinlage verfügen möchte. Obwohl die Kreditinstitute rechtlich nicht zu vorzeitigen Rückzahlungen verpflichtet sind, werden sie sich meistens (aber nicht immer!) zu einer Kulanzlösung bereitfinden. Es wird dann entweder der ursprünglich vereinbarte Zinssatz rückwirkend auf den Zinssatz der verkürzten Anlagedauer herabgesetzt oder es werden Vorschußzinsen in Rechnung gestellt.

Sollte das Kreditinstitut nicht zu einer vorzeitigen Rückzahlung der benötigten Termineinlagen bereit sein, könnte der Anleger gezwungen sein, seinen Geldbedarf mit einem entsprechenden Überbrückungskredit (bis zum Fälligkeitsdatum der Anlage) zu decken.

Die Bereitschaft der Bank zu entsprechenden Konzessionen ist mit durch den (Zukunfts-)Wert bestimmt, den der Kunde für diese hat.

Eine überdenkenswerte Alternative zu Termineinlagen bieten Geldmarktfonds (siehe unter II, 1.6).

1.3 Spareinlagen

Spareinlagen sind Guthaben auf Sparkonten. Als solche stehen sie den Banken, Sparkassen und der Postbank als Kündigungsgelder auf unbefristete Dauer zur Verfügung. Nach § 21 Abs. 4 Verordnung über die Rechnungslegung der Kreditinstitute sind Spareinlagen durch folgende Merkmale gekennzeichnet:

- die Ausfertigung einer Urkunde (insbesondere eines Sparbuches, teilweise auch von Einzelsparurkunden in Loseblattform),
- sie dienen der Anlage oder der Ansammlung von Vermögen,
- sie dienen nicht dem Zahlungsverkehr,
- sie müssen eine Kündigungsfrist von mindestens 3 Monaten haben.

Einlagen, die auf Grund von Vermögensbildungsgesetzen erfolgen, gelten als Spareinlagen. Bausparderlagen gelten nicht als Spareinlagen.

Abweichend von der *allgemeinen Kündigungsfrist* von 3 Monaten erlaubt die Verordnung über die Rechnungslegung der Kreditinstitute in § 21 Abs. 4, daß innerhalb von 30 Zinstagen 2000 Euro ohne Kündigung abgehoben werden können. Die Zeitspanne von 30 Zinstagen wird vom Zeitpunkt der ersten Abhebung an gerechnet. Wird dieser Freibetrag innerhalb des 30-Tage-Zeitraumes nicht in Anspruch genommen, so verfällt er.

Eine Kündigung kann frühestens einen Tag nach der Einzahlung der Spareinlage ausgesprochen werden. Die allgemeine Kündigungsfrist gilt immer dann, wenn keine längere Kündigungsfrist *ausdrücklich* vereinbart wurde.

Die Kreditinstitute sind gehalten, „Sonderbedingungen für den Sparverkehr" zuzulassen. Wie die Praxis zeigt, sind diese bei allen Instituten ähnlich!

Bei Abhebungen von Sparbeträgen mit vereinbarten längeren Kündigungsfristen gilt es auf die rechtzeitige Kündigung zu achten. Diese kann allerdings immer nur den am Tag der Kündigung bestehenden Guthabensaldo betreffen. Einen Freibetrag (wie bei Spareinlagen mit 3-monatiger Kündigungsfrist) sieht das Gesetz *nicht* vor.

Sieht sich der Anleger – aufgrund welcher Umstände auch immer – genötigt, vorzeitig (das heißt ohne vorzeitige Kündigung) über seine Spareinlagen oder Teile davon zu verfügen, so *kann* (muß aber nicht!) ihm die Bank dafür *Vorschußzinsen* in Rechnung stellen. Über die Höhe dieser Vorschußzinsen bestehen gewisse Verhandlungsspielräume. Es empfiehlt sich deshalb, bereits bei Eröffnung eines Sparkontos die diesbezüglichen Konditionen des Kreditinstituts auszuloten und gegebenenfalls als Vertragsbedingung festzuhalten.

Die *Zinssätze*, die die Kreditinstitute für Spareinlagen mit 3-monatiger und längeren Kündigungsfristen in Ansatz bringen, ändern sich in aller Regel im Zeitverlauf. Diese Zinssatzänderungen muß die Bank/Sparkasse/Postbank den Anlegern nicht persönlich anzeigen. Es genügt nach der Preisangabeverordnung, wenn sie die jeweils geltenden Zinssätze (z. Z. [2009] zwischen 1,0 u. 3,25 %) in ihren Schalterräumen oder Schaufenstern durch Aushang dem Publikum kundtun.

Das äußerst niedrige Niveau der Sparzinsen in den letzten zwanzig Jahren läßt es angeraten erscheinen, Spareinlagen möglichst gering zu halten. Es empfiehlt sich, Ausschau zu halten nach günstigeren Anlageformen!

1.4 Tagesgeldkonto

Tagesgeldkonten sind Sparkonten, über deren Guthaben der jeweilige Kontoinhaber täglich verfügen kann. Im Gegensatz zum Sparbuch gibt es hinsichtlich der Einlagen keinerlei Kündigungsfristen. In der Regel besitzt das Konto keine Verrechnungsfunktion; Überweisungen auf Fremdkonten sowie Lastschriften sind somit über dieses nicht möglich. – Die Verzinsung der Guthaben ist durchweg attraktiv hoch (5 % u. mehr)! Der (attraktive) Zinssatz ist allerdings meist nur für kurze Zeit (3–6 Monate) garantiert. Danach kann er vom Bankinstitut beliebig geändert werden. Die Gutschrift der Zinsen wird unterschiedlich praktiziert: monatlich, vierteljährlich oder jährlich.

Tagesgeldkonten werden – hauptsächlich aus Kostengründen – vorzugsweise als Online-Konten geführt.

Die von den einschlägigen Banken mit der verlockenden Verzinsung der Tagesgeldkontenguthaben verfolgte Absicht ist es, möglichst viele neue Kunden zu gewinnen, um diesen dann auch andere (für sie [die Bank]) rentable Bankprodukte (bspw. Fondsanteile) zu verkaufen.

Verlockend hohe Tagesgeldzinssätze „exotischer" Banken sollten den Anleger nicht blind machen gegenüber den damit häufig einhergehenden *Risiken* bis hin zum totalen Vermögensverlust, insbesondere dann, wenn die betreffenden Banken im Ausland residieren und die Einlagen dort nicht entsprechend gesichert sind. – Der Zusammenbruch der isländischen Kaupthing Bank im Herbst 2008 gibt in diesem Kontext beredtes Beispiel.

1.5 Sondersparformen

Sondersparformen sind Spareinlagen zu besonderen Vertragsbedingungen.

1.5.1 Bonus-/Prämiensparen

Das Bonus-/Prämiensparen basiert auf der vertraglichen Vereinbarung, daß nach Ablauf einer bestimmten Anlagedauer zusätzlich zu den Zinsen (für normale Spareinlagen) ein einmaliger Bonus respektive eine Prämie auf die aufgelaufenen Sparleistungen gewährt wird. Die Sparleistungen können – je nach Vertragsgestaltung – in einer einmaligen größeren Summe oder in mehreren kleineren Raten (monatlich oder vierteljährlich) erbracht werden. Die Höhe des Bonus/der Prämie richtet sich nach dem Marktzins und der Laufzeit der Anlage. (Siehe hierzu Übersicht II, 2.)

Beispiel:
Mindestbetrag monatlich Euro 25

Das angesparte Guthaben wird mit einem Zinssatz (Basiszins), der in den Geschäftsräumen der Bank bekanntgemacht ist, verzinst. Die Bank kann den Basiszins veränderten Marktverhältnissen anpassen.

Zusätzlich erhält der Sparer nach dem 3. Sparjahr am Ende dieses Kalenderjahres einen verzinslichen Bonus. Dieser berechnet sich auf die 12 gezahlten Raten des abgelaufenen Sparjahres. Unabhängig vom Ablauf eines Sparjahres werden Zinsen und Bonus zum Jahresende dem Konto gutgeschrieben.

Sobald der Sparer über sein Sparguthaben verfügt, entfällt die Sonderzinsverein-
barung (Basiszins und Bonus). Das Sparguthaben wird dann mit dem jeweiligen,
im Preisaushang bekanntgemachten Zinssatz verzinst. Das gleiche gilt, wenn der
Sparer mit der Ratenzahlung 3 Monate in Verzug gerät.

Bei Beendigung des Sparvertrages durch Verfügung entfällt der Bonusanspruch
des betreffenden Sparjahres.

1,0% p.a. (variabel)
+ Bonus (fest)

Sparjahr	Bonus	Sparjahr	Bonus
3	3%	14	45%
4	4%	15	50%
5	6%	16	55%
6	8%	17	60%
7	10%	18	65%
8	15%	19	70%
9	20%	20	75%
10	25%	21	80%
11	30%	22	85%
12	35%	23	90%
13	40%	24	95%
		25	100%

(Stand: Frühjahr 2009)

Übersicht II, 2

Die Zinsen werden entsprechend ihrer Gutschrift jährlich, der Bonus/die Prämie
im Jahr der Fälligkeit des Sparvertrages (als Einkünfte aus Kapitalvermögen) versteuert.

1.5.2 Wachstums-/Zuwachssparen

Dem Wachstums-/Zuwachssparen liegt die vertragliche Vereinbarung eines über
einen bestimmten Zeitraum (z. B. 3 oder 6 Jahre) jährlich steigenden Zinssatzes
zugrunde. Der Vertrag kann über eine einmalige Leistung (in der Regel Beträge ab
2 500 Euro) oder über Raten abgeschlossen werden. (Siehe hierzu Übersicht II, 3.)

Beispiel:
Mindestbetrag Euro 2 500

1. Jahr:	1,25% p.a.	Garantierte Zinssätze für die gesamte Laufzeit. Verfügbar nach 9 Monaten im Rahmen der 3-monatigen Kündigungsfrist.
2. Jahr:	2,00% p.a.	Erhöhungen während der Laufzeit sind nicht möglich.
3. Jahr:	4,50% p.a.	Durchschnittszins 2,583% p.a.; Wertzuwachs 2,643% p.a.

(Stand: Frühjahr 2009)

Übersicht II, 3

Nach Einhaltung einer Kündigungssperrfrist (von i. d. R. 9–12 Monaten) können
Abhebungen wie beim normalen Sparvertrag mit 3-monatiger Kündigungsfrist
vorgenommen werden. Nach Ablauf des vereinbarten Zeitraumes für den jährlich

steigenden Zinssatz wird das Sparkonto in der Regel mit 3-monatiger Kündigungsfrist weitergeführt.

1.5.3 Überschuß-/Ultimo-/Plus-/Abräumsparen

Beim Überschußsparen (die oben genannten Synonymbezeichnungen werden nicht wiederholt!) erteilt der Inhaber eines Lohn- oder Gehaltskontos seiner (dieses Konto führenden) Bank einen Dauerauftrag, von diesem (Konto) monatlich einen bestimmten Betrag oder das Restguthaben auf ein spezielles Sparkonto zu überweisen.

1.5.4 Bausparen

Bausparen bei einer Bausparkasse dient – soweit es nicht lediglich zur vermögenswirksamen Geldanlage erfolgt (seit 1.1.2009 ist dies nur noch bedingt möglich; siehe hierzu nachfolgende Fußnote!) – der Erlangung eines zinsbegünstigten Darlehens für den Wohnungsbau und der Ausnutzung der Vergünstigungen des Wohnungsbau-Prämiengesetzes oder des § 10 Einkommensteuergesetzes (Sonderausgaben).

Mit dem Sparvertrag verpflichtet sich der Sparer zu regelmäßigen Sparleistungen. Die Sparleistungen der Sparer werden in einem Fonds gepoolt. Mit der Erfüllung bestimmter Voraussetzungen, so insbesondere Mindestansparbetrag, Wartefrist (sie richtet sich nach der zur Verfügung stehenden „Zuteilungsmasse" und beträgt in der Regel 7–10 Jahre), erwirbt der Bausparer den Anspruch auf die vertraglich vereinbarten Leistungen. Diese umfassen: die Zuteilung des eigenen Sparguthabens und ein zinsgünstiges Darlehen. Das Darlehen wird gewöhnlich durch Eintragung einer zweitrangigen Grundschuld gesichert, so daß dem Sparer immer noch die Möglichkeit der Aufnahme eines weiteren, durch eine erste Hypothek zu sichernden Darlehens verbleibt.

Sparleistungen an Bausparkassen werden nach dem Wohnungsbau-Prämiengesetz staatlich gefördert. Der Bausparer kann deshalb für seine Sparleistungen eine *Wohnungsbauprämie** beanspruchen. Voraussetzung für den Erhalt dieser staatlichen Prämie ist jedoch, daß das zu versteuernde Einkommen des Sparers 25 600 Euro bei Alleinstehenden und 51 200 Euro bei zusammenveranlagten Ehegatten im Kalenderjahr der Sparleistung nicht übersteigt. Prämienbegünstigt sind jährliche Sparleistungen bis 512 Euro für Alleinstehende beziehungsweise 1 024 Euro für Verheiratete. Der Prämiensatz beträgt 8,8 Prozent.

Über die vorgenannten prämienbegünstigten Höchstbeträge hinaus können *Arbeitnehmer* seit dem 1.1.1999 nach dem *Fünften Vermögensbildungsgesetz* bis 470 Euro/soweit verheiratet 940 Euro jährlich durch ihren Arbeitgeber vermögens-

---

* Seit 1.1.2009 wird die Wohnungsbauprämie für ab diesem Zeitpunkt abgeschlossene Bausparverträge nur noch dann gewährt, wenn die Sparsumme tatsächlich in eine Wohnimmobilie fließt. Die bis dahin geltende Möglichkeit, das zusammen mit der Wohnungsbauprämie angesparte Bausparkapital nach Ablauf der 7-jährigen Sperrfrist für sonstige Anschaffungen zu verwenden (verwendungszweckfreie Nutzung), entfällt generell! (Lediglich junge Sparer bis zum Alter von 25 Jahren können auch nach dem Stichtag einen Bausparvertrag abschließen und diesen nach Ablauf einer 7-jährigen Sperrfrist anderweitig verwenden!) – Andererseits zählen Bausparverträge seit 1.1.2009 zu den riester-fähigen Verträgen (Wohn-Riester; siehe hierzu unter VIII,1).
Für Altverträge gilt Bestandsschutz, d.h. die bisherige Regelung!

wirksam in einem *Bausparvertrag* anlegen lassen. Die *Arbeitnehmer-Sparzulage* beträgt 9 Prozent (Einkommensgrenze: zu versteuerndes Jahreseinkommen 17 900 Euro für Alleinstehende/35 800 Euro für Verheiratete). Damit erhält ein Bausparer 8,8 Prozent Wohnungsbauprämie und *zusätzlich* 9 Prozent Arbeitnehmer-Sparzulage.

Die Gewährung einer staatlichen Wohnungsbauprämie setzt immer voraus, daß die an die Bausparkasse erbrachten (Spar-)Leistungen – ohne vermögenswirksame Leistungen, für die Anspruch auf Arbeitnehmer-Sparzulage besteht – mindestens 50 Euro betragen.

Die *vorzeitige* (d. h. während der Sperrfrist erfolgende) *Verfügung* über das (Bau-)Sparguthaben oder Teile davon hat den Verlust der Prämie und gegebenenfalls auch der Arbeitnehmer-Sparzulage zur Folge. Es sei denn, daß diese vorzeitige Verfügung durch eine soziale Notlage wie beispielsweise Erwerbsunfähigkeit oder Tod des Bausparers respektive seines Ehegatten bedingt ist.

Eine vorzeitige Verfügung über das Sparguthaben ist nicht prämienschädlich, wenn dieses unverzüglich und unmittelbar zum Wohnungsbau herangezogen wird.

Bausparguthaben sind beleihbar. Sofern die Beleihung jedoch nicht zu Bauzwecken erfolgt, führt sie zum Verlust der Prämien und gegebenenfalls auch der Arbeitnehmer-Sparzulage.

Bausparen kann nicht generell als attraktive Sparform gesehen werden. Attraktiv ist bei ihr wohl unbestritten der mit der Ansparung verbundene Anspruch auf ein relativ niedrig zu verzinsendes Darlehen. Dem steht aber die sicher als Nachteil zu klassifizierende Abschlußgebühr von 1 bis 1,6 Prozent der Vertragssumme und die während der Ansparphase nur sehr geringe *Verzinsung* (in der Regel 1–1,5 Prozent) des (Bau-)Sparguthabens gegenüber. In Anbetracht dieses geringen Zinses wäre alternativ daran zu denken, monatlich bestimmte Beträge anzusparen und diese ständig in höher verzinsliche Anlageformen umzuschichten. Diesem Vorteil stünde dann allerdings der Nachteil der in der Bauphase höher (als Bauspardarlehen) zu verzinsenden Bankkredite gegenüber. – Ein Urteil darüber, wie im speziellen Fall zu verfahren ist, kann nur unter Berücksichtigung der jeweils gegebenen Marktzinsen und deren mutmaßlicher Entwicklung erfolgen.

1.5.5 Sparvertrag mit Lebensversicherung

Sparvertrag mit einmaliger oder laufender Einzahlung über einen Zeitraum bis zu 25 Jahren verknüpft mit einer Risikolebensversicherung. Im Falle des Todes des Sparers während der Laufzeit des Sparvertrages übernimmt die Versicherungsgesellschaft die Zahlung der fehlenden Sparleistungen und ermöglicht damit die Auszahlung der vereinbarten Vertragssumme. Der Versicherungsvertrag wird mit einer Versicherungsgesellschaft (nicht mit dem Kreditinstitut!) abgeschlossen. Die Höhe der Versicherungsprämien berechnet sich nach der Versicherungssumme und dem Lebensalter des Sparers.

1.5.6 Gewinn-/Lossparen

Sparvertrag mit betragsmäßig festgelegten Sparraten. Je nach Höhe der (Spar-) Raten erwirbt der Sparer monatlich ein oder mehrere Sparlos(e). Diese Sparlose bestehen aus einer Sparmarke und einem Gewinnlos. Die Sparmarken werden auf eine Sparkarte geklebt. Wenn die Sparkarte voll ist, kann der Sparer den damit ausgewiesenen Betrag einem Sparkonto gutschreiben oder sich auszahlen lassen.

Mit den Gewinnlosen nimmt der Sparer an in der Regel monatlichen oder auch vierteljährlichen lotteriemäßigen Auslosungen teil.

1.5.7 Sparpläne

Sparverträge mit einmaligen oder regelmäßigen Sparleistungen zur Anlage in unterschiedlichen (Spar-)Formen, wie insbesondere Konten- und Wertpapiersparen. Den individuellen Wünschen und Anlagezielen der Sparer hinsichtlich *Sicherheit, Rentabilität, Liquidität* et cetera kann durch beliebige Kombination und Gewichtung der Sparformen entsprochen werden. Die Erträge der Anlage werden in der Regel nicht ausgeschüttet, sondern wieder angelegt.

1.5.8 Sparvertrag nach § 8 Fünftes Vermögensbildungsgesetz

Sparvertrag, in dem sich ein Arbeitnehmer gegenüber einem Kreditinstitut verpflichtet, einmalig oder für die Dauer von sechs Jahren seit Vertragsabschluß laufend, mindestens aber einmal im Kalenderjahr, als Sparbeträge vermögenswirksame Leistungen (vom Arbeitgeber) einzahlen zu lassen oder andere Beträge einzuzahlen. Der Arbeitnehmer verpflichtet sich desweiteren bis zum Ablauf einer Frist von sieben Jahren (Sperrfrist) die eingezahlten vermögenswirksamen Leistungen bei dem Kreditinstitut festzulegen und die Rückzahlungsansprüche aus dem Vertrag weder abzutreten noch zu beleihen. (Siehe hierzu ergänzend die Ausführungen unter VI.)

1.5.9 Sparvertrag nach § 4 Fünftes Vermögensbildungsgesetz

Sparvertrag, in dem sich ein Arbeitnehmer gegenüber einem Kreditinstitut verpflichtet, einmalig oder für die Dauer von sechs Jahren seit Vertragsabschluß laufend vermögenswirksame Leistungen zum Erwerb von Beteiligungspapieren oder zur Begründung oder zum Erwerb von Beteiligungsrechten (vom Arbeitgeber) einzahlen zu lassen oder andere Beträge einzuzahlen. Der Arbeitnehmer verpflichtet sich desweiteren, daß die mit den Leistungen erworbenen Wertpapiere unverzüglich nach ihrem Erwerb bis zum Ablauf einer Frist von sieben Jahren (Sperrfrist) festgelegt werden und über die Wertpapiere oder die mit den Leistungen begründeten oder erworbenen Rechte bis zum Ablauf der Sperrfrist nicht durch Rückzahlung, Abtretung, Beleihung oder in anderer Weise verfügt wird. (Siehe hierzu ergänzend die Ausführungen unter VI.)

1.5.10 Euribor-Sparen

Das sogenannte Euribor*-Sparen repräsentiert eine recht attraktive Innovation im Geldanlagesektor. Nicht anders als beim gewöhnlichen Kontensparen werden Spargelder mit Kündigungsfristen (von in der Regel 1–3 Jahren) angelegt. Allerdings sind die Anlagesummen relativ hoch, je nach Bank zwischen 5 000 und 25 000 Euro. Außerdem bieten nur einige wenige Banken diese Sondersparformen an. Die Verzinsung dieser Anlagen orientiert sich am Euribor. Dieser Referenzzinssatz errechnet sich aus den von den Euribor-Referenzbanken täglich um 11 Uhr Brüsseler-Zeit (MEZ) für Ein- bis Zwölfmonatsgelder im Interbankhandel in der Eurozone an den Informationsanbieter Moneyline Telerate gemeldeten Briefsätzen. Dem Kreis der Euribor-Referenzbanken gehören an: insgesamt 47 Banken

---

* Euribor steht für **E**uropean **I**nterbank **O**ffered **R**ate. Er ist der Referenzzinssatz der Eurozone.

aus den Euro-Ländern (darunter 12 aus Deutschland), 4 Banken aus den übrigen EU-Ländern sowie 6 Banken aus Nicht-EU-Ländern. Der Euribor wird täglich (außer am Wochenende, am 1. Januar u. am 1. Weihnachtsfeiertag) nach der sogenannten Eurozinsmethode ermittelt und veröffentlicht. Um Ausreißer zu neutralisieren, werden die höchsten und die niedrigsten 15 v. H. der Werte nicht in die Ermittlung einbezogen.

Der Euribor gilt als Benchmark (Orientierungsgröße) für die Zinssätze variabel verzinslicher Kredite, Anleihen und Einlagen sowie die von diesen Produkten abgeleiteten Finanzderivate.

Der dem jeweiligen Sparvertrag zugrunde gelegte Zinssatz wird entweder zu – zwischen der jeweiligen Bank und dem Anleger – vereinbarten Kündigungsfristen (z. B. vierteljährlich) oder zu ebenfalls vereinbarten festen Terminen (z. B. sechsmal im Jahr) dem jeweils geltenden Euribor angepaßt. Zwischen diesen Zinsanpassungsterminen bleibt der Zinssatz unverändert. Um das mit dieser Zinsregelung verbundene (Anleger-)*Risiko* eines drastischen Zinsabfalls zu begrenzen, wird von manchen Banken ein Mindestzinssatz (floor) garantiert.

Unter Einschluß dieser (Zins-)Risikobegrenzung ist das Euribor-Sparen weitaus günstiger als die normale Geldanlage auf Sparkonten (Sparbuch). In der Regel übersteigt die *Rentabilität* des Euribor-Sparens auch die von Termingeldern.

1.6 Geldmarktfonds

Seit 1994 läßt das Gesetz über Kapitalanlagegesellschaften die in anderen europäischen Ländern wie auch den USA schon bedeutend früher eingeführten Geldmarktfonds zu. Geldmarktfonds sind mittlerweile von allen großen Fondsgesellschaften (Kapitalanlagegesellschaften) gehaltene Investmentfonds, die die bei ihnen eingezahlten Gelder am Geldmarkt[1] anlegen. Solche Anlagen umfassen: kurzfristige Einlagen bei Kreditinstituten, Anleihen mit einer Restlaufzeit bis zu einem Jahr, Anleihen, deren Zinsen sich variabel nach dem Geldmarktsatz richten (Floater), kurzfristige Schuldscheindarlehen wie auch Depositenzertifikate. Da am Inlands- wie auch am Eurogeldmarkt in der Regel nur sehr hohe Summen gehandelt werden, investieren die Fondsgesellschaften die mehr oder weniger großen respektive kleinen Anlagebeträge der Sparer zu den attraktiven Bedingungen von Großanlegern. Die meisten Fondsgesellschaften verlangen von den Anlegern Mindestanlagebeträge von 5000 bis 10000 Euro. Unter Ausnutzung der vorgenannten Marktvorteile liegen die Geldmarktfondsrenditen meist über den für Einlagen erzielbaren. Allerdings dürfen mit dieser Feststellung nicht die Kursschwankungen des Fonds wie auch die von diesem regelmäßig in Ansatz gebrachten Gebühren außer acht gelassen werden. Die meisten Fondsgesellschaften verzichten auf einen Ausgabeaufschlag.

Bei einem Großteil der Geldmarktfonds werden die Erträge einbehalten und wieder angelegt (thesauriert), sodaß die Kurse der Anteile fortlaufend steigen.

Insgesamt lassen sich Geldmarktfondsanteile wie folgt beurteilen: Die uneingeschränkte Verfügbarkeit garantiert höchste *Liquidität;* das *Anlagerisiko* ist sehr gering; die *Rendite* ist relativ attraktiv.

---

[1] Der Geldmarkt ist im wesentlichen ein Markt unter Banken, auf dem liquide Mittel zur mehr oder weniger kurzfristigen Verwendung angeboten oder nachgefragt werden.

In dieser Ausstattung können Geldmarktfondsanteile als eine echte Alternative zu Festgeldern oder Spareinlagen gelten. Darüber hinaus eignen sie sich als vorläufige Anlagemöglichkeit („Parkmöglichkeit"), wenn der Anleger sich noch nicht längerfristig engagieren oder ein vorübergehendes Liquiditätspolster mit jederzeitiger Verfügbarkeit halten möchte.

2 Anlage in Anleihen

Anleihen, auch Obligationen, Renten(-papiere) oder im englischen Sprachraum Bonds genannt, sind Wertpapiere, die eine Schuld(-verschreibung) verbriefen. *Prinzipiell* sollte eine solche Schuldverschreibung eine den Wert ausweisende **Urkunde**, auch **Mantel** genannt, und einen **Bogen** (das ist ein Blatt, das die Kupons als Gewinnanteilscheine bzw. die Zinsscheine und den Erneuerungsschein für den aufgebrauchten Bogen ausweist) umfassen. In der *Praxis* werden für die meisten An-

REX PERFORMANCE INDEX / DE0008469115.INX / (mtl.) 15. 1. 09
Schluss 359,40 / Hoch 359,40 (15. 1. 09) / Tief 220,63 (31. 1. 00)

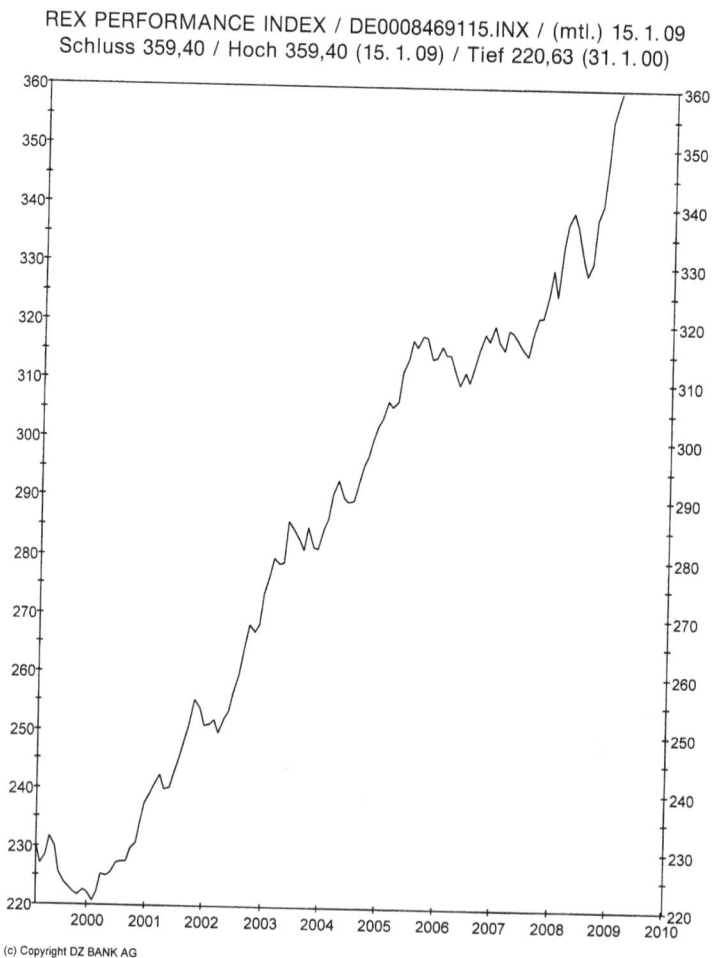

(c) Copyright DZ BANK AG

Schaubild II, 4

leihen jedoch keine Urkunden mehr ausgestellt. Die Aushändigung von Urkunden und die Einlösung von Kupons/Zinsscheinen entfällt damit heute weitgehend.

Ständige Auskunft über die Entwicklung am Anleihenmarkt geben eine Reihe von durch die Deutsche Börse AG (Frankfurter Wertpapierbörse, FWB) veröffentlichten Indizes:

Unter der Marke **eb.rexx** führt die FWB eine Indexfamilie für festverzinsliche Wertpapiere. Diese Indizes basieren auf den Preisen der elektronischen Handelsplattform Eurex Bonds, die durch ihre Anbindung an die Handelssysteme von Xetra und Eurex Kassa- und Terminmarkt in einem zentralen Quote-Buch vereint. Grundlage für die börsentäglich fortlaufende Berechnung sind die öffentlich zugänglichen handelbaren Preise der liquidesten Anleihen. Die eb.rexx-Indizes liefern Informationen für den deutschen (Anleger-)Markt.

Der **REX-Index** bietet einen repräsentativen Ausschnitt des Marktes für deutsche Staatsanleihen mit fester Verzinsung und Restlaufzeit zwischen 0,5 und 10,5 Jahren. Er wird einmal börsentäglich berechnet.

Der **REX-Performance-Index** (REXP) gibt die Wertentwicklung des REX-Portfolios unter Einbezug der gezahlten Zinsen (Kuponzahlungen) wieder (siehe hierzu Schaubild II, 4).

Für Pfandbriefe werden entsprechende Entwicklungen über den **PEX** und den **PEXP** ausgewiesen.

Die Familie der **iBoxx-Rentenindizes** (Kurs-/Performanceanzeiger) beruht auf einer Allianz der Deutsche Börse AG mit den Investmentbanken ABN AMRO, Barclays Capital, BNP Paribas, Deutsche Bank, Dresdner Kleinwort Wasserstein, Morgan Stanley und UBS Warburg. Die Deutsche Börse berechnet die Indizes börsentäglich fortlaufend auf der Basis von (Realtime-)Preisen, die ihr direkt von den Partnerbanken gemeldet werden. Die iBoxx-Indizes liefern Informationen für den internationalen (Anleger-)Markt.

Als Kennzahl für die Rentabilität von Anleihen wird gerne die sogenannte **Umlaufrendite** herangezogen. Sie erfaßt die durchschnittliche Rendite aller im Umlauf befindlichen, auf Euro lautenden Inhaberschuldverschreibungen mit einer Laufzeit von über 4 Jahren. Die Umlaufrendite wird von der Deutschen Bundesbank börsentäglich ermittelt (siehe hierzu Schaubild II, 5).

UMLAUFRENDITE / 012340.INX / (mtl.) 15. 1. 09
Schluss 2,83 / Hoch 5,41 (31. 1. 00) / Tief 2,83 (15. 1. 09)

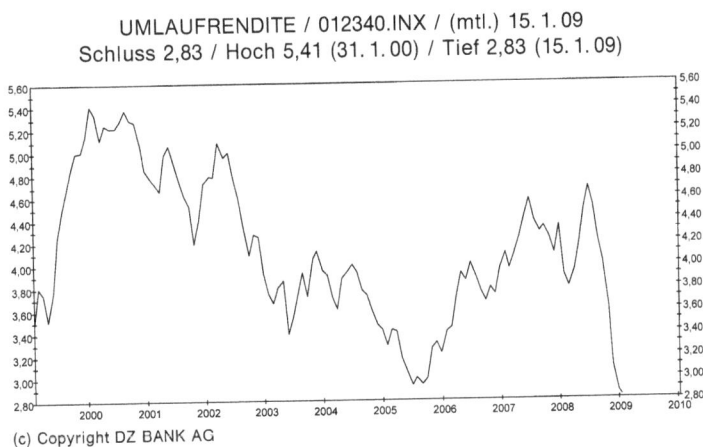

(c) Copyright DZ BANK AG

Schaubild II, 5

2.1 Sparbriefe

Unter Bezeichnungen wie Sparbrief, Sparkassenbrief, Kapitalsparbrief und ähnlichen bieten Kreditinstitute (wertpapierähnliche) Schuldverschreibungen für die mittelfristige Anlage von Spargeldern an. Der Mindestanlagebetrag beläuft sich je nach Anbieter auf Euro 2500 oder Euro 5000. Solche Sparbriefe sind relativ hoch verzinslich (z. Z. [2009] zwischen 4,25 u. 5,0 %). Diese Anlageform schließt die Lücke zwischen den Spareinlagen und den langfristigen Wertpapieren.

Die *Laufzeit* von Sparbriefen ist recht unterschiedlich. Vereinzelt beträgt sie 1 Jahr, meistens jedoch 3–5 Jahre; in Ausnahmefällen auch 10 Jahre.

Die *Rückzahlung* des Sparkapitals erfolgt am Ende der Laufzeit (Fälligkeit) zu jeweils 100 Prozent.

Sparbriefe werden in der Regel als (Namens-)Schuldverschreibung auf den Namen des Anlegers ausgestellt. In diesem Fall erhält zum Fälligkeitstermin *nur* der auf der Schuldverschreibung Genannte den angelegten Betrag zurück. – Vereinzelt gibt es auch Sparbriefe, die den Anleger nicht (namentlich) ausweisen und somit als Inhaberpapiere behandelt werden. Dies bedeutet, daß jeder, der den Sparbrief zum Fälligkeitstermin dem (ihn) ausgebenden Institut vorlegt, den Anlagebetrag verlangen kann.

Sparbriefe sind *weitgehend risikolos:* Es besteht kein Kursrisiko, da sie nicht an der Börse oder im freien Kapitalverkehr gehandelt werden; es besteht kein Zinsrisiko, da der Zins vertraglich vereinbart ist; es besteht kein Währungsrisiko , da der Anlagebetrag auf Euro (zum 1.1.2002 wurden die bestehenden Sparbriefe auf Euro umgestellt) lautet; und es besteht kein Rückzahlungsrisiko, da die Kreditinstitute (Banken/Sparkassen) allesamt Sicherungsfonds angeschlossen sind. Diese weitgehende Risikolosigkeit läßt Sparbriefe zur mündelsicheren Anlage aufsteigen.

Laufende Nebenkosten oder laufender Zeitaufwand sind mit der Anlage in Sparbriefen nicht verbunden.

Hinsichtlich der Auszahlung der Zinserträge lassen sich folgende Typen von Sparbriefen unterscheiden:

- **Normal verzinslicher Sparbrief:** Bei diesem Sparbrieftyp werden die auflaufenden Zinserträge dem Anleger in der Regel jährlich zur freien Verfügung ausgezahlt beziehungsweise auf ein von diesem angegebenes Konto überwiesen. – Die Ausgabe des Sparbriefes sowie dessen Rückzahlung bei Fälligkeit erfolgen zum Nennwert.
- **Abgezinster Sparbrief:** Bei diesem Sparbrieftyp werden die über die Laufzeit (des Sparbriefes) anfallenden Zinsen und Zinseszinsen im voraus vom Nennwert abgezogen und so dem Anleger nur ein verminderter Kaufpreis in Rechnung gestellt. Die laufenden Zinszahlungen entfallen damit. Die Rückzahlung des Sparbriefes bei Fälligkeit erfolgt zum Nennwert.
- **Aufgezinster Sparbrief:** Bei diesem Sparbrieftyp erfolgt die Ausgabe zum Nennwert. Die laufenden Zinserträge werden vom Kreditinstitut einbehalten und am Ende der Laufzeit zusammen mit den Zinseszinsen mit dem Anlagebetrag ausgezahlt.
- **Sparbrief mit steigendem Zinssatz:** Dieser Sparbrieftyp ist mit einem über die Laufzeit steigenden Zinssatz ausgestattet. Der Anleger erhält die Zinserträge in der Regel jährlich ausgezahlt beziehungsweise auf ein von ihm dem Kreditinstitut

genanntes Konto zu seiner freien Verfügung überwiesen. Die Rückzahlung des Anlagebetrages bei Fälligkeit erfolgt zum Nennwert.

Sparbriefe mit steigendem Zinssatz können nach Einhaltung einer festgelegten Sperrfrist vorzeitig an das ausgebende Kreditinstitut zurückgegeben werden. Es werden dafür keine Abschläge erhoben!

Auf- und abgezinste Sparbriefe bieten die Möglichkeit, die Ausschüttung der Zinserträge in eine Zeit mit geringerer Steuerbelastung (z. B. ins Rentenalter) zu verlegen!

Für die Anlage in Sparbriefen erheben die Kreditinstitute keine *Gebühren*.

Abgesehen von solchen mit steigendem Zinssatz werden Sparbriefe von den sie anbietenden Kreditinstituten* nicht vor Fälligkeit zurückgenommen. Sie können jedoch bei diesen zu 100 Prozent beliehen werden, meist zu einem Vorzugszins (von 1,5 – 3 Prozent über dem jeweiligen Guthabenzins).

Kaufüberlegungen in Richtung Sparbriefe sollten stets auch Bundesanleihen oder Bundesschatzbriefe als lukrative Alternative in Betracht ziehen!

2.2 Sparschuldverschreibungen

Unter der Bezeichnung Sparschuldverschreibungen oder Spar(kassen)obligationen bieten Kreditinstitute Inhaber- oder Orderschuldverschreibungen mit einer *Laufzeit* ab 1 Jahr, meistens 4 – 10 Jahren, zu einem für die gesamte Laufzeit geltenden Festzins an. Der Mindestanlagebetrag beziffert sich üblicherweise auf 500 Euro.

Sparschuldverschreibungen können vom emittierenden Kreditinstitut während der Laufzeit zu einem von diesem entsprechend der jeweiligen Zinsentwicklung festgesetzten Rücknahmepreis, dem sogenannten Hauskurs, zurückgenommen werden.

Werden Sparschuldverschreibungen als Inhaberschuldverschreibungen auf dem geregelten Wertpapiermarkt oder im Freiverkehr gehandelt, so ist ihr Verkauf auch über die Wertpapierbörse möglich.

Soweit die emittierenden Banken/Sparkassen auf die Ausgabe von effektiven Stükken (d. h. von verbrieften Wertpapieren) verzichten, muß ein Depotkonto geführt werden.

Hinsichtlich der Auszahlung der Zinserträge lassen sich folgende Typen von Sparschuldverschreibungen unterscheiden:

– **Normalverzinsliche Sparschuldverschreibungen:** Bei diesem Typ von Sparschuldverschreibungen werden die auflaufenden Zinserträge dem Anleger in der Regel jährlich zur freien Verfügung ausgezahlt beziehungsweise auf ein von diesem angegebenes Konto überwiesen.
  Die Ausgabe der Sparschuldverschreibung erfolgt zum Nennwert; gelegentlich zu einem Hauskurs, der vom Kreditinstitut unter Berücksichtigung der jeweils geltenden Kapitalmarktsätze festgesetzt wird.
  Die Rückzahlung erfolgt bei Fälligkeit zum Nennwert.

– **Abgezinste Sparschuldverschreibungen:** Bei diesem Sparschuldverschreibungstyp werden die über die Laufzeit (der Sparschuldverschreibung) anfallenden Zinsen

---

* Die Sparkassen und Genossenschaftsbanken haben Sparbriefe weitgehend aus ihrem Anlagekatalog herausgenommen, da ihnen die Anlage zu starr erscheint und keine vorzeitige Kündigung erlaubt.

und Zinseszinsen im voraus vom Nennwert abgezogen und so dem Anleger nur ein verminderter Kaufpreis in Rechnung gestellt. Die laufenden Zinszahlungen entfallen damit.

Die Rückzahlung der Sparschuldverschreibung erfolgt bei Fälligkeit zum Nennwert.

– **Aufgezinste Sparschuldverschreibungen:** Bei diesem Sparschuldverschreibungstyp erfolgt die Ausgabe zum Nennwert oder auch zum Hauskurs, der vom Kreditinstitut unter Berücksichtigung der jeweils geltenden Kapitalmarktzinssätze festgesetzt wird. Die laufenden Zinserträge werden vom Kreditinstitut einbehalten und am Ende der Laufzeit zusammen mit den Zinzeszinsen mit dem Anlagebetrag ausgezahlt.

Die von den einzelnen Kreditinstituten den Anlegern für den Erwerb, die Verwahrung, die Rückgabe oder den Verkauf in Rechnung gestellten *Gebühren* sind recht unterschiedlich. Es empfiehlt sich, sich deshalb darüber vor Kaufabschluß eingehend zu informieren.

Kaufüberlegungen in Richtung Sparschuldverschreibungen sollten als Alternative vor allem die festverzinslichen Anleihen und die Wertpapiere des Bundes in Betracht ziehen.

2.3 Bundesschatzbriefe

Bundesschatzbriefe (im Volksmund liebevoll auch „Bundesschätzchen" genannt) sind Schuldbuchforderungen gegen den Bund[1], sogenannte Wertrechte, mit jährlich steigenden Zinssätzen. Bundesschatzbriefe dienen dem Bund zur Beschaffung von Finanzierungsmitteln für seinen Haushalt. Sie werden als Daueremissionen aufgelegt. Ihr Erwerb ex Emission sowie ihre Einlösung bei Fälligkeit erfolgen durch die Kreditinstitute (d.h. durch alle Banken u. Sparkassen) oder durch die Bundeswertpapierverwaltung *gebühren-* und *spesenfrei*. Kaufberechtigt in begrenztem Umfang sind nur natürliche Personen sowie gemeinnützige, mildtätige und kirchliche Einrichtungen. Gebietsfremde sind – bis auf wenige Ausnahmen – vom Kauf ausgeschlossen.

Bundesschatzbriefe werden in zwei Ausstattungen aufgelegt, als Bundesschatzbriefe vom Typ A und als solche vom Typ B.

– **Bundesschatzbriefe vom Typ A:** Mindestnennwert 50 Euro und darüber hinaus jeder (auch ungerade) Betrag (0,01 €/50 €); Laufzeit 6 Jahre. Die Zinsen werden jährlich nachträglich (d.h. am Ende des Jahres) ausgezahlt. Die Rückzahlung erfolgt zum Nennwert.
– **Bundesschatzbriefe vom Typ B:** Mindestnennwert 50 Euro und darüber hinaus jeder (auch ungerade) Betrag (0,01 €/50 €); Laufzeit 7 Jahre. Die Zinsen und Zinzeszinsen werden nach Ende der Laufzeit oder zum Zeitpunkt der vorzeitigen Rückgabe dem Nennwert zugeschlagen (Aufzinsungspapier).

Bei beiden Typen ist der Zinssatz gestaffelt (siehe hierzu Übersicht II, 5).

---

[1] d.h. Darlehensforderungen gegen die Bundesrepublik Deutschland, für die keine Schuldverschreibungen (d.h. effektive Urkunden) ausgestellt werden. Schuldbuchforderungen werden durch Eintragung in das Staatsschuldbuch (geführt von der Finanzagentur des Bundes [Bundesrepublik Deutschland – Finanzagentur GmbH] in Frankfurt a.M.) beurkundet.

Zinssatzstaffelung für Bundesschatzbriefe (Stand: Frühjahr 2009)

Laufzeitjahr	Nominalzins	Renditen nach dem ... Jahr	
		Typ A	Typ B
1. Jahr	1,50 %	1,50 %	1,50 %
2. Jahr	1,75 %	1,62 %	1,62 %
3. Jahr	2,00 %	1,75 %	1,75 %
4. Jahr	2,50 %	1,93 %	1,94 %
5. Jahr	3,25 %	2,18 %	2,20 %
6. Jahr	3,75 %	2,43 %	2,46 %
7. Jahr – nur Typ B –	3,75 %	–	2,64 %

Mindestauftrag im Direkterwerb über die Finanzagentur des Bundes: 52 Euro

Übersicht II, 6

Durch eine solche Staffelung der Zinssätze soll der Anleger veranlaßt werden, seine Wertpapiere (Bundesschatzbriefe) nicht vor Ende deren Laufzeit(en) zu verkaufen. Diese *Laufzeiten* sind für den Anleger – außer im ersten Jahr – nicht absolut bindend. Während dieses Zeitraums (dem ersten Jahr) kann der Anleger bei Bargeldbedarf die Bundesschatzbriefe allenfalls beleihen. Diese *Sperrfrist* errechnet sich ab dem ersten Verkaufstag der jeweiligen „Ausgabe" (mit diesem Terminus werden die einzelnen Auflagen der Bundesschatzbriefe belegt) der Bundesschatzbriefe. Dies bedeutet: Für denjenigen, der eine bestimmte Ausgabe von Bundesschatzbriefen nicht an deren erstem Verkaufstag, sondern zu einem späteren Zeitpunkt erwirbt, verkürzt sich die Sperrfrist um diese Zeitspanne (vom Erscheinungstermin bis zum Erwerb!). Nach Ablauf der Sperrfrist steht es jedem Anleger offen, Bundesschatzbriefe über sein (depotführendes) Kreditinstitut an die Bundeswertpapierverwaltung zurückzugeben oder gegen eine neue Ausgabe auszutauschen. Letzteres empfiehlt sich dann, wenn der für eine vor einiger Zeit (z. B. vor 3 oder 4 Jahren) erworbene Ausgabe gerade geltende Zinssatz niedriger ist als der für eine neue Ausgabe im ersten Jahr (der Emission) geltende. Die Rückgabe von Bundesschatzbriefen ist allerdings nur beschränkt möglich: Innerhalb von 30 Zinstagen können Bundesschatzbriefe nur bis zu einem Höchstbetrag von 5 000 Euro zurückgegeben werden. Wer über diesen Höchstbetrag hinaus Bundesschatzbriefe zurückgeben möchte, muß dies in entsprechenden Zeitabständen tun.

Was die *Sicherheit* der Bundesschatzbriefe anbelangt, so wahren diese einen sehr hohen Standard. Mit der Bundesrepublik Deutschland als Schuldner entheben sie sich praktisch jeglichen *Einlösungsrisikos*. Die *Rückzahlung* erfolgt zu 100 Prozent. – Es bestehen darüber hinaus weder ein *Zinsrisiko* (die Zinssätze sind fest vereinbart!) noch ein *Währungsrisiko* (der Anlagebetrag lautet auf Euro!). Bundesschatzbriefe sind mündelsicher.

Werden Bundesschatzbriefe im Depot eines Kreditinstituts verwaltet, so berechnet dieses dafür *Depotgebühren:* Banken und Sparkassen in der Regel 1,25‰ vom Kurswert zuzüglich 19 % Mehrwertsteuer.

Auf Wunsch des Anlegers können Bundesschatzbriefe von der Finanzagentur des Bundes gebührenfrei verwaltet werden. (Eintragung ins Bundesschuldbuch!)

Die von den Kreditinstituten als Alternative zu den Bundesschatzbriefen angebotenen Sondersparformen (siehe unter II, 1.5), insbesondere diejenigen mit steigenden Zinssätzen (siehe unter II, 1.5.2) können nur in Ausnahmefällen mit diesen konkurrieren. Meist sind die Verfügungsmöglichkeiten bei diesen Sondersparformen im Vergleich zu den Bundesschatzbriefen erheblich eingeschränkt. – Auch

die Renditen dieser Sondersparformen reichen nur in Ausnahmefällen an die der
Bundesschatzbriefe heran.

2.4 Finanzierungsschätze

Vom Bund ausschließlich für die private Geldanlage in Daueremission aufgelegte
Wertpapiere. Mindestauftrag 500 Euro und darüber hinaus jeder (auch ungerade)
Betrag (0,01 €/50 €); maximal 250 000 Euro je Person und Geschäftstag. *Laufzeit*
von 1 Jahr *(Finanzierungsschätze Typ A)* oder 2 Jahren *(Finanzierungsschätze Typ
B)*. Finanzierungsschätze werden über die Banken und Sparkassen mit einem Zins-
abschlag (Abzinsungspapiere) verkauft und nach *Fälligkeit* zum Nennwert zurückgezahlt. Eine vorzeitige Rückgabe an den Emittenten ist ausgeschlossen. Finanzierungsschätze werden nicht an der Börse gehandelt.

Für Finanzierungsschätze wird im Bundesschuldbuch eine Sammelschuldbuchfor-
derung für die Clearstream Banking AG, Frankfurt a. M., eingetragen. Die Anleger
können wahlweise ein Anteilsrecht an diesem Forderungssammelbestand erhalten
oder über ihr Kreditinstitut die Eintragung einer Einzelschuldbuchforderung auf
ihren Namen bei der Bundeswertpapierverwaltung verlangen.

Der Erwerb von Finanzierungsschätzen ex Emission und ihre Einlösung bei Fälligkeit ist *gebühren*frei. Bei Verwahrung der Papiere im Depot eines Kreditinstitutes
entstehen Depotgebühren von 1–1,25‰ vom Kurswert (Mindestgebühr 5 Euro)
zuzüglich 19 % Mehrwertsteuer. Die Verwahrung bei der Finanzagentur des Bundes ist gebührenfrei!

Beispiel für Konditionen von Finanzierungsschätzen

Finanzierungsschätze ab 30. Dezember 2008 12.00 Uhr*

	1 Jahr	2 Jahre
Laufzeit		
ISIN**	DE0001116564	DE0001116572
WKN***	111656	111657
Fälligkeit	20. 01. 2010	20. 01. 2011
Verkaufszinssatz	**1,57 %**	**1,61 %**
Rendite (Zinsertrag bezogen auf Kaufpreis)	**1,60 %**	**1,65 %**
Für eine Jahresanlage über[1]	500,00 €	500,00 €
Kaufpreis[2]	492,15 €	483,90 €
Zinsertrag[2]	7,85 €	16,10 €
	für 1 Jahr	für 2 Jahre

Stückelung: 0,01 Euro
Mindestauftrag: 500 Euro
[1] Anlage entspricht dem Nominal- und Einlösungswert
[2] Bei einem Anlagezeitraum von genau 12 beziehungsweise 24 Monaten.
* Diese Konditionen können sich, je nach Marktlage, täglich mit Wirksamkeit ab
  12.00 Uhr ändern.
** International Securities Identification Number
*** Wertpapierkennnummer

Übersicht II, 7

Abgesehen von der *Liquidität*, die durch den Ausschluß einer vorzeitigen Rückgabe
der Finanzierungsschätze beeinträchtigt ist (ihre Beleihung ist jedoch jederzeit
möglich!), stellen diese Papiere eine bedenkenswerte Alternative zum Sparkonto

dar. Maximale *Sicherheit* wird durch die wirtschaftliche Bonität des Emittenten, der Bundesrepublik Deutschland, gewährleistet. – Ein *Wertveränderungsrisiko* scheidet auf Grund der garantierten Rückzahlung zum Nennwert aus. Auch ein *Zinsrisiko* ist durch die feste Zinsvereinbarung nicht gegeben. Diese Verzinsung (*Rentabilität*) orientiert sich am Kapitalmarktzins.

2.5 Bundesanleihen

Bundesanleihen sind (seit 1972 nur noch) Schuldbuchforderungen gegen den Bund[1], sogenannte Wertrechtsanleihen. Sie dienen dem Bund zur Beschaffung langfristiger Mittel zur Finanzierung von Investitionen oder zur Konsolidierung kurz- und mittelfristiger Kredite. Die Laufzeit von Bundesanleihen beträgt in der Regel 10 Jahre; es werden gelegentlich jedoch auch 12-, 15- und 30-jährige Anleihen aufgelegt. Bundesanleihen sind durchweg Einmalemissionen. Mindestnennwert 1 000 Euro (Neuemissionen) und darüber hinaus jeder (auch ungerade) Betrag (Altemissionen) (0,01 € [Altemissionen]/1 000 € [Neuemissionen]). Der Nominalzins der Bundesanleihen orientiert sich am Kapitalmarktzins zum Zeitpunkt der Emission. Der Zinssatz ist für die gesamte Laufzeit der Anleihe fest (festverzinsliches Wertpapier).

Bundesanleihen können als Einzelschuldbuchforderungen oder als Sammelschuldbuchforderungen geführt werden.

- Bei **Einzelschuldbuchforderungen** wird jeder einzelne Käufer namentlich ins Schuldbuch eingetragen und tritt somit persönlich als Gläubiger des Emittenten in Erscheinung. Zins- und Rückzahlungen erfolgen bei Fälligkeit durch die Bundeswertpapierverwaltung.
- Bei **Sammelschuldbuchforderungen** wird im Schuldbuch eine Sammel(schuld)eintragung zugunsten einer Wertpapiersammelbank vorgenommen. Die Anleger (Anleihegläubiger) werden durch Sammeldepotgutschrift bei ihrem Kreditinstitut beteiligt. Zins- und Rückzahlungen erfolgen bei Fälligkeit durch die depotführende Bank.

Bundesanleihen werden im *Tenderverfahren* emittiert. Dieses Verfahren gestaltet sich in der Weise, daß der Bund die Anleihe den meistbietenden Kreditinstituten zur Übernahme anbietet. (Die Begebung erfolgt über die „Bietergruppe Bundesemissionen", der inländische wie auch ausländische Kreditinstitute angehören können; daneben werden Teile der Anleihe von der Bundesbank frei über die Börse angeboten.) Das Mindestgebot im Tenderverfahren beträgt 1 Million Euro.

Nach einer Entscheidung des Bundesministeriums der Finanzen ist seit dem 4. Juli 1997 für die 10-jährigen und 30-jährigen Bundesanleihen die Möglichkeit des **Stripping**[2] gegeben. Unter Stripping einer Anleihe versteht man das Trennen von Kapitalbetrag und Zinsansprüchen. Der Kapital-Strip (Mantel) und die einzelnen Zins-Strips (Kupons) können damit getrennt gehandelt werden. Es ergeben sich dadurch *Nullkuponanleihen* (Anleihen ohne Zins-Kupons, d. h. *Zerobonds*) mit unterschiedlichen (Rest-)Laufzeiten (siehe hierzu unter II, 2.15.1). So läßt sich beispielsweise eine 10-jährige Bundesanleihe zerlegen in einen Kapital-Strip als Null-

---

[1] Siehe Fußnote 1 unter II, 2.3.
[2] „Stripping" kommt von STRIPS = **S**eparate **T**rading of **R**egistered **I**nterest and **P**rincipal of **S**ecurities. Vgl. hierzu und zum Folgenden Deutsche Bundesbank, Monatsbericht Juli 1997, S. 17 ff.

kuponanleihe mit einer Laufzeit von 10 Jahren und zehn Zins-Strips als Nullkuponanleihen mit Laufzeiten von 1 Jahr bis 10 Jahren.

Aus der Sicht der Anleger haben die durch Stripping entstehenden Nullkuponanleihen gegenüber den kupontragenden Anleihen einige bedeutsame Vorteile:

- Nullkuponanleihen haben nur eine Auszahlung bei Endfälligkeit und entheben
  so den Anleger des Problems der Wiederanlage von Zinszahlungen zu im voraus
  nicht bekannten Zinssätzen.
- Im Gegensatz zu kupontragenden Anleihen, bei denen es nur mit kalkulatorischen Annahmen möglich ist, (schon) zum Zeitpunkt der Anlage die rechnerische
  Effektivverzinsung der Anleihe zu ermitteln, wird bei Nullkuponanleihen die
  zum Kaufzeitpunkt errechnete Rendite auch tatsächlich realisiert.

Bundesanleihen können von jedermann, auch durch Gebietsfremde in unbe-
schränktem Umfang erworben werden. Ihr Erwerb erfolgt zunächst (bei der Emission) zum sogenannten Emissionskurs. Dieser kann auf den Nennwert (100%)
lauten oder – je nach dem Zinsniveau am Kapitalmarkt – etwas darunter oder
darüber liegen. Sobald die Anleihen an der Börse eingeführt sind, erfolgt der Erwerb zum jeweiligen Börsenkurs. (Dieser ergibt sich aus dem freien Kräftespiel
von Angebot und Nachfrage.) Der Kauf erfolgt über eine Bank, Sparkasse oder
Kreditgenossenschaft.

Bundesanleihen können jederzeit auf Dritte übertragen werden. Der Verkauf oder
die vorzeitige Rückgabe erfolgt nach Börseneinführung über Banken, Sparkassen
oder Kreditgenossenschaften zum jeweiligen Börsenkurs.

Die *Rückzahlung* der Bundesanleihen erfolgt zum Nennwert.

Der Erwerb neuemittierter Bundesanleihen wie auch deren Einlösung bei Fälligkeit
sind bei der Finanzagentur des Bundes *gebührenfrei*. Beim Kauf oder Verkauf von
umlaufenden Bundesanleihen entstehen folgende Kosten: Bankprovision von
0,5% vom Kurswert sowie Maklergebühr (je nach Höhe der Abschlüsse) zwischen
0,26 und 0,75‰ vom Nennwert.

Für die Verwaltung von Bundesanleihen erheben die Kreditinstitute Depotgebühren (meist 1 bis 1,25‰ vom Kurswert + 19% Mehrwertsteuer; Mindestgebühren
häufig Euro 5 u. mehr; zum Teil werden Gebühren nach der Anzahl der Buchungsposten berechnet). Die Finanzagentur des Bundes besorgt die Verwaltung gebührenfrei.

Zusammenfassend lassen sich Bundesanleihen als Westpapiere von hoher *Sicherheit* ausmachen. Schuldner ist die Bundesrepublik Deutschland mit ihrem großen
Vermögen und Steueraufkommen. Bei Erwerb von Neuemissionen vermeidet der
Anleger das *Wertveränderungsrisiko*. Die Rückzahlung des Anlagekapitals erfolgt
zu 100 Prozent. Diese 100-prozentige Rückzahlungsgarantie wird allerdings dann
unterlaufen, wenn der Anleger seine Papiere (oder Teile davon) während deren
Laufzeit an der Börse verkauft. Für diesen Fall trägt er selbstverständlich ein gewisses Wertveränderungsrisiko. – Ein *Zinsrisiko* ist nicht gegeben. Ebenso kein
Währungsrisiko, da der Anlagebetrag auf Euro lautet.

Die *Rendite* von Bundesanleihen kann im allgemeinen als gut eingestuft werden.
Sie entspricht in der Regel den Marktgegebenheiten.

Im Vergleich zu Industrieanleihen liegt die Rendite von Bundesanleihen durchweg
niedriger. Dieses Manko wird jedoch durch die höhere Sicherheit von Bundesanleihen kompensiert.

Die hier für Bundesanleihen getroffenen Darlegungen gelten im wesentlichen auch für Länderanleihen, Stadtanleihen, Kommunalanleihen sowie für Anleihen der Sondervermögen des Bundes.

Ein Kombinationsprodukt aus Tagesgeldkonto (siehe unter II, 1.4) und Bundesanleihe stellt die vom Bund emittierte **Tagesanleihe** dar. Sie verbindet die tägliche Verfügbarkeit eines Tagesgeldkontos mit der Rückzahlungssicherheit einer Bundesanleihe.

Die Tagesanleihe wird täglich über die Erhöhung ihres Tagespreises verzinst. Die Verzinsung orientiert sich am jeweils gültigen Zinssatz im Interbankhandel, dem sogenannten EONIA (European OverNight Index Average)-Satz*. Dies ist der Durchschnittszinssatz für auf Euro lautende Übernachtausleihungen unter Banken. Er wird unter Mitwirkung der Europäischen Zentralbank auf der Basis der Zinssätze bedeutender Kreditinstitute ermittelt.

Die tägliche Verzinsung über die Erhöung des Tagespreises bedeutet, daß die jeweils aufgelaufenen Zinsen mitverzinst werden und somit einen Zinseszinseffekt zeitigen.

Die jährliche Verzinsung von Tagesanleihen bewegt sich derzeit (2009) bei etwa 3,7 Prozent.

2.6 Länder- und Kommunalanleihen

Länder- und Kommunalanleihen dienen Bundesländern beziehungsweise Kommunen der Beschaffung langfristiger Mittel zur Finanzierung öffentlicher Investitionen. Sie repräsentieren Schuldbuchforderungen, die von Realkreditinstituten (Hypothekenbanken) im Auftrag von Bundesländern, Gemeinden, großen Städten und kommunalen Körperschaften ausgegeben werden. Länder- und Kommunalanleihen gelten als mündelsicher. Gesichert sind sie durch das gegenwärtige und zukünftige Vermögen und die Steuerkraft der Emittenten. – Was ihre Ausstattung bezüglich Laufzeit, Rendite, Sicherheit, Kosten bei Kauf und Verkauf betrifft, sind sie den Bundesanleihen (siehe II, 2.5) gleichzusetzen.

2.7 Bundesobligationen

Bundesobligationen sind Schuldbuchforderungen gegen den Bund[1], sogenannte Wertrechtsobligationen. Sie dienen dem Bund zur Beschaffung mittelfristiger Finanzierungsmittel. Mindestanlagebetrag 100 Euro; darüber hinaus jeder (auch ungerade) Betrag (0,01 €/100 €). Ihre *Laufzeit* beträgt 5 Jahre. Bundesobligationen werden als Daueremissionen aufgelegt. Der freihändige Verkauf erfolgt über die Banken, Sparkassen und Kreditgenossenschaften. Eine neue Serie wird in der Regel dann aufgelegt, wenn die Kapitalmarktsituation eine Nominalzinsveränderung erfordert. Der freihändige Verkauf einer laufenden Serie zieht sich normalerweise über einige Monate hin; danach wird diese zum amtlichen Handel an allen deutschen Wertpapierbörsen freigegeben. Gleichzeitig mit Abschluß des freihändigen Verkaufs kann die Deutsche Bundesbank im Auftrag und auf Rechnung des Bundes eine Serie von Bundesobligationen im Wege der Ausschreibung (*Tenderverfahren*,

---

* Der EONIA wurde 1999 erstmals gebildet und gilt heute als weltweit anerkannter Zinsindex für kurzfristige Geldanlagen im Euroraum.
[1] Siehe Fußnote 1 unter II, 2.3.

siehe unter II, 2.5) aufstocken. Das Mindestgebot im Tenderverfahren beträgt 1 Million Euro.

Der Ersterwerb von Bundesobligationen ist nur privaten (auch gebietsfremden) Anlegern und gebietsansässigen Einrichtungen, die gemeinnützigen, mildtätigen oder kirchlichen Zwecken dienen, gestattet. Nach Abschluß des freihändigen Verkaufs einer Serie ist der Erwerb von Bundesobligationen jedermann (auch Kreditinstituten und Unternehmen) gestattet.

Der *Zinssatz* der Bundesobligationen liegt für deren gesamte Laufzeit fest. Der Nominalzinssatz orientiert sich am Kapitalmarktzins. Positive beziehungsweise negative Abweichungen des Nominalzinses vom Kapitalmarktzins werden durch ein Agio beziehungsweise Disagio vom Ausgabekurs ausgeglichen.

Eine vorzeitige Kündigung von Bundesobligationen ist weder durch den Anleger noch durch den Emittenten (Bund) möglich. Die Papiere können jedoch jederzeit an der Börse verkauft werden.

Bundesobligationen werden am Ende ihrer Laufzeit zum Nennwert (von 100 Prozent) *zurückgezahlt*. Die Zinsen werden jährlich ausgezahlt.

Der Erwerb von Bundesobligationen ex Emission sowie deren Einlösung bei Fälligkeit durch die Finanzagentur des Bundes sind *gebührenfrei*.

Für die Verwaltung von Bundesobligationen erheben die Kreditinstitute Depotgebühren (meist 1 bis 1,25‰ vom Kurswert zuzüglich 19 % Mehrwertsteuer; Mindestgebühr häufig 4 Euro und mehr; zum Teil werden die Gebühren nach der Anzahl der Buchungsposten berechnet). Die Finanzagentur des Bundes besorgt die Verwaltung gebührenfrei.

Beim Kauf und Verkauf von umlaufenden Obligationen entstehen folgende Kosten: Bankprovision 0,5 % vom Kurswert, Maklergebühr 0,26 – 0,75‰ vom Nennwert.

Beispiel für den Kursverlauf einer Bundesobligation

4,00 % Bundesobligation, Serie 153 V.2008		Tag	Kurs	Rendite
ISIN*	DE0001141539	05. 01. 2009	107,280	2,36
WKN**	114153	02. 10. 2009	107,580	2,30
Zinslauf ab	26. 09. 2008	30. 12. 2008	107,550	2,31
Erste Zinszahlung	11. 10. 2009	29. 12. 2008	107,450	2,33
Nominalzins	**4,00 %**	23. 12. 2008	107,470	2,33
Fälligkeit	11. 10. 2013	22. 12. 2008	107,130	2,41
Mindestnennwert	100 Euro	19. 12. 2008	107,010	2,43
Mindestkaufbetrag	110 Euro	18. 12. 2008	106,750	2,49
* International Securities Identification Number ** Wertpapierkennnummer				

Übersicht II, 8

Bundesobligationen sind wie Bundesanleihen Wertpapiere von hoher *Sicherheit*. Schuldner ist die Bundesrepublik Deutschland mit ihrem großen Vermögen und Steueraufkommen. Werden Bundesobligationen während ihrer Laufzeit an der Börse verkauft, besteht selbstverständlich ein gewisses *Wertveränderungsrisiko*. Ein *Zinsrisiko* ist nicht gegeben. Ebenso kein *Währungsrisiko*, da der Anlagebetrag auf Euro lautet.

Die *Rendite* von Bundesobligationen kann im allgemeinen als gut eingestuft werden. Sie entspricht in der Regel den Marktgegebenheiten.

Im Vergleich zu Industrieobligationen liegt die Rendite von Bundesobligationen durchweg niedriger. Dieser Nachteil wird jedoch durch die höhere Sicherheit von Bundesobligationen ausgeglichen.

Für den Anleger ist es interessant, Obligationen mit niedriger Nominalverzinsung zu entsprechend niedrigen Kursen zu erwerben.

2.8 Bundesschatzanweisungen

Bundesschatzanweisungen sind festverzinsliche Inhaberschuldverschreibungen des Bundes und seiner Sondervermögen mit einer *Laufzeit* von 2 Jahren. Mindestanlagebetrag 1 000 Euro; kleinste handelbare Einheit 0,01 Euro (0,01 €/1 000 €). Bundesschatzanweisungen werden bei einem Mindestgebot von 1 Million Euro im *Tenderverfahren* begeben (d. h. der Bund bietet die Wertpapiere den meistbietenden Kreditinstituten zur Übernahme an) und an allen deutschen Wertpapierbörsen amtlich gehandelt. Sie können von allen Privatpersonen, auch von Gebietsfremden, erworben werden.

Die *Verzinsung* der Bundesschatzanweisungen orientiert sich am jeweiligen Kapitalmarktzins. Die Zinsen werden jährlich ausgezahlt.

Die *Rückzahlung* (Einlösung) bei Fälligkeit erfolgt ohne Gebühren zum Nennwert bei der Finanzagentur des Bundes!

Ähnlich wie Bundesanleihen und Bundesobligationen können Bundesschatzanweisungen jederzeit – gegebenenfalls allerdings auch unter Inkaufnahme von Kursabschlägen – an der Börse verkauft werden. Ihre *Liquidität* ist insofern stets gewährleistet. – Gleiches gilt für ihre *Sicherheit*. Sie wird durch das Bundesvermögen garantiert. – Solange der Anleger die Bundesschatzanweisungen nicht vor Ende ihrer Laufzeit verkaufen möchte, besteht für ihn auch kein *Wertveränderungsrisiko*. Ein *Währungsrisiko* ist ebenfalls nicht gegeben.

Bundesschatzanweisungen sind mit einem festen Zinssatz ausgestattet. Ihre *Rendite* ermittelt sich aus dem Nominalzins und dem Börsenkurs, zu dem das Papier gekauft wurde. Sie kann durchweg als passabel bezeichnet werden.

Bundesschatzanweisungen sind eine attraktive Alternative zum Sparkonto.

2.9 Unverzinsliche Schatzanweisungen

Unverzinsliche Schatzanweisungen (sogenannte Bubills, auch U-Schätze genannt) sind Inhaberschuldverschreibungen des Bundes und seiner Sondervermögen mit einer *Laufzeit* von 6 Monaten. Sie werden abgezinst ausgegeben (Diskontpapiere) und zum Nennwert zurückgezahlt. Obgleich jedem privaten Anleger offensteht, U-Schätze zu erwerben, werden sie zum weitaus überwiegenden Teil von institutionellen Investoren und ausländischen Zentralbanken nachgefragt. Sie werden im 3-Monatsrhythmus als Einmalemissionen im *Tenderverfahren* vergeben. Bietungsberechtigt sind die Mitglieder der „Bietergruppe Bundesemissionen". Mindeststückelung 1 Million Euro; Mindestgebot 1 Million Euro oder ein ganzes Vielfaches davon. Kursgebote müssen auf volle 0,005 Prozentpunkte lauten.

Die *Rendite* errechnet sich aus der Differenz von Ausgabe- und Rückzahlungskurs. Bubills sind nicht in den Börsenhandel aufgenommen.

2.10 Bundeswertpapiere im Überblick

Einen anschaulichen aktuellen Überblick über die jeweils angebotenen Bundeswertpapiere und deren Konditionen bietet das von der Finanzagentur des Bundes in unregelmäßigen Zeitabständen herausgegebene Informationsblatt (siehe Übersicht II, 9, auf den nachfolgenden Seiten). Auf Anforderung kostenlos!

2.11 Pfandbriefe und Kommunalobligationen

Pfandbriefe und Kommunalobligationen (seit 1. 1. 1991 auch als Öffentliche Pfandbriefe bezeichnet) sind festverzinsliche Wertpapiere, die (nach dem Pfandbriefgesetz v. 22. 5. 2005) von allen Banken (ab einer bestimmten Größe) emittiert werden können. Sie werden auch als *Bankschuldverschreibungen* klassifiziert.

Nach den einschlägigen Gesetzen müssen dem Gesamtbetrag der in Umlauf befindlichen Pfandbriefe und Kommunalobligationen jederzeit in Höhe des Nennwertes Deckungsforderungen von mindestens der gleichen Höhe und von mindestens dem gleichen Zinsertrag gegenüberstehen. Als *ordentliche Deckung* für Pfandbriefe gelten Hypotheken, für Kommunalobligationen Darlehen an öffentlich-rechtliche Körperschaften und Anstalten. *Ersatzdeckung* durch Bargeld, Guthaben bei der Deutschen Bundesbank, Ausgleichsforderungen, Schuldverschreibungen, Schatzwechsel und Schatzanweisungen des Bundes und anderes ist bis zur Höhe von 10 Prozent des Gesamtumlaufes an Pfandbriefen und Kommunalobligationen zulässig. Bei Pfandbriefen müssen alle Deckungswerte (Hypotheken, Grundschulden u. a.) in ein Hypothekenregister eingetragen werden. Bei Kommunalobligationen tritt an dessen Stelle ein Deckungsregister.

Im Falle der Insolvenz einschlägiger Emissionsbanken werden die Inhaber von Pfandbriefen und Kommunalobligationen aus den ins Hypotheken-/Deckungsregister eingetragenen Werten vorrangig befriedigt.

Außer den Deckungswerten haftet den Gläubigern von Pfandbriefen und Kommunalobligationen das gesamte sonstige Vermögen der Realkreditinstitute. Bei öffentlich-rechtlichen Instituten kommt für bis zum 18. 7. 2005 eingegangene Verbindlichkeiten ergänzend noch die Anstaltslast und Gewährträgerhaftung hinzu. Für nach diesem Zeitpunkt eingegangene Obligationen entfällt jedoch diese Haftungsgarantie. (Unter gewissen Voraussetzungen können im Falle der Insolvenz öffentlicher Banken staatliche Sanierungshilfen durch die EU-Kommission genehmigt werden!) Diese Tatsache hat eine deutliche Herabstufung der öffentlichen Schuldpapiere bei Ratings zur Folge.

Bei privaten Hypothekenbanken darf der Gesamtbetrag der umlaufenden Pfandbriefe und Kommunalobligationen zusammen das Sechzigfache des haftenden Eigenkapitals nicht übersteigen.

Die *Stückelung* bei Pfandbriefen und Kommunalobligationen beträgt 50 Euro und ein beliebig Vielfaches dieses Betrages. Ihre *Laufzeit* beträgt heute in der Regel 10 Jahre (früher: 30–40 Jahre); längere Laufzeiten sind möglich.

Der *Zinssatz* dieser Wertpapiere steht für deren gesamte Laufzeit fest. Die Zinsen werden jährlich ausgezahlt.

Die Verbriefung von Pfandbriefen und Kommunalobligationen in Einzelurkunden erfolgt nur noch selten. Es ist weitgehend üblich geworden, die gezeichneten Papiere durch eine Sammelurkunde zu verbriefen.

Bundesrepublik Deutschland Finanzagentur GmbH

Informationsdienst für Bundeswertpapiere
Lurgiallee 5, 60295 Frankfurt am Main
Telefon: 069 / 25616 1425 / Telefax: 069 / 25616 1139
Kundenservice – Center
Telefon: 0800 / 222 5510 / Telefax: 0800 / 222 5590
Aktuelle Konditionen Bundeswertpapiere
Ansagedienst [Daueremissionen]: 0800 / 222 5560
Fax auf Abruf [Daueremissionen]: 0800 / 222 5570
Fax auf Abruf [Börsennotiert]: 0800 / 222 5580

BUNDESWERTPAPIERE AUF EINEN BLICK

Merkmale	Tagesanleihe	Bundesschatzbriefe	Finanzierungsschätze	Bundesobligationen	Bundesanleihen
Stückelung	0,01 €	0,01 €	0,01 €	0,01 €	0,01 €
Mindestauftrag	50 €. Keine Mindestbetragsgrenze bei Wiederanlagen von Zins- und Tilgungsleistungen aus dem Schuldbuch	50 € ... 52 € im Direkterwerb bei der Finanzagentur*	500 €	Börse: kein Mindestauftrag (Tenderverfahren: Mindestgebot 1 Mio €)	Börse: kein Mindestauftrag (Tenderverfahren: Mindestgebot 1 Mio €)
Anlagehöchstbetrag	250.000 € je Person und Rankgeschäftstag; keine Höchstbetragsgrenze bei Wiederanlagen von Zins- und Tilgungsleistungen aus dem Schuldbuch	unbeschränkt	250.000 € je Person und Geschäftstag	unbeschränkt; bei Direkterwerb Finanzagentur* 250.000 € je Person und Geschäftstag ohne Wiederanlage und Umtausch	unbeschränkt
Zinszahlung	immer zum 31.12., Umwandlung in Anteile	Typ A: jährlich; Typ B: Zinsansammlung (Auszahlung der Zinsen mit Zinssummen bei Rückzahlung des Kapitals)	Abzinsung (Nennwert – Zinsen = Kaufpreis)	jährlich	jährlich
Zinsberechnungsmethode	actual/360	actual/actual	actual/actual	actual/actual	actual/actual
Laufzeit	unbefristet	Typ A: 6 Jahre; Typ B: 7 Jahre	1 Jahr und 2 Jahre	5 Jahre	10 bzw. 30 Jahre
Rückzahlung	zum Tagespreis (Nennwert + Zinsen)	Typ A zum Nennwert; Typ B zum Rückzahlungswert (= Nennwert + Zinsen)	zum Nennwert	zum Nennwert	zum Nennwert
Erwerber	jedermann, Direkterwerb bei der Finanzagentur*	nur natürliche Personen, gebietsansässige Einrichtungen, die gemeinnützigen, mildtätigen oder kirchlichen Zwecken dienen, sowie WEG*	jedermann außer Kreditinstitute	jedermann. Direkterwerb bei der Finanzagentur*[1] Ex Emission nur Mitglieder der Bietergruppe nach Börseneinführung täglicher Verkauf zum aktuellen Kurs möglich	jedermann Ex Emission nur Mitglieder der Bietergruppe nach Börseneinführung täglicher Verkauf zum aktuellen Kurs möglich
Vorkauf bzw. vorzeitige Rückgabe	tägliche Rückgabe bei der Finanzagentur* zum Tagespreis möglich, max. 1 Mio. € je Gläubiger und Geschäftstag	nach dem 1. Laufzeitjahr bis zu 5.000 € je Gläubiger innerhalb von 30 Zinstagen	nicht möglich	bei Verkauf über die Finanzagentur*[2], zum Einheitspreis der Frankfurter Wertpapierbörse als Festpreis	bei Verkauf über die Finanzagentur*[2], zum Einheitskurs der Frankfurter Wertpapierbörse als Festpreis
Übertragbarkeit auf Dritte	jederzeit[3]	jederzeit auf Erwerbsberechtigte[3]	jederzeit auf Erwerbsberechtigte[3]	jederzeit[3]	jederzeit[3]
Verkaufsstellen	Finanzagentur*	Finanzagentur*, Banken, Sparkassen, sowie Kreditgenossenschaften	Finanzagentur* und Kreditinstitute	Kreditinstitute	Kreditinstitute
Lieferung		Wertrechte (= Anteile an einer Sammelschuldbuchforderung oder Einzelschuldbuchforderung), keine effektiven Stücke			
Kosten und Gebühren beim Erwerb	gebührenfrei	gebührenfrei	gebührenfrei	übliche Bankprovision; Direkterwerb Finanzagentur*: gebührenfrei[4]	übliche Bankprovision
Einlösung bei Fälligkeit	gebührenfrei	gebührenfrei	gebührenfrei	gebührenfrei bei Finanzagentur*; übliche Bankprovision	gebührenfrei bei Finanzagentur*; übliche Bankprovision
Verwaltung durch Kreditinstitute	Depotgebühren	Depotgebühren	Depotgebühren	Depotgebühren	Depotgebühren
Verwaltung durch Finanzagentur*	gebührenfrei	gebührenfrei	gebührenfrei	gebührenfrei	gebührenfrei

* Bundesrepublik Deutschland – Finanzagentur GmbH (kurz: Finanzagentur)
1) nur Erwerb der jeweils zuletzt börseneingeführten Bundesobligation durch natürliche Personen, gebietsansässige Einrichtungen die gemeinnützigen, mildtätigen oder kirchlichen Zwecken dienen, sowie WEG* möglich
2) einmalige Gebühr in Höhe von 0,4 % des Kurswertes
3) von einem Schuldbuchkonto auf ein anderes Schuldbuchkonto gebührenfrei
4) Wohnungseigentümergemeinschaft: wenn mehr als die Hälfte der Miteigentumsanteile von natürlichen Personen gehalten wird

Übersicht II, 9   Stand: Frühjahr 2009

Bundesrepublik Deutschland Finanzagentur GmbH

Informationsdienst für Bundeswertpapiere
Lurgiallee 5, 60295 Frankfurt am Main
Telefon: 069 / 2546 1425 / Telefax: 069 / 2546 1139
Kundenservice – Center
Telefon: 0800 / 222 5510 / Telefax: 0800 / 222 5590
Aktuelle Konditionen Bundeswertpapiere
Ansagedienst (Daueremissionen): 0800 / 222 5560
Fax auf Abruf (Daueremissionen): 0800 / 222 5570
Fax auf Abruf (Börsennotierte): 0800 / 222 5580

BUNDESWERTPAPIERE AUF EINEN BLICK

Merkmale	Bundesschatzanweisungen	Unverzinsliche Schatzanweisungen	Inflationsindexierte Anleihe	Inflationsindexierte Obligation	US-Dollar-Anleihe
Stückelung	0,01 €	0,01 €	0,01 €	0,01 €	1.000 U.S.$
Mindestauftrag	Börse: kein Mindestauftrag (Tenderverfahren: Mindestgebot 1 Mio. €)	Börse: kein Mindestauftrag (Tenderverfahren: Mindestgebot 1 Mio. €)	Börse: kein Mindestauftrag (Tenderverfahren: Mindestgebot 1 Mio. €)	Börse: kein Mindestauftrag (Tenderverfahren: Mindestgebot 1 Mio. €)	Börse: kein Mindestauftrag
Anlage/Höchstbetrag	unbeschränkt	unbeschränkt	unbeschränkt	unbeschränkt	unbeschränkt
Zinszahlung	jährlich nachträglich	Abzinsung (Nennwert − Zinsen = Kaufpreis)	jährlich nachträglich, auf Basis des indexierten Zinssatzes	jährlich nachträglich, auf Basis des indexierten Zinssatzes	jährlich nachträglich
Zinsberechnungsmethode	actual/actual	actual/360	actual/actual	actual/actual	30/360
Laufzeit	2 Jahre	6 Monate	10 Jahre	5 Jahre	5 Jahre
Rückzahlung	zum Nennwert	zum Nennwert	abhängig von Inflationsentwicklung, mindestens zum Nennwert	abhängig von Inflationsentwicklung, mindestens zum Nennwert	zum Nennwert
Erwerber	Jedermann, Ex Emission nur Mitglieder der Bietergruppe	Jedermann, Ex Emission nur Mitglieder der Bietergruppe	Jedermann, Ex Emission nur Mitglieder der Bietergruppe	Jedermann, Ex Emission nur Mitglieder der Bietergruppe	Jedermann
Verkauf bzw. vorzeitige Rückgabe	nach Börseneinführung täglicher Verkauf zum aktuellen Kurs möglich; bei Verkauf über Finanzagentur*²: zum Einheitspreis der Frankfurter Wertpapierbörse als Festpreis	nach Börseneinführung täglicher Verkauf zum aktuellen Kurs möglich; bei Verkauf über Finanzagentur*²: zum Einheitspreis der Frankfurter Wertpapierbörse als Festpreis	nach Börseneinführung täglicher Verkauf zum aktuellen Kurs möglich; bei Verkauf über Finanzagentur*²: zum Einheitspreis der Frankfurter Wertpapierbörse als Festpreis	nach Börseneinführung täglicher Verkauf zum aktuellen Kurs möglich; bei Verkauf über Finanzagentur*²: zum Einheitspreis der Frankfurter Wertpapierbörse als Festpreis	nach Börseneinführung täglicher Verkauf zum aktuellen Kurs möglich
Übertragbarkeit auf Dritte	jederzeit ³	jederzeit ³	jederzeit ³	jederzeit ³	jederzeit ³
Verkaufsstellen	Wertrechte (= Anteile an einer Sammelschuldbuchforderung oder Einzelschuldbuchforderung), keine effektiven Stücke				Miteigentumsanteil an einem in einer Globalurkunde verbrieften Wertpapiersammelverband
Lieferung	Finanzagentur*, Banken, Sparkassen, sowie Kreditgenossenschaften				Kreditinstitute
Verwahrung/Verwaltung	Kreditinstitute				
Kosten und Gebühren – bei Erwerb	übliche Bankprovision	übliche Bankprovision	übliche Bankprovision	übliche Bankprovision	übliche Bankprovision
Einlösung bei Fälligkeit	gebührenfrei bei Finanzagentur*; übliche Bankprovision	gebührenfrei bei Finanzagentur*; übliche Bankprovision	gebührenfrei bei Finanzagentur*; übliche Bankprovision	gebührenfrei bei Finanzagentur*; übliche Bankprovision	übliche Bankprovision
Verwahrung durch Kreditinstitute	Depotgebühren	Depotgebühren	Depotgebühren	Depotgebühren	Depotgebühren
Finanzagentur*	gebührenfrei	gebührenfrei	gebührenfrei	gebührenfrei	nicht möglich

* Bundesrepublik Deutschland – Finanzagentur GmbH (kurz: Finanzagentur)
2) einmalige Gebühr in Höhe von 0,4 % des Kurswertes
3) von einem Schuldbuchkonto auf ein anderes Schuldbuchkonto gebührenfrei

Übersicht II, 9

Stand: Frühjahr 2009

Pfandbriefe und Kommunalobligationen können entweder zum Zeitpunkt ihrer Emission oder später als gehandelte Papiere über eine beauftragte Bank an der Börse gekauft werden. Auf dem gleichen Weg (über eine Bank) können diese Wertpapiere während ihrer Laufzeit jederzeit verkauft werden.

Nach Ende der Laufzeit erfolgt die *Rückzahlung* der jeweiligen Anlagesumme zum Nennwert des Papiers.

Bei neu emittierten Pfandbriefen und Kommunalobligationen ist der Erwerb *spesenfrei*. Beim Erwerb umlaufender, über die Börse gekaufter Papiere fallen *Gebühren* an: Bankprovision 0,5 % vom Kurswert und Maklergebühr 0,75‰ vom Nennwert. Für die anschließende Verwahrung entstehen Depotgebühren von 1,25‰ vom Kurswert zuzüglich 19 % Mehrwertsteuer.

Eine Anlage in Pfandbriefen und Kommunalobligationen läßt sich abschließend wie folgt beurteilen:

Da Pfandbriefe und Kommunalobligationen jederzeit – gegebenenfalls allerdings unter Inkaufnahme von Kursverlusten – an der Börse verkauft werden können, ist ihre *Liquidität* als sehr gut einzustufen.

Sicherheit ist bei Pfandbriefen und Kommunalobligationen ebenfalls in hohem Maße gegeben. Die sie emittierenden Hypotheken- und Landesbanken sind in der Regel der einschlägigen Skepsis enthoben. Die Papiere sind mündelsicher. Sie kennen weder ein *Zins*- noch ein *Währungsrisiko*. Lediglich ein gewisses Kursrisiko ist bei ihrem Kauf oder Verkauf über die Börse gegeben.

Die hohe Sicherheit von Pfandbriefen und Kommunalobligationen drückt verständlicherweise etwas auf ihre *Rentabilität*. (Wer hohe Sicherheit sucht, muß dafür bezahlen!) Deshalb kann es durchaus lohnend sein, zu einem relativ niedrigen Börsenkurs angebotene „Langläufer" zu kaufen und damit die effektive Verzinsung dieser Papiere anzuheben.

Pfandbriefe und Kommunalobligationen sind in ihrer *Bonität* den Bundesanleihen etwa ebenbürtig. Der Vertrauensvorsprung in puncto Sicherheit, den der Bund im allgemeinen bei der Masse der Anleger genießt, führt aller Wahrscheinlichkeit nach dazu, daß der Zinssatz von Bundesanleihen im Vergleich zu Pfandbriefen und Kommunalobligationen in der Regel einen viertel bis einen halben Prozentpunkt niedriger liegt.

2.12 Industrieanleihen

Industrieanleihen (auch als Industrieobligationen oder Unternehmensanleihen bezeichnet) sind Schuldverschreibungen, mit denen sich große Industrie-, Handels- und Verkehrsunternehmen langfristiges (Fremd-)Kapital für Investitionen und Umschuldungen beschaffen. Solche Anleihen sind für diese Unternehmen in der Regel dann angezeigt, wenn die Banken deren Kreditbedarf seines Umfanges und seiner (Lang-)Fristigkeit wegen nicht zu decken gewillt sind.

Die *Sicherheit* solcher Industrieanleihen wird in erster Linie durch die wirtschaftliche Lage und die Ertragskraft des jeweiligen Unternehmens gewährleistet. Besondere Sicherheiten, wie Grundpfandrechte, können bestellt werden, werden dies in der Regel aber nicht. Üblich von Seiten des emittierenden Unternehmens ist dagegen die Abgabe einer *Negativklausel*, das heißt der schuldrechtlichen Verpflichtung, während der gesamten Laufzeit der Anleihe keine Sicherheiten (z. B. Pfandrechte auf Vermögenswerte) zu bestellen, ohne die Anleihegläubiger zur gleichen Zeit und im gleichen Rang an solchen oder gleichen Sicherheiten teilnehmen zu lassen.

Die Bedeutung von Industrieanleihen als Finanzierungsinstrument ist in den letzten Jahren sehr im Schwinden begriffen. An ihre Stelle sind andere Finanzierungsinstrumente getreten, so zum Beispiel *Commercial Papers* und *Medium Term Notes* wie auch *Schuldscheindarlehen*[1].

Industrieanleihen werden in einer *Stückelung* von 50 Euro und einem beliebig Vielfachen dieses Betrages herausgegeben. Ihre *Laufzeit* beträgt in der Regel 10–20 Jahre. Der *Zinssatz* ist für die gesamte Laufzeit festgeschrieben. Die Zinsen werden jährlich zu bestimmten Zeitpunkten ausgezahlt.

Industrieanleihen können entweder als neu emittierte oder als umlaufende Papiere erworben werden. In beiden Fällen wird der Kauf über eine vom Anleger beauftragte Bank abgewickelt. Ähnlich gestaltet sich der Verkauf der Papiere. Sie können entweder während der Laufzeit über die Börse veräußert werden oder am Ende derselben beim emittierenden Unternehmen vorgelegt werden. Die *Rückzahlung* erfolgt zum Nennwert.

Mit dem Erwerb von Neuemissionen entstehen dem Ersterwerber *keine Spesen.* Umlaufende (d. h. an der Börse gehandelte) Papiere können dagegen nur mit entsprechenden *Spesen* erworben werden: Bankprovision 0,5 % vom Kurswert, Maklergebühr 0,75 ‰ vom Nennwert. Mit der Verwahrung durch eine Bank entstehen jährlich Depotgebühren von 1,25 ‰ vom Kurswert der Papiere zuzüglich 19 % Mehrwertsteuer.

Nach den vorausgegangenen Ausführungen lassen sich Industrieanleihen als Anlageobjekt abschließend wie folgt beurteilen:

Die *Liquidität* ist bei Industrieanleihen durch die Möglichkeit ihres Verkaufs an der Börse jederzeit gewährleistet. Gegebenenfalls sind dabei allerdings Kursverluste in Kauf zu nehmen.

Die *Sicherheit* von Industrieanleihen ist im allgemeinen hoch einzustufen. Dennoch reichen diese unter dem Sicherheitsaspekt weder in der allgemeinen Einschätzung noch tatsächlich an Bundesanleihen heran. Sie sind deshalb nach dem Gesetz auch nicht als mündelsicher eingestuft.

Zins- und *Währungsrisiken* bestehen bei Industrieanleihen nicht. Ein gewisses *Kursrisiko* beim An- und Verkauf über die Börse ist jedoch immer gegeben.

Was ihre *Rentabilität* angeht, sind Industrieanleihen keineswegs attraktiv, jedoch interessanter als vergleichbare Staatspapiere (wie Bundesanleihen, Bundesobligationen, Kommunalobligationen) oder Pfandbriefe.

Ein Einstieg in Industrieobligationen ist insbesondere dann in Erwägung zu ziehen, wenn diese zu niedrigen Börsenkursen angeboten werden und ihre Restlaufzeiten nicht mehr allzu lang sind. Dann kann ihre Effektivverzinsung durchaus interessant sein.

---

[1] Die vorgenannten Finanzierungsinstrumente haben für die private Geldanlage keine Bedeutung.

2.13 Bankanleihen

Bankanleihen sind auf den Inhaber lautende Schuldverschreibungen (Inhaberschuldverschreibungen), mit denen sich Banken mittel- bis langfristiges (Fremd-) Kapital beschaffen. Sie erfreuen sich als Geldanlageobjekte nicht zu übersehender Beachtung.

Bankanleihen werden in der Regel in einer *Stückelung* von 1000 Euro herausgegeben. Ihre *Laufzeit* beträgt zwischen 5 und 10 Jahre. Ihr *Zinssatz* liegt für die gesamte Laufzeit fest. Die Zinsen werden jährlich ausgezahlt.

Bankanleihen können entweder als neu emittierte oder als umlaufende Papiere gekauft werden. In beiden Fällen wird der Kauf über eine vom Anleger beauftragte (i. d. R. die emittierende) Bank abgewickelt. Ähnlich gestaltet sich der Verkauf der Papiere. Sie können entweder während der Laufzeit über die Börse* veräußert werden oder am Ende derselben beim emittierenden Unternehmen vorgelegt werden. Die *Rückzahlung* erfolgt zum Nennwert.

Mit dem Erwerb von Neuemissionen entstehen dem Ersterwerber *keine Spesen*. Umlaufende (d. h. an der Börse gehandelte) Papiere können dagegen nur mit entsprechenden Spesen erworben werden: Bankprovision 0,5 % vom Kurswert, Maklergebühr 0,75‰ vom Nennwert. Mit der Verwaltung durch eine Bank entstehen jährlich Depotgebühren von 1,25‰ vom Kurswert der Papiere zuzüglich 19 % Mehrwertsteuer. (Einige Banken verlangen für die Verwahrung eigener Inhaberschuldverschreibungen keine Depotgebühren.)

Die abschließende Beurteilung von Bankanleihen als Anlageobjekt deckt sich weitgehend mit den einschlägigen Ausführungen zu den Industrieanleihen (siehe dort unter II, 2.12).

2.14 Auslandsanleihen

Auslandsanleihen sind Schuldverschreibungen, die von ausländischen Emittenten aufgelegt werden. Als Emittenten können öffentliche und private Einrichtungen (z. B. internationale Institutionen, ausländische Staaten, Regionen, Städte, Unternehmen) auftreten. Die Anleihen können auf Euro oder auf andere Währungen lauten. Altemissionen vor dem 1.1.1999 lauteten auch auf DM. Entsprechend unterscheidet man DM-Auslandsanleihen, ausländische Euro-Anleihen wie auch Währungsanleihen. Sind Anleihen an zwei Währungen gebunden, so spricht man von Doppelwährungsanleihen.

Die Einschätzung des *Schuldnerrisikos* (d. i. die Fähigkeit des Emittenten, seine Zins- und Rückzahlungspflichten bedingungsgemäß zu erfüllen) ist bei Auslandsanleihen – mit in der Regel Laufzeiten zwischen 3 und 10 Jahren – häufig nicht unproblematisch. Hier können **Ratings** gewisse Entscheidungshilfen bieten. Ratings sind Bonitätsnoten zur Einschätzung von Schuldnerqualitäten und die damit verbundenen Länder-, Branchen- oder Ausfallrisiken, die von internationalen Rating-Unternehmen wie Standard & Poor's (S & P) oder Moody's gegeben werden.

---

* Kleinere, oft regionale Banken melden ihre emittierten Inhaberschuldverschreibungen in der Regel nicht zum amtlichen Börsenhandel an, sondern verkaufen die Papiere meist unter pari (d. h. unter Nennwert) an ihre Kunden und kaufen sie – auch während der Laufzeit – ohne Kostenberechnung zu pari (d. h. zum Nennwert) zurück. Der Ertrag der Bank ergibt sich dabei aus der Differenz zwischen Verkaufs- und Einlösungspreis.

Die Bonitätsnoten bewegen sich zwischen AAA und D bei S & P und Aaa und D bei Moody's (siehe Übersicht II, 10).

Standard & Poor's Rating			Schuldner-Sicherheit	Moody's Rating		
AAA			absolut sicher	Aaa		
AA+	AA	AA−	sehr sicher	Aa1	Aa2	Aa3
A+	A	A−	sicher	A1	A2	A3
BBB+	BBB	BBB−	befriedigend	Baa1	Baa2	Baa3
BB+	BB	BB−	spekulativ	Ba1	Ba2	Ba3
B+	B	B−	sehr spekulativ	B1	B2	B3
CCC	CC	C	hoch spekulativ	Caa	Ca	C
D			Zahlungsverzug	D		

Übersicht II, 10

Neu emittierte Auslandsanleihen unterliegen – wie alle Anleihen – beim Kauf keiner Kostenbelastung. Bei der Einlösung fälliger Papiere verlangen die Banken eine Gebühr (Einlösungsgebühr) von 1‰ vom Nennwert zuzüglich 19 % Mehrwertsteuer (mindestens 5 Euro). – Werden Auslandsanleihen während der Laufzeit gekauft oder verkauft, berechnen die Kreditinstitute 0,5 % Provision vom Kurswert, Maklergebühr und fremde Spesen in Höhe der fremden Kosten und Abwicklungsgebühren nach unterschiedlichen Gebührensätzen je nach Land.

Bei der Verwahrung und Verwaltung der Papiere durch eine Bank entstehen jährliche Depotgebühren in Höhe von 1 bis 1,25‰ vom Kurswert zuzüglich 19 % Mehrwertsteuer.

2.14.1 DM-Auslandsanleihen

DM-Auslandsanleihen sind auf Deutsche Mark lautende Schuldverschreibungen, die von öffentlichen oder privaten ausländischen Einrichtungen vor dem 1.1.1999 aufgelegt wurden. Sie unterscheiden sich nur unwesentlich von Inlandsanleihen. Die *Zinszahlungen* sowie die *Rückzahlung* erfolgen heute in Euro. Damit vermeidet der Anleger ein *Kursrisiko*. Eine nicht zu übersehende *Unsicherheit* (Risiko) ergibt sich für diesen jedoch aus der (im Vergleich zum Inland) schwierigeren Einschätzung der politischen und wirtschaftlichen Verhältnisse des (fremden) Landes, in dem der Emittent residiert. Diese Unsicherheit beeinflußt auch die *Kursentwicklung* von DM-Auslandsanleihen. Diese wird nämlich außer durch den Nominalzins und die Laufzeit des Papiers nicht unerheblich von der Einschätzung der Zahlungsfähigkeit und Zahlungswilligkeit des Emittenten beeinflußt. Hier ist Vorsicht geboten!

2.14.2 Währungsanleihen

Währungsanleihen sind auf *fremde* Währung lautende Schuldverschreibungen, die von ausländischen Staaten sowie von öffentlichen und privaten Einrichtungen mit Sitz im Ausland aufgelegt werden. Kauf, Zinszahlungen sowie Rückzahlung erfolgen in ausländischer Währung. Mögliche Wechselkursänderungen lassen damit ein *Währungsrisiko* entstehen.

Hinzu kommt die nicht zu unterschätzende *Unsicherheit*, die sich aus der (im Vergleich zum Inland) schwierigen Einschätzung der politischen und wirtschaftlichen Verhältnisse des (fremden) Landes, in dem der Emittent residiert, ergibt. Diese Unsicherheit beeinflußt auch die Kursentwicklung der Währungsanleihen. Dieses damit gegebene *Kursrisiko* wird häufig durch eine Kurssicherungsklausel in den Anleihebedingungen neutralisiert.

Die *Verzinsung* von Währungsanleihen richtet sich im wesentlichen nach dem entsprechenden Kapitalmarktzins und dem Währungsrisiko.

Eine Anlage in Währungsanleihen erscheint nur dann anzuraten, wenn ihr Ertrag bedeutend höher ist als bei vergleichbaren inländischen Wertpapieren und damit die oben genannten Risiken ausgleicht. (Siehe hierzu Übersicht II, 11.)

2.14.3 Ausländische Euro-Anleihen (Euro-Bonds)

Ausländische Euro-Anleihen, auch Euro-Bonds genannt, sind Schuldverschreibungen, die von *ausländischen* Staaten wie auch internationalen öffentlichen (zum Beispiel der Weltbank) oder privaten Einrichtungen (Großunternehmen, Banken) in Deutschland oder einem anderen Euroland ausgegeben werden. Sie lauten auf Euro. Rückzahlung und Zinszahlung erfolgt ebenfalls in Euro.

Die *Laufzeiten* dieser Papiere betragen in der Regel zwischen 3 und 10 Jahren. Einige Emittenten behalten sich eine Änderung des vereinbarten Festzinses oder ein vorzeitiges Kündigungsrecht für diesen vor.

Internationale Neuemissionen

Emittent	ISIN-Nr.	Währung	Betrag Mill.	Zinsen Pro-zent	Fälligkeit	Ausgabe-kurs Prozent	Rating[1]	Min-destan-lage in Tsd.
Goldman Sachs	XS0347919705	Euro	1500	3,500	12/2011	99,7	Aaa/AAA	50
Daimler	XS0403611204	Euro	1000	9,000	01/2012	99,5	A3/A-	50
Linde Finance	XS0403540189	Euro	600	6,750	12/2015	99,5	Baa1/BBB+	1
Diageo Finance	XS0403180119	Euro	1000	6,625	12/2014	99,7	A3/A-	50
Bank of Scotland	XS0403623803	Euro	1000	3,375	12/2011	99,8	Aaa/AAA	50
Daimler	DE000A0T4Y07	Euro	600	8,000	06/2010	99,6	A3/A-	50
BASF Finance	DE000A0T4DU7	Euro	1250	6,000	12/2013	99,6	Aa3/AA-	50
Vodafone	XS0402707367	Euro	1000	6,875	12/2013	99,7	Baa1/A-	50
BNP Paribas	XS0405121368	Euro	1500	5,000	12/2013	99,8	Aa1/AA+	1
Caixa Geral de Depos.	PTCG1H0M0003	Euro	1250	3,875	12/2011	99,7	Aa1/AA	50
Leaseplan	XS0404430299	Euro	1250	3,375	12/2010	99,9	Aaa/AAA	50
Cedulas TDA 13	ES0318826007	Euro	2260	EU+0,45	12/2011	100,0	Aaa/	50
Ontario	XS0404617952	Euro	750	4,250	12/2013	99,6	Aa1/AA	50
BP Capital	CH0049092106	Schw. Franken	100	3,000	12/2013	100,3	Aa1/AA	5
Electricité de France	CH0049035493	Schw. Franken	350	3,375	12/2013	100,1	Aa1/AA-	5
Quebec	CH0049484618	Schw. Franken	200	3,875	12/2018	100,9	-	5
Quebec	CH0049484600	Schw. Franken	275	3,125	12/2015	100,1	-	5
Brasilien	US105756BQ28	Dollar	1000	5,875	01/2019	98,1	Ba1/BBB-	100
Kolumbien	US195325BL83	Dollar	1000	7,375	03/2019	99,1	Ba1/BBB-	100
EIB	US298785EU68	Dollar	4500	2,000	02/2012	99,7	Aaa/AAA	1
Credit Agricole	XS0405953257	Pfund	250	7,375	12/2023	99,5	Aa2/A+	50
Toyota Motor	XS0405579037	Neus. Dollar	704	3,910	12/2010	99,9	Aaa/AAA	1

[1] = Bewertung der Bonität durch die Agenturen Moody's (links) und Standard&Poor's (rechts). EU = Dreimonats-Euribor (derzeit rund 5 Prozent).

Übersicht II, 11   Quelle: FAZ (Januar 2009)

Die *Verzinsung* orientiert sich im wesentlichen am Kapitalmarktzins des Landes des jeweiligen Emittenten, aber auch an der Bonität desselben (Rating!). Ein *Währungsrisiko* besteht für einen deutschen Anleger nicht. (Siehe hierzu Übersicht II, 11.)

2.14.4 Doppelwährungsanleihen

Doppelwährungsanleihen sind Schuldverschreibungen, die an zwei Währungen gebunden sind. Sie werden von ausländischen, nicht dem Euroland angehörenden, Unternehmen aufgelegt, die, soweit sie sich dem Euroland zuwenden, Euro benötigen. Beim Großteil dieser Anleihen erfolgt die *Zinszahlung* in Euro. Die *Tilgung* wird dann in der Währung vorgenommen, die den Emittenten zur Abwicklung ihrer Geschäfte am dienlichsten ist.

Die Währung, in der die *Rückzahlung* erfolgt, ist in den Anleihebedingungen festgelegt. Soweit die Rückzahlung in Auslandswährung erfolgt, ist mit dieser für den Anleger ein gewisses *Währungsrisiko* verbunden. Entsprechend diesem Unsicherheitsfaktor liegen die *Zinsen* über dem üblichen Kapitalmarktzins und damit auch über denen vergleichbarer Inlandsanleihen. Gegen Ende der *Laufzeit* nimmt das Papier immer mehr den Charakter einer Währungsanleihe an, mit allen Chancen und Risiken.

2.15 Neuere Anleiheformen

Durch Variation der klassischen Anleiheeigenschaften (fester Zinssatz, regelmäßige Zinszahlung, Rückzahlung am Ende der Laufzeit) wurden in jüngerer Zeit eine Reihe von Anleiheformen kreiert, die sich zunehmender Beliebtheit erfreuen.

2.15.1 Null-Kupon-Anleihen (Zerobonds)

Null-Kupon-Anleihen, auch Zerobonds genannt, sind langfristige Schuldverschreibungen von privaten oder öffentlichen Einrichtungen, die keine Zinszahlung während der Laufzeit vorsehen (und demzufolge auch keine Zinsscheine [Kupons] haben). Die Zinsen werden über die Zeit angesammelt und bei Fälligkeit der Anleihe zusammen mit dem Anleihebetrag ausgezahlt. (Siehe Übersicht II, 12.)

Null-Kupon-Anleihen werden in zwei Varianten angeboten, als Abzinsungspapiere und als Aufzinsungspapiere.

Als *Abzinsungspapiere* werden Null-Kupon-Anleihen zum Nennwert abzüglich Zinsen und Zinzeszins ausgegeben und bei Fälligkeit zum Nennwert zurückgezahlt.

Als *Aufzinsungspapiere* werden Null-Kupon-Anleihen zum Nennwert ausgegeben und bei Fälligkeit zum Nennwert zuzüglich Zinsen und Zinzeszinsen zurückgezahlt.

Der *Ertrag* der Anleihe errechnet sich aus der Differenz zwischen dem Anlagebetrag (Kaufpreis) und dem Rückzahlungsbetrag. Der nominelle Zinssatz wird zum Zeitpunkt der Emission festgelegt. Die positiven respektive negativen Abweichungen des Kapitalmarktzinses zu diesem nominellen Zinssatz der Anleihe schlagen sich in deren Börsenkurs nieder. So führt eine bei hohem Zinsniveau getätigte Anlage in Null-Kupon-Anleihen bei *sinkendem* Zinsniveau zu überproportional hohen Kursgewinnen. Hier kommt der sogenannte *Hebeleffekt* (Leverage-Effekt) zum Tragen. Er leitet sich aus dem niedrigen Kapitaleinsatz, der Restlaufzeit und dem Nominalkapital ab. Der Hebeleffekt ist umso größer, je länger die Restlaufzeit der Anleihe ist. Ein umgekehrter Hebeleffekt ergibt sich bei *steigendem* Zinsniveau.

Nullkuponanleihen

	30.12. Schluss	02.01. 17.41	02.01. Rend.	Ratings	
ABN Amro 03/13	80,00 G	80,00 G	4,9871	(P)Aa2	
Bad.-W. L-Fin. 92/12	85,50 bG	86,00 G	4,3491		AA+
BMW D 87/12	345,00 G	345,00 G		A2	
BMW E 87/17	478,00 G	478,00 G		A2	
Dt. Bank 96/26	39,50 bB	39,30 bB	5,3796	Aa1	A+
EIB 96/26	46,00 G	46,00 G	4,4483	Aaa	AAA
EIB 97/17	72,75 -T	72,50 rB	4,0362	Aaa	AAA
Euro-DM Sec. 86/11	90,00 G	91,00 G	4,3732		
Euro-DM Sec. 86/16	71,70 bG	71,70 G	4,7263		
Euro-DM Sec. B 86/16	71,70 G	71,70 G	4,6909		
Euro-DM Sec. C 86/16	74,00 G	71,70 G	4,6780		
Euro-DM Sec. D 86/11	90,60 G	91,10	4,1912		
Euro-DM Sec. D 86/21	55,00 G	55,50 G	4,9150		
Euro-DM Sec. D 86/26	43,35 G	43,30 bB	4,9656		
KfW 06/29	42,27 G	42,27 G	4,2209	Aaa	AAA
Österreich 86/16	383,00	383,00 -T		Aaa	AAA
Rabobank Ned. 96/26	43,60 G	42,50 -T	4,9179	Aaa	AAA
Weltbank 85/15	80,00	80,00 G	3,2552	Aaa	AAA
Weltbank 96/16	75,50 -T	73,50	4,0001	Aaa	

Übersicht II, 12   Quelle: FAZ (Januar 2009)

Für den Anleger in Null-Kupon-Anleihen entfällt die Aufgabe, seine Zinserträge anzulegen. Die bei Aufzinsungspapieren einmalige Zinszahlung zum Ende der Laufzeit impliziert einen Steuerstundungseffekt, der – wenn die Rückzahlung in eine Phase niedrigerer Besteuerung (z. B. nach der Zurruhesetzung des Anlegers) fällt – zu beachtlichen Steuerentlastungen führen kann.

Werden Null-Kupon-Anleihen vor dem Fälligkeitstermin verkauft, so hat der Verkäufer den *rechnerischen Ertrag* des Papiers zu versteuern. Dieser Ertrag wird aus dem Emissionspreis, der bis dahin verstrichenen Laufzeit und der (bei der Ausgabe festgelegten) Emissionsrendite ermittelt. Ist der Verkaufskurs des Papieres höher als sein rechnerischer Kurs, so ergibt sich ein zu versteuernder Kursgewinn. Kursverluste können in bestimmtem Umfang mit Kursgewinnen verrechnet werden.

Null-Kupon-Anleihen können als Neuemissionen oder als an der Börse gehandelte Papiere erstanden werden. Ihre *Stückelung* beläuft sich bei Neuemissionen auf 1 000 Euro oder ein Vielfaches davon. Die *Laufzeit* beträgt üblicherweise 10, 15 bis 30 Jahre.

Neuemissionen werden vom Ersterwerber *spesenfrei* erstanden. Der Erwerb umlaufender Papiere verursacht *Spesen:* Bankprovision 0,5 % vom Kurswert, Maklergebühren 0,75 ‰ vom Nennwert, Depotgebühren für die anschließende Verwahrung betragen in der Regel 1,25 ‰ pro Jahr vom Kurswert zuzüglich 19 % Mehrwertsteuer.

Zusammenfassend kann die Anlage in Null-Kupon-Anleihen wie folgt beurteilt werden. Auch wenn die *Liquidität* dieser Papiere durch deren jederzeit möglichen Verkauf an der Börse gesichert ist, darf das bei einem vorzeitigen Verkauf möglicherweise auftretende *Kursrisiko* nicht übersehen werden.

Die *Renditen* von Null-Kupon-Anleihen sind bei langfristiger Anlage durchweg attraktiv, insbesondere unter Berücksichtigung des Leverage-Effektes.

Die *Sicherheit* der Anlage ist – wie bei allen Schuldverschreibungen – in erster Linie an die Bonität des Emittenten gekoppelt. Diese ist im allgemeinen im Inland besser einzuschätzen als im Ausland. Zur Einschätzung der Bonität ausländischer Emittenten sollte man deshalb **Ratings** (siehe hierzu II, 2.14 u. Übersicht II, 10) zu Rate ziehen! Gleichwohl bleibt bei ausländischen Anleihen immer noch das *Währungsrisiko* bestehen.

2.15.2 Anleihen mit variabler Verzinsung (Floating Rate Notes)

Floating Rate Notes, kurz auch Floater genannt, sind – meist von deutschen oder ausländischen Banken emittierte – langfristige Schuldverschreibungen mit einem *variablen Zinssatz*. Die Zinssätze werden in regelmäßigen Zeitabständen von 3, 6, 9 oder 12 Monaten an die aktuellen Geld- oder Kapitalmarktzinssätze angepaßt. Als Referenzzinssätze fungieren dabei der Euribor[1], der Libor[2] oder der Euribor-Libor. In den Anleihebedingungen wird je nach Bonität des Emittenten ein Aufschlag oder ein Abschlag von 0,1 bis 0,3 % auf den jeweiligen Referenzzinssatz vorgenommen.

Die Ausstattung von Floating Rate Notes ist recht unterschiedlich. So gibt es solche mit einer Mindestverzinsung, sogenannte **Floor Floater**, auch Floors genannt, oder solche mit einer Maximalverzinsung, sogenannte **Cap Floater**, auch Caps genannt. Als **Collared-Floater** oder auch Mini-/Max-Floater werden Kombinationen der beiden vorgenannten Ausstattungen genannt. Beim **Reverse-Floater** (Umkehrfloater) wird die Verzinsung als Differenz zwischen einem fixierten Zinssatz (z. B. 13 %) und dem Referenzzinssatz (z. B. Euribor) ermittelt. Der Zinssatz von Reversed-Floaters steigt demnach, wenn der Geldmarktzins fällt, und sinkt, wenn dieser steigt. Oft wird auch für die ersten Jahre ein Festzins vereinbart. **Convertible Floating Rate Notes** schließlich implizieren ein Wandlungsrecht in eine festverzinsliche Anleihe.

Floating Rate Notes können als Neuemissionen oder als an der Börse gehandelte Papiere erstanden werden. Der *erforderliche Anlagebetrag* ist relativ hoch; er liegt bei Neuemissionen zwischen 5 000 und 10 000 Euro. Die *Laufzeit* bewegt sich heute üblicherweise zwischen 1 und 20 Jahre.

Der Ersterwerb von Neuemissionen ist *spesenfrei*. Der Erwerb umlaufender Papiere verursacht *Spesen*: Bankprovision 0,5 % vom Kurswert, Maklergebühren 0,75 ‰ vom Nennwert. Depotgebühren für die anschließende Verwahrung betragen in der Regel 1,25 ‰ pro Jahr vom Kurswert zuzüglich 19 % Mehrwertsteuer. (Es empfiehlt sich darüber mit der Bank zu verhandeln!)

Zusammenfassend kann die Anlage in Floating Rate Notes wie folgt beurteilt werden. Der jederzeit mögliche Verkauf an der Börse verleiht diesen Papieren eine hohe *Liquidität*. Diese Liquidität impliziert jedoch auch ein gewisses *Kursrisiko*.

Die *Renditen* von Floaters sind im allgemeinen recht attraktiv.

Die *Sicherheit* der Anlage ist wie bei allen Schuldverschreibungen in erster Linie an die Bonität des Emittenten gekoppelt. Der Rückzahlungsbetrag am Ende der Laufzeit entspricht dem Nominalwert. Abgesehen von DM-Altemissionen lauten Floaters auf Euro oder andere Währungen. Was letztere anbelangt, ergibt sich damit auch ein *Währungsrisiko*. – Ihr *Kursrisiko* entfällt weitgehend, da die kurzen Zinsanpassungszeiten kaum Kursschwankungen zulassen.

---

[1] Siehe hierzu die Ausführungen unter II, 1.5.10
[2] Abkürzung für **L**ondon **I**nterbank **O**ffered **R**ate. Zinssatz für kurzfristige Einlagen unter Banken am Euromarkt in London.

Floating Rate Notes sind Anlegern zu empfehlen, die quasi eine Termineinlage mit der Möglichkeit einer laufenden Verlängerung der Anlagedauer (zu den jeweils aktuellen Zinskonditionen) suchen. Wer lediglich eine Hochzinsphase auskosten möchte, verkauft das Papier, sobald diese Zeitspanne vorbei ist. Wer auf fallende Zinsen setzt, legt in Reverse-Floaters an.

2.15.3 Annuitäten-Bonds

Annuitäten-Bonds sind meist von deutschen Banken und Großunternehmen emittierte, langfristige Schuldverschreibungen, die im Gegensatz zu normalen Anleihen nicht nach Beendigung der Laufzeit, sondern ab einem bestimmten Zeitpunkt nach einem festgelegten Plan getilgt werden. Das Anleihekapital wird zusammen mit den Zinsen in stets gleichen Jahresraten (Annuitäten) – gegebenenfalls nach Ablauf einer bestimmten Anzahl tilgungsfreier Jahre – zurückgezahlt. Der Zinssatz der Anlage ist für die gesamte Laufzeit festgelegt. Für den Anleger ergibt sich damit der Vorteil eines über einen bestimmten Zeitraum gleichbleibenden Zuflusses an Mitteln. Diese Regelmäßigkeit des Mittelzuflusses kann insbesondere dort erwünscht sein, wo bestimmte ständig wiederkehrende finanzielle Belastungen (z. B. Ausbildung von Kindern, Altersvorsorge) aus einem knappen Budget bestritten werden müssen.

Annuitäten-Bonds können als Neuemissionen oder als an der Börse gehandelte Papiere erstanden werden. Der erforderliche Anlagebetrag ist relativ hoch. Er liegt zwischen 5000 und 10000 Euro. Die Laufzeit beträgt üblicherweise 10, 15 bis 30 Jahre.

Neuemissionen sind für den Ersterwerb *spesenfrei*. Der Erwerb umlaufender Papiere hingegen verursacht *Spesen*: Bankprovision 0,5 % vom Kurswert, Maklergebühren 0,75‰ vom Nennwert. Depotgebühren für die anschließende Verwahrung betragen in der Regel 1,25‰ pro Jahr vom Kurswert zuzüglich 19 % Mehrwertsteuer. (Es empfiehlt sich darüber mit der Bank zu verhandeln!)

Zusammenfassend kann die Anlage in Annuitäten-Bonds wie folgt beurteilt werden. Interessante *längerfristige* Papiere, deren vorzeitiger Verkauf (*Liquidität*) recht problematisch sein kann.

Die *Rentabilität* ist wohl nicht spektakulär, kann aber im allgemeinen als gut bezeichnet werden.

Die *Sicherheit* der Anlage ist wie bei allen Schuldverschreibungen in erster Linie von der Bonität des Emittenten abhängig. Diese ist bei den emittierenden Banken und Großunternehmen in der Regel sehr gut. Ein *Zinsrisiko* ist nicht gegeben. Tilgung und Auszahlung sind garantiert.

2.15.4 Swap-Anleihen

Swap-Anleihen sind Schuldverschreibungen von Großunternehmen, Banken, internationalen Organisationen und anderen, bei denen der jeweilige Emittent seine Zinszahlungs- und/oder Währungsverpflichtungen gegenüber den Anlegern gegen die (Zinszahlungs- und/oder Währungsverpflichtungen) eines anderen Emittenten austauscht. Solche Austauschbeziehungen werden dann angestrebt, wenn Emissionsschuldner über diese einen entsprechenden Vorteil (Gewinn) glauben realisieren zu können. Es läßt sich somit vereinfachend feststellen: Über Swaps in Verbindung mit Anleihen versuchen die am Swap beteiligten Parteien, sich für die Bedienung von Anleihen Mittel zu günstigen Bedingungen zu verschaffen.

Beim **Zinsswap** werden feste und variable Zinszahlungsverpflichtungen gegeneinander ausgetauscht. Der Austausch der Zinszahlungsverpflichtungen bezieht sich auf einen bestimmten Kapitalbetrag, eine bestimmte Laufzeit und genau festgelegte Zinstermine. Die Laufzeit der festen Zinszahlungsverpflichtung kann sich auf 1–10 Jahre erstrecken. Die variable Zinszahlungsverpflichtung wird während des vorgesehenen Zeitraumes (der Laufzeit) an einen bestimmten Referenzzinssatz angeglichen.

Beim **Währungsswap** werden Verbindlichkeiten in verschiedenen Währungen einschließlich der Zinsverpflichtungen getauscht. Der Austausch der Kapitalbeträge erfolgt zu einem festgesetzten Devisenkurs; ihr Rücktausch am Ende der Laufzeit zum gleichen Kurs.

Swapgeschäfte werden außerbörslich abgewickelt, das heißt, sie unterliegen keinerlei Börsenregulierungen. Sie werden zwischen den Banken telefonisch besorgt. Provisionen und/oder Spesen werden von ihnen nicht erhoben.

Zwischen die austauschenden Parteien (Unternehmen, Organisationen) werden in der Regel Kreditinstitute als Intermediarys (Mittler) eingeschaltet, die mit den einzelnen Parteien spezielle Verträge abschließen, die auch die entgeltliche Übernahme der Ausfallrisiken regeln.

Abgesehen vom Swapgeschäft, das in sich klar geregelt ist und die *Risiken* weitgehend auf die Intermediarys abwälzt, ist die Anlage in Swap-Anleihen analog zu der in Industrie-, Banken- und gegebenenfalls Bundesanleihen zu beurteilen. (Siehe dort!)

2.15.5 Gleitzins- und Kombizinsanleihen

Gleitzinsanleihen sind langfristige (meist 10-jährige) Schuldverschreibungen, die mit einer Vereinbarung über (entsprechend der Marktlage) *steigende* (Step up) oder *fallende* (Step down) Zinssätze ausgestattet sind.

Bei der **Step-up-Anleihe** werden für die Anfangsjahre relativ niedrige Zinssätze vereinbart, diese dann aber allmählich überdurchschnittlich heraufgesetzt; so beispielsweise von 1,5 % im 1. Jahr auf 7,5 % im 10. Jahr.

Die Step-up-Anleihe kommt jenen Anlegern entgegen, deren Steuerprogression im Zeitverlauf abnimmt, beispielsweise durch Ausscheiden aus dem aktiven Berufsleben.

Bei der **Step-down-Anleihe** werden für die Anfangsjahre relativ hohe Zinssätze vereinbart, diese dann aber allmählich stark gesenkt; so beispielsweise von 7,5 % im 1. Jahr auf 2 % im 10. Jahr.

Die Step-down-Anleihe kommt jenen Anlegern entgegen, die in den Anfangsjahren der Laufzeit eines solchen Papiers noch Kapitalzinserträge innerhalb der steuerlichen Freigrenzen unterbringen können oder deren Steuerprogression im Zeitverlauf zunimmt.

Kombizinsanleihen sind ebenfalls langfristige (meist 10-jährige) Schuldverschreibungen. Bei ihnen wird zunächst für eine bestimmte Anzahl von Jahren keine Verzinsung gewährt; danach eine überdurchschnittlich hohe. Eine solche Regelung kann wiederum aus steuerlichen Gründen äußerst attraktiv sein. Unterliegt der Anleger zunächst (z. B. wärend der ersten fünf Jahre) einer hohen Steuerprogression, kann er (bei einer Laufzeit der Anleihe von beispielsweise zehn Jahren) die Zinserträge in die nachfolgende, weniger steuerlich belastete Einkommensphase (z. B. den Ruhestand) verlegen.

Gleitzins- und Kombizinsanleihen können als Neuemissionen oder als an der Börse gehandelte Papiere erstanden werden. Neuemissionen sind für den Ersterwerb *spesenfrei*. Der Erwerb umlaufender Papiere verursacht dagegen *Spesen*: Bankprovision 0,5 % vom Kurswert, Maklergebühr 0,75‰ vom Nennwert. Depotgebühren für die anschließende Verwahrung betragen in der Regel 1,25‰ pro Jahr vom Kurswert zuzüglich 19 % Mehrwertsteuer. (Es empfiehlt sich darüber mit der Bank zu verhandeln!)

Abschließend kann die Anlage in Gleitzins- und Kombizinsanleihen wie folgt beurteilt werden. Der Handel der Papiere an der Börse garantiert jederzeit eine hohe *Liquidität*, gegebenenfalls allerdings unter Inkaufnahme von Kursverlusten.

Was die *Rentabilität* der Papiere angeht, so sollte diese nicht nur hinsichtlich deren Verzinsung, sondern auch hinsichtlich der Möglichkeit der Steuerverlagerung beurteilt werden. Es ist insbesondere die Rendite nach Steuern, die diese Papiere attraktiv macht.

Die *Sicherheit* von Gleitzins- und Kombizinsanleihen ist, wie bei allen Schuldverschreibungen, in erster Linie an die Bonität der jeweiligen Emittenten gekoppelt. Die Rückzahlung nach Ablauf der Laufzeit ist garantiert. Der Verkauf während der Laufzeit über die Börse ist allerdings mit einem *Kursrisiko* belastet. Die Zinskonditionen sind fixiert. Ein *Zinsveränderungsrisiko* besteht nicht.

2.15.6 Aktienindexanleihen

Aktienindexanleihen sind langfristige Schuldverschreibungen, deren Rückzahlungskurs an die Entwicklung eines repräsentativen Aktienindex (beispielsweise den DAX) gebunden ist. Es werden zwei Varianten von Aktienindexanleihen unterschieden: die Hausse-Anleihe und die Baisse-Anleihe.

Bei der **Hausse-Anleihe**, auch Bull-Anleihe genannt, steigt und fällt der Rückzahlungsbetrag mit dem Auf und Ab des gewählten Index.

Bei der **Baisse-Anleihe**, auch Bear-Anleihe genannt, steigt der Rückzahlungsbetrag mit dem Fallen des gewählten Index und umgekehrt.

Anleger, die mit allgemein steigenden Aktienkursen rechnen, werden bei dieser Anlageform Hausse-Anleihen wählen; Anleger, die mit allgemein fallenden Aktienkursen rechnen, werden sich für Baisse-Anleihen entscheiden.

Im Ausgleich für das nicht unbeträchtliche *Rückzahlungskursrisiko* sind die Aktienindexanleihen mit einem relativ hohen Nominalzinssatz ausgestattet. Die Zinszahlungen erfolgen jährlich.

Aktienindexanleihen können als Neuemissionen oder an der Börse gehandelte Papiere erstanden werden. Neuemissionen sind für den Erwerber *spesenfrei*. Der Erwerb umlaufender Papiere verursacht *Spesen*: Bankprovision 0,5 % vom Kurswert, Maklergebühr 0,75‰ vom Kurswert. Depotgebühren für die anschließende Verwahrung betragen in der Regel 1,25‰ pro Jahr vom Kurswert zuzüglich 19 % Mehrwertsteuer. (Es empfiehlt sich darüber mit der Bank zu verhandeln!)

Die Anlage in Aktienindexanleihen läßt sich zusammenfassend wie folgt beurteilen. Der Handel der Papiere an der Börse garantiert jederzeit eine hohe *Liquidität*, gegebenenfalls allerdings unter Inkaufnahme von Kursverlusten.

Die *Rentabilität* wird durch einen relativ hohen Nominalzins festgeschrieben. Ein *Zinsveränderungsrisiko* besteht nicht.

Die *Sicherheit* von Aktienindexanleihen ist wie bei allen Schuldverschreibungen in erster Linie an die Bonität des jeweiligen Emittenten gekoppelt. Die Rückzahlung wie auch ein eventueller Verkauf während der Laufzeit über die Börse ist mit einem *Kursrisiko* behaftet.

2.15.7 Hybridanleihen

Eine in jüngster Zeit von großen, international bekannten Konzernen eingeführte Anleihespezies, die bei extrem langer Laufzeit (meist 40 Jahre und mehr) und einem weit über dem üblichen Marktzins liegenden Zinskupon aktien- und rentenähnliche Eigenschaften in sich vereint.

Rentenähnlich ist der zumindest auf eine bestimmte Zeitspanne festgelegte Zinssatz und der Anspruch auf Zinszahlungen. Es gilt aber zu sehen, daß diese Zinszahlungen bei ungünstiger Ertragslage ausgesetzt und, falls sich diese wieder verbessert, erst in nachfolgenden Jahren wieder üppig gestaltet werden können. Diese Erfolgsabhängigkeit der Zinszahlung erinnert offensichtlich an die der Aktiendividende. Diese *risiko*belastete Zwitterstellung von Hybridanleihen erklärt deren – im Vergleich zu normalen Anleihen desselben Emittenten – deutlich höheres Zinsniveau.

Das Kündigungsrecht des Emittenten wird von diesem in der Regel nach einer Laufzeit von 10 Jahren ausgeübt. Bis zu diesem Zeitpunkt ist der Zinskupon fix; nach diesem Zeitpunkt variabel und tendenziell ansteigend.

Hybridanleihen sind gegenüber normalen Anleihen desselben Emittenten nachrangig gestellt. Dies bedeutet, daß die Anleger in solche bei Insolvenz des Emittenten schlechter gestellt sind als die in normale Anleihen desselben Unternehmens. Diese Tatsache kann für den Anleger im Extremfall den Totalverlust seines Investments bedeuten. Außerdem muß er wegen der Nachrangigkeit seiner Forderung und der relativ starken *Rendite*abhängigkeit seiner Anlage von der Ertragslage des emittierenden Unternehmens auch mit einer höheren Kursvolatilität des (jeweiligen) Papieres rechnen.

Hybridanleihen werden neuerdings von Ratingagenturen bis zu 75 Prozent ihres Emissionsvolumens dem Eigenkapital des Emittenten zugerechnet. Damit erhöhen sie – im Gegensatz zu normalen Anleihen – dessen Bonität, Kreditspielraum und gegebenenfalls auch Ratingeinstufung. Anleger sollten jedoch darauf achten, daß Hybridanleihen nicht zwangsläufig das gleiche Rating aufweisen wie das diese emittierende Unternehmen.

2.15.8 Inflationsanleihen

Inflationsanleihen sind staatlich begebene, auf das jeweils emittierende Land lautende Schuldverschreibungen von in der Regel 10-jähriger Laufzeit, bei denen Zins und Tilgung an einen Preisindex (im Euro-Raum vorzugsweise an den Verbraucherpreisindex [HVPI]) gekoppelt sind. Steigt dieser Index inflationsbedingt, so erhöhen sich der jährliche Zins sowie der Rückzahlungsanspruch bei Laufzeitende in gleichem Ausmaß. Damit wird für den Anleger der Werthalt seiner Investition gesichert. Der Emittent trägt das Risiko des inflationsbedingten Wertverlustes.

Als kompensierendes Äquivalent für diese Übernahme des *Inflationsrisikos* ist der relativ niedrige Kupon zu sehen. Er liegt typischerweise rund 2 Prozent unter dem Zinssatz von normalen Anleihen! – Inflationsgeschützte Anleihen werden für den Anleger somit erst dann attraktiv, wenn die Inflationsrate deutlich über dieser

(Zins-)Differenz liegt! – Ob und wann eine solche Entwicklung Raum greift, ist – wenn überhaupt – nur schwer zu antizipieren. Genaue Kalkulationen über Einnahmen aus Zins und Tilgung können deshalb vom Anleger nicht vorgenommen werden! Hinzu kommt: Steigende Kapitalmarktzinsen und rückläufige Inflationsraten können sich negativ auf den Kursverlauf (*Kursrisiko*) dieser Papiere auswirken: Hier ist erhöhte Aufmerksamkeit geboten!

2.16 Sonderformen von Anleihen

Unter der Sammelbezeichnung Sonderformen von Anleihen werden Wandelanleihen, Optionsanleihen, Optionsscheine und Gewinnschuldverschreibungen erfaßt. Außer dem Forderungsrecht des Gläubigers (Anlegers) gegenüber dem Schuldner verbriefen diese Wertpapiere bestimmte Sonderrechte.

Diese Sonderformen von Anleihen werden beim Kauf und Verkauf über Kreditinstitute wie Aktien mit folgenden Spesen belastet: 0,75–1 % Provision vom Kurswert, 0,8‰ Maklergebühr vom Nennwert, 3 Euro Börsenspesen und 1,25 Euro Spesen der betrauten Bank.

Bei der Einlösung fälliger Papiere verlangt die Bank 1‰ Einlösungsgebühr vom Nennwert zuzüglich 19 % Mehrwertsteuer.

Die Ausschüttungen von Wandelanleihen, Optionsanleihen und Gewinnschuldverschreibungen werden steuerrechtlich wie Beteiligungserträge, nicht wie Zinserträge behandelt.

2.16.1 Wandelanleihen

Wandelanleihen, auch Wandelschuldverschreibungen, Wandelobligationen oder Convertible Bonds genannt, sind ausschließlich von Aktiengesellschaften ausgegebene Wertpapiere, die zusätzlich zu den für Anleihen üblichen Rechten auf Rückzahlung und eine feste Verzinsung des Anleihebetrages einen Anspruch (Wandlungsrecht) auf Umtausch derselben in Aktien des emittierenden Unternehmens verbriefen. Die Frist, innerhalb der dieses Umtauschrecht vom Anleger wahrgenommen werden *kann*, (Der Anleger kann, muß aber nicht von seinem Umtauschrecht Gebrauch machen. Tauscht er nicht, wird die Anleihe, wie in den Bedingungen festgelegt, getilgt!) ist in den Anleihebedingungen festgelegt; ebenso das Umtauschverhältnis. (So können beispielsweise bei einem Umtauschverhältnis von 4 : 1 Wandelschuldverschreibungen im Nennwert von 200 Euro in Aktien mit einem Nennwert von 50 Euro umgetauscht werden!) Mit dem Umtausch der Anleihe erlischt das Forderungsrecht (d. i. der Rückzahlungs- und Zinsanspruch). Der Gläubiger wird zum Teilhaber.

Mit dem Kauf von Wandelanleihen verbindet sich die risikoarme Anlage in festverzinslichen Anleihen mit der Chance auf Wertsteigerung einer bestimmten Aktie. Steigt der Kurs dieser Aktie, so bietet sich (über den Anstieg des Kurses der Anleihe) die attraktive Möglichkeit, zu einem günstigen Preis zu „wandeln" und gegebenenfalls interessante Kursgewinne zu realisieren. Wird von der Wandlung kein Gebrauch gemacht, kann der Anleger am Kursanstieg der Aktie dennoch partizipieren, da sich der (Börsen-)Kurs der Wandelschuldverschreibung vor allem am Börsenkurs der Aktie orientiert. Durch einen solchermaßen begünstigten vorzeitigen Verkauf der Wandelanleihe lassen sich somit gegebenenfalls Kursgewinne mitnehmen. (Siehe Übersicht II, 13.)

Wandelanleihen

Zins	Laufzeit	Zins-termin	30.12. Schluss	02.01. 17.41	02.01. Rend.	Rating
2,5	adidas Intl.Fin. 03/18	8.10.	117,65 G	120,00 G		
4,75	Alcatel-Lucent 03/11	1.1.	14,26 G	10,50 G		Ba3 BB-
8	Biofrontera 06/10	26.8.	30,00 bB	30,00 -T		
7	D. Logistics 04/09	8.12.	91,75 G	91,75 G	17,2011	
5,25	EM.TV Fin. 06/13	8.5.	3,65 bB	2,61 G		
7,5	EPG 06/11	29.6.	90,00 B	95,00 B	9,7673	
	Escada 03/13	-	98,00 -T	98,00 -T		
7	Gold-Zack 00/unb.	14.12.	8,00 G	8,00 -T		
5	Infineon Tech. 03/10	5.6.	43,00 ebB	50,00 bB	81,1663	
7	Itelligence 04/09	29.11.	101,00 G	103,00 G	3,5569	
1,25	Lufthansa 02/12	4.1.	94,25 G	94,38 G	7,2611	
8	NanoCompound 07/12	12.2.	19,00 B	19,00 B	17,9069	
6,25	Norsk Hydro 99/10	15.1.	99,70 G	99,70 G	6,5458	Aa2 AA-
7	Novavisions 04/10	20.10.	-	-		
6	Plambeck N.Energ. 4/9	1.1.	98,00 bG	97,95 B	16,5328	
4	RCM Beteilig. 07/12	6.7.	85,00 G	90,00 B	7,3026	
4,75	Schaltbau Hold. 07/12	1.1.	96,50	97,00 B	5,7128	

Übersicht II, 13

Quelle: FAZ (Januar 2009)

Diese Vorteile haben jedoch auch ihren Preis. Er ist darin auszumachen, daß Wandelanleihen im Vergleich zu Industrieanleihen eine deutlich niedrigere Verzinsung haben.

Wandelanleihen wie auch die über sie erworbenen Aktien können jederzeit – gegebenenfalls allerdings unter Inkaufnahme von Kursverlusten – verkauft werden. Eine hinreichende *Liquidität* ist damit gegeben.

Auch bei Wandelanleihen ist die *Sicherheit* mit der Bonität des Schuldners verknüpft. Daneben ist wohl auch ein gewisses (Börsen-)*Kursrisiko* gegeben. Dieses wird aber durch die garantierte Verzinsung relativiert. Bei Anleihen in Fremdwährungen ist das *Währungsrisiko* zu beachten.

Wie sicher beziehungsweise wie unsicher eine Wandelanleihe am Markt eingeschätzt wird, signalisiert die sogenannte **Wandelprämie**. Dieses bei der Wandlung (der Wandelanleihe) erhobene Aufgeld verdeutlicht, um wieviel Prozent der Erwerb der Aktie mittels Wandlung teurer oder billiger ist als der direkte Kauf einer solchen.

Gegenüber der Optionsanleihe besitzt die Wandelanleihe kaum Vorteile. Die Tatsache, daß das Wandlungsrecht der Wandelanleihe nicht verselbständigt werden kann, läßt diese vergleichsweise weniger flexibel erscheinen.

Eine Anlage in Wandelanleihen macht für denjenigen Sinn, der auf steigende Aktienkurse spekuliert, aber bei Fallen der Kurse immer noch mit seiner garantierten Verzinsung rechnet („Aktienspekulation mit Netz"!).

2.16.2 Optionsanleihen

Optionsanleihen sind eine hauptsächlich von großen Industrieunternehmen und Banken emittierte, den Wandelanleihen verwandte Anleiheart. Sie verbriefen neben dem Forderungsrecht auf den Anleihebetrag das Recht (Bezugsrecht, Optionsrecht), innerhalb einer bestimmten Frist (Optionsfrist) zu einem festgelegten Bezugspreis (Optionspreis) von der (die Anleihe) ausgebenden Gesellschaft Aktien zu beziehen. Das Forderungsrecht wird durch die Ausübung dieses Bezugsrechtes nicht berührt. Das Optionsrecht ist in einem **Optionsschein** verbrieft. Dieser Optionsschein (auch Company Warrant genannt) kann selbständig, von der Anleihe getrennt, an der Börse gehandelt werden. Er ist ein Wertpapier! (siehe hierzu unter II, 2.16.3).

In den Anleihebedingungen von Optionsanleihen ist genau festgelegt, innerhalb welchen Zeitraumes und zu welchem Kurs ein Aktienkauf möglich ist. Darüber hinaus ist dort auch geregelt, wieviele Aktien mit einem Optionsschein erworben werden können.

Je nachdem wie Optionsanleihen angeboten/nachgefragt werden, notiert die Börse

- Optionsanleihen **mit** Optionsscheinen
  (Anleihe cum/,,volle Stücke"),
- Optionsanleihen **ohne** Optionsscheine
  (Anleihe ex/,,leere Stücke") und
- Optionsscheine **allein** (siehe II, 2.16.3).

Die Kurse von Optionsanleihen ohne Optionsschein orientieren sich am Kursniveau des Marktes für festverzinsliche Wertpapiere.

Optionsanleihen wie auch die durch Ausübung des diesen eigenen Optionsrechtes erstandenen Aktien können jederzeit – gegebenenfalls allerdings unter Inkaufnahme von Kursverlusten – verkauft werden. Damit wäre die *Liquidität* dieser Wertpapiere hinreichend gewährleistet.

Auch bei den Optionsanleihen ist die *Sicherheit* der Anlage in erster Linie von der Bonität des Schuldners abhängig. Darüber hinaus ist jedoch auch das Risiko der (Börsen-)Kursentwicklung (*Kursrisiko*) wie das des Gegenwertes des Optionsscheines zu sehen. Bei Optionsanleihen in Fremdwährungen ist das *Währungsrisiko* zu beachten. (Siehe Übersicht II, 14.)

Optionsanleihen

Zins	Laufzeit	Zins- termin	30.12. Schluss	02.01. 17.41	02.01. Rend.	Ratings
7	Activa Res.m.O. 06/11	21.4.	53,12 G	50,00 G	45,4549	
8,75	Haniel&Cie.m.O.91/11	30.9.	107,00 G	106,00 G		
8,75	Haniel&Cie.o.O.91/11	30.9.	99,00 B	99,00 -T		
6	Unylon m.O. 05/09	31.7.	83,75 -T	83,50 -T	40,3203	
6	Unylon o.O. 05/09	31.7.	42,00	42,00 -T		

Übersicht II, 14   Quelle: FAZ (Januar 2009)

Die relative Sicherheit von Optionsanleihen wird (z. B. im Vergleich zu Industrieanleihen) durch verhältnismäßig niedrige Festzinsen erkauft. Eine Anlage in solchen Papieren scheint deshalb nur dann angezeigt, wenn eine Wahrnehmung der Option ins Auge gefaßt und ein steigender Kurs der Aktien erwartet wird. In Anbetracht dieser Einschränkung wird die Anlage in Optionsanleihen gerne als ,,Aktienspekulation mit Netz" qualifiziert.

2.16.3 Optionsscheine

Neben den zusammen mit ihren Optionsanleihen gehandelten (Aktien-)Options-
scheinen (siehe Übersicht II, 10) werden an der Börse* auch Optionsscheine (War-
rants) losgelöst von den mit ihnen emittierten Anleihen gehandelt (siehe Übersicht
II, 15). Solche von ihren Anleihen abgetrennte und separat gehandelte Options-

Aktienoptionsscheine

	30.12. Schluss	02.01. 17.41	Veränd.Proz.
Activa Res. WTS11 06/11	1,00 G	1,00 G	±0
Stada Arzneimittel 00/15	215,00	210,00	-2,33
Unylon 05/09	0,099 B	0,09 B	-9,09

Übersicht II, 15

Quelle: FAZ (Januar 2009)

scheine (sogenannte „nackte" Optionsscheine) sind eigenständige Wertpapiere, die
ihrem Inhaber den zeitlich befristeten (d. h. nur innerhalb einer bestimmten *Optionsfrist* geltenden) Rechtsanspruch (d. h. das *Optionsrecht*) verbriefen, zu einem
festgelegten Preis (dem *Bezugs-* oder *Optionspreis*) eine bestimmte Aktie kaufen
zu können. Falls der Börsenkurs der Aktie innerhalb der Optionsfrist den Bezugspreis übersteigt, ist es für den Inhaber des Optionsscheines interessant, sein Optionsrecht auszuüben und die Aktie günstiger als zum Börsenkurs zu erstehen. Er
kann aber auch den Optionsschein mit Gewinn über die Börse verkaufen. (Siehe
Übersicht II, 16.) Die Banken verlangen die gleichen Gebühren wie bei Aktien. –
Sinkt der Kurs der Aktie bis zum Ablauf der Optionsfrist jedoch unter den Bezugspreis, so wird der Optionsschein für seinen Inhaber wertlos.

Optionsscheine

WKN	E.	Basis	Typ	Strike	Fälligk.	Kurs¹	Vol.(€)
DB57PY	DBK	DAX ®	Call	4.800,00	16.06.10	9,26	953.279
DB76TT	DBK	DAX ®	Put	5.000,00	02.02.09	2,62	501.310
DB88CP	DBK	DAX ®	Put	5.000,00	18.03.09	3,75	430.701
DB45PH	DBK	DAX ®	Call	4.950,00	14.01.09	0,99	418.436
DB05IL	DBK	DAX ®	Put	5.500,00	17.06.09	7,81	390.499

Exotische Optionsscheine

WKN	E.	Basis	Typ	Fälligk.	Kurs¹	Vol.(€)
DR2BH6	DKIB	DAX ®	DiscOS	18.02.09	3,36	331.296
BN2KRP	BNP	DAX ®	DiscOS	20.02.09	1,86	299.557
BN2KRR	BNP	DAX ®	DiscOS	20.02.09	3,10	278.297
BN2KL2	BNP	DAX ®	DiscOS	16.01.09	4,46	60.722
BN2KLZ	BNP	DAX ®	DiscOS	16.01.09	4,94	59.280

Übersicht II, 16

Quelle: FAZ (Januar 2009)

Der Börsenkurs des Optionsscheines folgt logischerweise den Kursschwankungen
der Aktie. Der im Vergleich zum Kauf der Aktie geringere Kapitaleinsatz für den
Erwerb des Optionsscheines hat zur Folge, daß seine Kursschwankungen prozentual höher ausfallen als die sie bewirkenden Kursschwankungen der Aktie (sogenannte **Hebelwirkung** bzw. **Leverage-Effekt**).

---

* Die EUWAX AG (European Warrant Exchange) an der Börse Stuttgart ist das größte
börsliche Handelssegment für verbriefte Derivate, wobei dieses (Segment) in zwei Produktgruppen unterteilt wird – in Hebelprodukte (Optionsscheine, Turbo-Zertifikate) und
in Anlageprodukte (Anlagezertifikate u. deren Sonderformen, Aktienanleihen u. Exchange
Traded Funds).

Ein **Beispiel** soll diese Feststellung verdeutlichen:

Das Bezugsverhältnis des Optionsscheines betrage 1 : 1 (d. h. 1 Optionsschein berechtige zum Bezug von 1 Aktie zum festgelegten Preis [Bezugspreis]).

Aktienkurs − Optionspreis = *innerer* (rechnerischer) *Wert* des Optionsscheines
(Optionsscheinkurs)

160 Euro − 110 Euro = 50 Euro

(Aus Vereinfachungsgründen sei unterstellt, daß der Kurs des Optionsscheines kein Aufgeld [siehe hierzu die Ausführungen weiter unten] enthält.)

Angenommen der Kurs der Aktie stiege um 20 Prozent, das sind 32 Euro, auf 192 Euro. Steigt der Kurs des Optionsscheines von 50 Euro um den gleichen Betrag wie die Aktie, so entspräche dies einem Kursanstieg des Optionsscheines um 64 Prozent. Der prozentuale Kursanstieg des Optionsscheines wäre damit 3,2 mal höher als der der Aktie.

Aktienkurs   von 160 Euro auf 192 Euro = Anstieg von 20 %
Optionsscheinkurs von 50 Euro auf 82 Euro = Anstieg von 64 %

$$\text{Leverage-Faktor (Hebel)} = \frac{64}{20} = 3,2$$

Der Hebel gibt an, in welchem Umfang der Kurs des Optionsscheines – *rechnerisch* – auf Veränderungen des Aktienkurses reagiert.

Im Börsenalltag werden Optionsscheine in aller Regel *über* dem rechnerisch ermittelten Wert gehandelt. Die Käufer von Optionsscheinen sind nämlich durchweg bereit, für die Gewinnchancen des Papiers noch etwas draufzulegen. Dieser als *Zeitwert* bezeichnete Aufschlag – der keine konstante, sondern vielmehr eine im Börsenverlauf schwankende Größe ist – muß dem *inneren Wert* des Optionsscheines zugerechnet werden, um zu dessen Preis, das heißt dessen Börsenkurs, zu gelangen. So kommt es, daß in einer Hausse, in der der innere Wert des Optionsscheines wächst, dessen Zeitwert mit der Abnahme *weiterer* Gewinnchancen sinkt. Der Preis (Börsenkurs) des Optionsscheines dürfte in dieser Situation wohl etwas unter dem über den Hebel berechneten Wert liegen. – In einer Baisse dagegen, wo sich der innere Wert des Optionsscheines mindert, nimmt der Zeitwert mit der Hoffnung auf eine Kurserholung mit wieder auflebenden Gewinnaussichten zu. Der Preis (Börsenkurs) des Optionsscheines dürfte in dieser Situation wohl weniger stark absinken als der Hebel anzeigt.

Das Bestreben, die Kurschancen des Optionsscheines mitzuerfassen, führte zur Entwicklung einer weiteren Meßzahl, dem *Aufgeld* des Optionsscheines (auch *Optionsprämie* genannt).

Ein **Beispiel** mag dies wiederum veranschaulichen:

Optionsscheinkurs	50 Euro
+ Optionspreis	110 Euro
Bezugspreis der Aktie über Option	160 Euro
− Börsenkurs der Aktie	140 Euro
Aufgeld	20 Euro

Prozentual ausgedrückt in eine Formel gekleidet:

$$\text{Aufgeld} = \frac{\text{Optionsscheinkurs} + \text{Optionspreis} - \text{Börsenkurs der Aktie}}{\text{Börsenkurs der Aktie}} \cdot 100$$

$$= \frac{50 + 110 - 140}{140} \cdot 100 = 14\,\%$$

Außer vom inneren Wert und dem Zeitwert ist der Kurs des Optionsscheines aber auch noch von der *Volatilität* (Schwankungsintensität) der Aktie, zu deren Bezug er berechtigt, beeinflußt. Neigt diese zu großen Kursschwankungen, so leitet der Anleger daraus typischerweise die Hoffnung ab, daß er irgendwann im Verlauf der Optionsfrist an steigenden Aktienkursen partizipieren kann. Eine solch' ver-lockende Perspektive schlägt sich in der Regel in einer Höherbewertung des Op-tionsscheines nieder.

Auch das aktuelle Zinsniveau kann im Kurs des Optionsscheines seinen Nieder-schlag finden. Im Gegensatz zum Aktienkäufer (der bereits am Tag des Erwerbs den vollen Kaufpreis zahlt) hat der Optionsscheinkäufer sein Anrecht (auf die Aktie) lediglich im Umfang des relativ niedrigen Optionsscheinpreises zu bedienen. Den Differenzbetrag zwischen Optionsscheinpreis und Kaufpreis der Aktie kann er somit bis zur Ausübung seines Optionsrechtes zinsgünstig anlegen. Diese Mög-lichkeit ist umso attraktiver, je höher das gerade herrschende Zinsniveau ist. Ist das Zinsniveau hoch, wird der Optionsschein entsprechend höher bewertet. – Je länger die Laufzeit des Optionsscheines, desto bedeutsamer dieser Zinsaspekt! Auch die Laufzeit des Optionsscheines kann sich demnach in der Bewertung (d. h. dem Preis) des Optionsscheines niederschlagen.

Ist das herrschende Zinsniveau niedrig, entfallen diese (Kurs-)Auftriebskräfte für den Optionsschein.

Optionsscheine sind *hochriskante Spekulationspapiere.* Ihr Gewinn- und Verlust-potential übersteigt das der Aktie bei weitem.

Eine Anlage in Optionsscheinen sollte nur dann in Erwägung gezogen werden, wenn die Aktien, zu deren Bezug sie berechtigen, ein (attraktives) Kurspotential vermuten lassen. – Außerdem sollte darauf geachtet werden, daß die Optionsschei-ne nicht überbewertet sind. Sind sie überbewertet, läßt der Kauf der Aktie die bessere Anlage vermuten. – Umgekehrt sind unterbewertete Optionsscheine den Aktien vorzuziehen! – Da jedoch diese einschlägigen Beurteilungen in der Regel das Beurteilungsvermögen von Laien übersteigen, sollte sich der Anleger nicht scheuen, den Rat kompetenter Berater einzuholen. Leider sind diese kompetenten Berater nicht in jeder Bank (geschweige denn in jeder kleinen Bankfiliale!) anzu-treffen.

Auch bei noch so günstiger Experteneinschätzung sollte eine Anlage in Options-scheinen niemals ohne Risikobegrenzung erfolgen. Eine solche Risikobegrenzung erfolgt zweckmäßigerweise durch Vorgabe von *Limits* an die Depotbank. Konkret bedeutet dies, daß der Anleger dieser die Weisung erteilt, die Papiere bei Unter-schreitung ihrer Einstandspreise um eine bestimmte Marge (z. B. 10 oder 15 Pro-zent) unverzüglich zu verkaufen, um so einen (noch) größeren Verlust zu vermeiden. – Umgekehrt empfiehlt es sich aber auch, der Bank feste Kursmarken (z. B. 20 bis 30 Prozent unter dem letzten Höchststand oder dem Höchstkurs der letzten Hausse) für Gewinnmitnahmen vorzugeben, um so nicht dem verführerischen War-ten auf weiter steigende Kurse zu erliegen und so die Gewinnmitnahmen zu ver-passen! Selbstverständlich impliziert ein solches Kurslimit auch das Risiko, noch höhere Gewinne zu verfehlen. Hier wird aber bewußt ein Mehr an Gewinn dem sicheren Gewinn geopfert!

2.16.4 Gewinnschuldverschreibungen

Gewinnschuldverschreibungen sind Anleihen, die dem Inhaber neben der Rückzahlung des Anleihebetrages statt oder zusätzlich zu einer festen Nominalverzinsung eine Beteiligung am Gewinn des ausgebenden Unternehmens garantieren. Sie verkörpern eine Anlageform zwischen Aktien und Obligationen.

Gewinnschuldverschreibungen werden von Banken und Sparkassen herausgegeben. Ihre Kurse hängen von ihrer Nominalverzinsung und der Gewinnerwartung der emittierenden Unternehmen ab.

Die Anlage in Gewinnschuldverschreibungen hat an Attraktivität verloren, seit sie aus dem Förderkatalog des Fünften Vermögensbildungsgesetzes herausgenommen wurden.

2.17 Genußscheine

Genußscheine, im Börsenjargon auch „Genüsse" genannt, sind Wertpapiere, die Genußrechte jedoch keine Teilhaberrechte verbriefen. Genußrechte sind Gläubigerrechte ohne eindeutige gesetzliche Normierung und demnach mit großer Gestaltungsfreiheit. – Gemeinsam sind den meisten Genußscheinen die Anrechte des Inhabers auf Rückzahlung des Anlagebetrages zum Nennwert sowie auf einen Anteil am Reingewinn des betreffenden Unternehmens. Im wesentlichen lassen sich folgende Typen von Genußscheinen unterscheiden:

- mit ergebnisunabhängiger, fester Ausschüttung,
- mit ergebnisabhängiger, variabler Ausschüttung und
- mit fester oder variabler Ausschüttung und Wandelrecht in Aktien.

Welcher Typ von Genußscheinen im Einzelfall anzuraten ist, hängt von der Risikofreudigkeit des Anlegers ab. Wer die Sicherheit sucht, sollte sich an Genußscheine mit fester Ausschüttung halten. Wer auf den wirtschaftlichen Erfolg des emittierenden Unternehmens setzt, der dürfte mit ergebnisabhängiger Ausschüttung am besten bedient sein. Wer zwar mit steigenden Aktienkursen rechnet, aber dennoch nicht das volle Risiko eingehen möchte, der könnte bei Genußscheinen mit fester oder variabler Ausschüttung und Wandelrecht seine Entsprechung finden.

Genußscheine werden in der Regel in einer *Stückelung* von 100 und 1 000 Euro angeboten und können bei Emission gebührenfrei über Kreditinstitute bezogen werden. Ihre *Laufzeiten* liegen üblicherweise bei zehn und mehr Jahren. Es gibt aber auch unbefristete Genußscheine. Diese beinhalten aber ein Kündigungsrecht. Börsennotierte Genußscheine können – soweit die entsprechende Nachfrage vorhanden ist – jederzeit verkauft werden. Bei Kauf oder Verkauf während der Laufzeit berechnen die Kreditinstitute die gleichen Kosten wie bei Aktien: in der Regel 1 % Provision vom Kurswert und 0,75‰ Maklergebühr vom Nennwert.

Die vorgetroffene Einschränkung, daß der Verkauf börsennotierter Genußscheine eben nur bei entsprechender Nachfrage ermöglicht wird, kennzeichnet die *Liquidität* dieser Wertpapiere. Sie ist nur sehr eingeschränkt gegeben.

Dagegen ist die Rückzahlung des Anlagebetrages bei Genußscheinen in der Regel als sicher zu bezeichnen, da durchweg nur potente (Groß-)Unternehmen (so insbesondere große Kreditinstitute) Genußscheine herausgeben.

Weniger sicher erscheint dagegen die Zinsausschüttung. Hier gilt es zu beachten, daß bei Genußscheinen mit *fester* Ausschüttung (was für die meisten zutrifft) dieselbe keineswegs so sicher ist wie das Adjektiv zu suggerieren vermag. Ausgeschüttet wird nämlich nur, wenn der Bilanzgewinn dazu ausreicht. – Genußscheine mit ergebnisabhängiger, *variabler* Ausschüttung schließlich können allenfalls dann als interessant erscheinen, wenn sie mit einem Wandelrecht ausgestattet sind.

Entsprechend der nicht zu übersehenden eingeschränkten *Sicherheit* können die in ihrer *Rendite* im Vergleich zu öffentlichen Anleihen in der Regel um 1–2 Prozentpunkte höher liegenden Genußscheine nicht gerade als attraktiv bezeichnet werden.

Genußscheine sind Risikopapiere, die einen Übergang von Aktien zu Anleihen markieren.

2.18 Rentenfonds

Rentenfonds sind von Investmentgesellschaften (Kapitalanlagegesellschaften)[1] gebildete und verwaltete Sondervermögen (Fonds) festverzinslicher Wertpapiere, über die an Geldanleger Anteilscheine (Fondsanteile), sogenannte Investmentzertifikate, ausgegeben werden. Diese Investmentzertifikate verbriefen dem Anleger ein Miteigentumsrecht zu Bruchteilen an diesem Sondervermögen. Gesetzliche Grundlage der Rentenfonds ist das Gesetz über Kapitalanlagegesellschaften (KAGG).

Rentenfonds sind traditionellerweise als *Open-end-Fonds* konstruiert. Bei ihnen ist der Umfang des Fondsvermögens nicht begrenzt. Über den Zufluß von Anlagekapital wächst dieses unbegrenzt und damit auch die Anzahl der Anteilscheine darüber.

In der Regel werden die Fondsanteile über die Banken und Sparkassen vertrieben. Diese verkaufen allerdings vorwiegend nur eigene Papiere (so beispielsweise DWS-Fonds die Deutsche Bank, DIT-Fonds die Dresdner Bank, Adig-Fonds die Commerzbank, Deka-Fonds die Sparkassen, Union-Fonds die Volks- und Raiffeisenbanken). Fondsanteile können jedoch auch direkt bei den Fondsgesellschaften gezeichnet werden.

Der Anleger erwirbt die Investmentanteile zu einem *Ausgabepreis*, der börsentäglich von den Fondsgesellschaften errechnet wird. Davon zu unterscheiden ist *der Rücknahmepreis*. (Die Ausgabe- u. Rücknahmepreise werden laufend im Wirtschaftsteil der großen überregionalen Tageszeitungen veröffentlicht.) Zwischen beiden liegt ein *Ausgabeaufschlag* von 3 bis 5 Prozent.

Die Investmentgesellschaften sind den Anlegern gegenüber verpflichtet, deren Anteile jederzeit zum jeweiligen offiziellen Rücknahmepreis[2] zurückzunehmen. Deutsche Investmentzertifikate werden nicht an der Börse gehandelt.

Nach der von den Investmentgesellschaften jeweils verfolgten Anlagestrategie lassen sich im wesentlichen folgende Rentenfonds unterscheiden:

Traditionelle Rentenfonds: Sie investieren in längerfristige Anleihen, die von kurzfristigen Kursschwankungen meist verschont bleiben.

---

[1] Kapitalanlagegesellschaften sind Kreditinstitute im Sinne des § 1 Kreditwesengesetz und unterliegen damit der Bankenaufsicht.

[2] Der Rücknahmepreis ergibt sich aus dem Inventarwert des Sondervermögens einschließlich eventueller Kassenbestände pro Anteil abzüglich eventueller Kosten.

Die Anteile solcher Fonds besitzen eine hohe *Sicherheit*. Ihre *Liquidität* ist durch die Rücknahmegarantie der jeweiligen Investmentgesellschaft gewährleistet. Die *Rentabilität* liegt in der Regel etwas über der von normalen Rentenpapieren.

Kurzläufer-Rentenfonds: Sie investieren in festverzinsliche Wertpapiere mit Lauf- und Restlaufzeiten zwischen einem Jahr und maximal fünf Jahren und/oder Anleihen mit variabler Verzinsung (Floater).
Auch diese Papiere haben eine hohe *Sicherheit* und auf Grund der Rücknahmegarantie der jeweiligen Fondsgesellschaft eine ebensolche *Liquidität*. Die Durchschnittsverzinsung (*Rendite*) des Fondsvermögens folgt weitgehend dem Geldmarktzins und schließt Kursverluste infolge steigender Zinsen weitgehend aus. Kurzläufer-Rentenfonds empfehlen sich deshalb für Anleger, die das *Kursrisiko* ihres Engagements klein halten wollen.

Geldmarktfonds: Sie investieren ausschließlich in kurzfristigen Geldmarktpapieren (d. s. auf dem Geldmarkt zwischen der Deutschen Bundesbank und den Banken gehandelte Papiere) und in Anleihen mit kurzen Restlaufzeiten.
Auch diese Papiere zeichnen sich durch hohe *Sicherheit* und *Liquidität* (Rücknahmegarantie) aus. Ihre *Rendite* entspricht den Zinsen des Geldmarktes und kann deshalb als attraktiv bezeichnet werden.

Rentenfonds mit begrenzter Laufzeit (Laufzeitfonds): Ihr Fondsvermögen besteht aus festverzinslichen Wertpapieren. Nach einer festgelegten Laufzeit wird dieses aufgelöst und zuzüglich der aufgelaufenen (thesaurierten) Zinsen an die Anteilsinhaber ausgezahlt.
Auch diese Anteilscheine haben eine hohe *Sicherheit* und *Liquidität* (Rücknahmegarantie). Ihre *Rentabilität* leitet sich aus dem Marktzins ab.

Junkbond-Fonds: Sie investieren in recht fragwürdige (junk, engl.: Schund, Ausschuß), hochriskante Anleihen. Bei – infolge fehlender Bonität der Schuldner – geringer *Sicherheit* bieten diese (weit) überdurchschnittliche Ertragsmöglichkeiten (*Rendite*). Junkbond-Fondsanteile sind hochspekulativ!

Indexfonds: Rentenfonds, die einen Rentenindex (z. B. eb.rexx) abbilden. Für Anleger, die mittel- bis langfristig in Rentenwerten investieren möchten, bieten Indexfonds eine flexible und kostengünstige Anlage.

Die Frage, ob Direktanlagen in Rentenpapieren oder die Anlage in Anteilspapieren von Rentenfonds attraktiver seien, läßt sich nicht generell und eindeutig beantworten. Was die *Bonität* der Anlage anbelangt, so ist diese in beiden Fällen weitgehend die gleiche. Auch die *Liquidität* ist in beiden Fällen in etwa gleich. Was schließlich die *Rendite* angeht, so dürfte diese für beide Anlageformen brutto ungefähr gleich sein. Was bei der Direktanlage möglicherweise durch Erwerbsspesen in Ansatz gebracht werden muß, gilt es beim Kauf von Anteilspapieren durch Ausgabeaufschläge sowie durch zusätzliche Verwaltungs- und Depotgebühren als Belastung in Kauf zu nehmen.

Was die Anlage in Fonds gegenüber der Direktanlage (in Rentenpapieren) möglicherweise als vorteilhaft erscheinen lassen könnte, ist das von der jeweiligen Investmentgesellschaft übernommene professionelle Asset-Management und die damit gewonnene Zeitersparnis für den privaten Anleger.

Wer sich für die Anlage in Rentenfonds entscheidet, sollte dies allerdings nicht für kurze Zeiträume tun. Um Erwerbsspesen und Kursrisiken auszugleichen, ist von einer Anlagedauer von mindestens fünf Jahren auszugehen.

3 Anlage in Lebensversicherungen

Mit der Anlage von Ersparnissen in (privaten) Lebensversicherungen kann außer der Vermögensbildung speziell der Vorsorge (für das eigene Alter, für Berufsunfähigkeit, für Pflegebedürftigkeit wie auch für die finanzielle Sicherung von Angehörigen)* Rechnung getragen werden. Hier sind insbesondere die verschiedenen Formen der Kapitallebensversicherung und der Rentenversicherung von Interesse.

Die Lebensversicherungen folgen in ihrer Konstruktion im wesentlichen folgendem Muster: In einem Lebensversicherungsvertrag werden zwischen einer Versicherungsgesellschaft (Versicherer) und dem Versicherungsnehmer – ähnlich einem langfristigen Sparvertrag – über einen bestimmten Zeitraum eine bestimmte Ansparsumme vereinbart. Die damit zu leistenden Beiträge des Versicherungsnehmers setzen sich aus einem Kostenanteil zur Deckung des Verwaltungsaufwandes, einem Risikoanteil zur Abdeckung des Todesfallschutzes und dem Sparanteil zusammen. Der Versicherer verpflichtet sich, dem Versicherungsnehmer mit Ablauf des Vertrages das angesparte Kapital zuzüglich der aufgelaufenen Zinsen wie auch eines entsprechenden Anteils der durch die Anlage der Sparbeiträge (des Kapitals) erwirtschafteten (Kapital-)Erträge zu zahlen. Diese Zahlung kann eine bestimmte Kapitalsumme (bei den Kapitallebensversicherungen) oder regelmäßig wiederkehrende Leistungen in Form einer Rente (bei den Rentenversicherungen) beinhalten. Lebensversicherungen sind somit stets Summenversicherungen, das heißt, im Versicherungsfall wird – unabhängig vom tatsächlichen Geldbedarf – die im voraus vertraglich vereinbarte Summe zur Zahlung fällig (Prinzip der abstrakten Bedarfsdeckung!).

Vor Abschluß einer Lebensversicherung verlangt der Versicherer vom Versicherten regelmäßig Auskunft auf Fragen zu dessen Gesundheit. Diese Fragen sind (allerdings nur soweit sie in Textform gestellt sind, § 19 Abs. 1 VVG 2008) genau und erschöpfend (erforderlichenfalls mit ärztlichem Attest!) zu beantworten. Widrigenfalls (d. h., wenn falsche oder unvollständige Angaben zum Gesundheitszustand gemacht wurden und dies vom Versicherer aufgedeckt wird) kann sich die Versicherungsgesellschaft bei Eintritt des Versicherungsfalles vor Ablauf des Vertrages weigern, die vereinbarte Versicherungsleistung zu erbringen!

Nachfolgend sollen die wichtigsten Arten der Lebensversicherung, der Kapitallebens- und Rentenversicherung, erläutert und beurteilt werden.

3.1 Kapitallebensversicherungen

Unter der Bezeichnung Kapitallebensversicherung laufen diejenigen Lebensversicherungen, bei denen die Versicherungsleistung in der einmaligen Auszahlung einer bestimmten Versicherungssumme besteht. Die Zahlung erfolgt entweder bei Tod des Versicherten oder bei Ablauf der Versicherung. Abweichend von dieser generellen Regelung ist auch eine spätere Verrentung der Kapitalleistung möglich.

---

* Ausschlaggebend für den Umfang der Altersvorsorge ist die sogenannte *Versorgungslücke*. Sie tut sich dort auf, wo ab einem bestimmten Zeitpunkt (z. B. Ausscheiden aus dem aktiven Berufsleben) das verminderte Einkommen (z. B. die gesetzliche Rente, Pension, Kapitaleinkünfte) nicht mehr ausreicht, um den gewünschten Lebensstandard weiterhin aufrechtzuerhalten.

Der Abschluß einer Kapitallebensversicherung ist allenfalls für eine langfristig angelegte Altersvorsorge in Erwägung zu ziehen. Dabei wäre von einem Anlagezeitraum von 25 bis 30 Jahren auszugehen. Diese Zeitdimension empfiehlt sich nicht zuletzt auch im Hinblick auf die mit dem Abschluß einer solchen Versicherung anfallenden beachtlichen Verwaltungs- und Provisionskosten, in der Regel zwischen 3,5 und 5 Prozent der Versicherungssumme. Nach § 169 Abs. 3 Versicherungsvertragsgesetz vom 5. 7. 2007 (VVG 2008) sind diese Kosten vom Versicherer offenzulegen und auf die ersten fünf Vertragsjahre zu verteilen. Sie werden aus den Versicherungsprämien bestritten und schmälern so die Renditebasis um so mehr, je kürzer die Laufzeit des Vertrages. Je länger die Laufzeit, desto eher können diese Verwaltungs- und Provisionskosten durch die mit den Jahren sich verstärkenden Zinseffekte ausgeglichen und damit die Renditen erhöht werden.

Auf den Sparanteil von Kapitallebensversicherungen wird eine Mindestverzinsung von derzeit (2009) 2,25 Prozent gewährt. Die tatsächliche Verzinsung (ohne Berücksichtigung steuerlicher Vorteile) liegt in der Regel in etwa zwischen 3 und 4 Prozent. Gegenüber von „geschäftstüchtigen" Versicherungsvertretern prognostizierten aber nie garantierten hohen Renditen ist äußerste Skepsis geboten! Unseriöse Renditeversprechen sind weitverbreitet. Sie werden durch die Tatsache begünstigt, daß der langfristige Sparvorgang und die Ertragszuweisungen für den Anleger durchweg völlig undurchsichtig sind.

Nach § 153 Abs. 1 VVG 2008 steht dem Versicherungsnehmer (soweit dies nicht durch ausdrückliche Vereinbarung ausgeschlossen ist) nunmehr eine Beteiligung an dem Überschuß und den Bewertungsreserven (Überschußbeteiligung) zu. Der Versicherer hat den Versicherungsnehmer nach § 155 VVG 2008 jährlich schriftlich über die Entwicklung seiner Ansprüche unter Einbeziehung der Überschußbeteiligung zu informieren

Es ist zu empfehlen, sich vor Abschluß einer Kapitallebensversicherung deren Rückkaufswerte (d. s. die Geldsummen, die der Versicherungsnehmer bei vorzeitiger Kündigung der Versicherung vom Versicherer erhält; sie werden nach § 169 Abs. 3 VVG 2008 nunmehr nach dem Deckungskapital berechnet und dürften damit i. d. R. höher liegen als die bisher üblichen Zeitwerte) der ersten Jahre ausweisen zu lassen und diese mit den bis zu den jeweiligen Zeitpunkten zu erbringenden Beitragsleistungen zu vergleichen. Dieser Vergleich läßt deutlich werden, in welchem Umfang der Versicherer mit den Beitragsleistungen Kosten verrechnet. In dem Umfang, in dem die Rückkaufswerte unter den bis zu den jeweiligen Zeitpunkten geleisteten Beiträgen liegen, sind Kosten in Ansatz gebracht worden. – Da der Versicherungsnehmer für die als Kosten in Ansatz gebrachten Beitragsleistungen keine Verzinsung wie auch keine anteiligen Erträge erhält, wird auch die Endauszahlung entsprechend geringer sein. Ob unter solchen Gegebenheiten die Anlage in einer Kapitallebensversicherung noch interessant ist, sollte vor Vertragsabschluß eingehend geprüft werden.

Einen nicht zu übersehenden Vorteil weisen Kapitallebensversicherungen – die vor dem 1. 1. 2005 abgeschlossen wurden und für die zumindest der erste Monatsbeitrag entrichtet wurde – gegenüber den mit ihnen als Anlageform konkurrierenden Sparplänen (siehe unter II, 1.4.7) auf. Zinsen und Ertragsanteile von Versicherungen mit einer Mindestlaufzeit von 12 Jahren sind nicht als Einkünfte aus Kapitalvermögen zu versteuern. Außerdem können die laufenden Prämien (Beitragszahlungen) im Rahmen des Sonderausgabenabzuges als Vorsorgeaufwendungen vom Bruttoeinkommen in Abzug gebracht werden* und schmälern somit das steuerpflichtige Einkommen.

Für Neuverträge, die seit dem 1. 1. 2005 abgeschlossen wurden, gelten nach dem zu diesem Zeitpunkt in Kraft getretenen Alterseinkünftegesetz neue Bestimmungen: Die Beiträge können einkommensteuerrechtlich nicht mehr als abzugsfähige Sonderausgaben behandelt werden. Außerdem müssen bei Laufzeitende die Kapitelerträge (d. i. die Differenz zwischen der eingezahlten Beitragssumme u. dem Auszahlungsbetrag) versteuert werden. Die zu entrichtende Steuer hängt vom Alter des Versicherten und von dessen individuellem Einkommensteuersatz ab. (Ist der Versicherte am Auszahlungstag jünger als 60 Jahre, wird der Ertrag voll versteuert; ist er älter, wird seiner Steuerschuld nur der halbe Steuersatz zugrunde gelegt.) – Der einstige Steuervorteil verkehrt sich in einen Steuernachteil! – Attraktiver erweist sich die konventionelle Rentenversicherung (siehe dort!), bei der sich der Versicherte nach Erreichen eines bestimmten Lebensalters die Rente monatlich auszahlen läßt und von dieser nur der Ertragsteil versteuert wird.

Von besonderer steuerlicher Attraktivität ist eine als Maßnahme der betrieblichen Altersvorsorge abgeschlossene Kapitallebensversicherung in der Form der **Direktversicherung**. Bei dieser Variante der Kapitallebensversicherung zahlt der Arbeitgeber mit Zustimmung des Arbeitnehmers einen Teil dessen Lohnes/Gehaltes als Versicherungsprämie auf eine zu dessen Gunsten abgeschlossene Versicherung ein („Vorsorgelohn statt Bargeld"!). Solche Verträge können nur im Einvernehmen mit dem Arbeitgeber abgeschlossen werden. Er (der Arbeitgeber) zahlt die Prämien und ihm gehört die Versicherungspolice. Der Vertrag muß mindestens bis zum 60. Lebensjahr des Arbeitnehmers laufen. Die steuersparende Wirkung einer solchen Direktversicherung besteht darin, daß eine in diese einfließende Gehaltserhöhung lediglich mit dem Pauschalsteuersatz von 21,1 Prozent[1] belastet wird. Insbesondere für hochverdienende Arbeitnehmer ist dieser Steuervorteil auf lange Sicht recht attraktiv.

Ansprüche aus einer Direktversicherung können nicht übertragen, abgetreten oder beliehen werden.

Für Beamte und Angestellte des Öffentlichen Dienstes ist die aufgezeigte Umleitung von Gehalts-/Lohneinkommen in eine Direktversicherung nicht möglich.

Allgemein kann die Kapitallebensversicherung als eine langfristige, sicherheitsorientierte Anlage zur Altersvorsorge klassifiziert werden. Ihre *Sicherheit* ist – zumindest im Inland – hinreichend gewährleistet, da die sie anbietenden Versicherungsunternehmen hinsichtlich der Anlage ihrer Kundengelder der strengen Kontrolle der Bundesanstalt für Finanzdienstleistungsaufsicht (BaFin) unterliegen. Wegen ihrer steuerlichen Vorteile können Kapitallebensversicherungen – soweit sie vor dem 1. 1. 2005 abgeschlossen wurden – hinsichtlich ihrer *Rendite* durchaus als

---

* Die Abzugsmöglichkeit gilt allerdings nur insoweit, als der Höchstbetrag des Sonderausgabenabzuges nicht bereits anderweitig (z. B. durch Sozialversicherungsbeiträge) ausgeschöpft ist.

[1] § 40 b Einkommensteuergesetz bestimmt, daß ein Arbeitnehmer für Zukunftssicherungsleistungen bis zu einem Höchstbetrag von 1 752 Euro jährlich nur einer Steuerbelastung von 21,1 v. H. (d. s. 20 % Lohnsteuer + 5,5 % Solidaritätszuschlag darauf) unterliegt. Diese auf den Arbeitnehmer abgewälzte pauschale Lohnsteuer gilt nach dem Steuerentlastungsgesetz 1999/2000/2002 v. 24.3.1999 als zugeflossener Arbeitslohn und mindert nicht die Bemessungsgrundlage. Daher fallen auf die Abgabe von 370 Euro (d. s. 21,1 v. H. von 1 752 Euro) zusätzlich Einkommensteuer und Solidaritätszuschlag an.

attraktiv bezeichnet werden. Der große Schwachpunkt von Kapitallebensversicherungen ist deren äußerst eingeschränkte *Liquidität*. Bei vorzeitiger Kündigung, insbesondere in den Anfangsjahren, kann nahezu das gesamte Sparkapital verlustig gehen![2]

Als Sonderformen der Kapitallebensversicherung sollen nachfolgend die gemischte Lebensversicherung, die Termfixversicherung, die lebenslängliche Todesfallversicherung, die fondsgebundene Lebensversicherung und die Lebensversicherung auf verbundene Leben abgehandelt werden.

Das Fünfte Vermögensbildungsgesetz anerkennt die sogenannten Vermögensbildungsversicherungen als Anlageform für vermögenswirksame Leistungen. Hierunter fallen: die gemischte Lebensversicherung, die Termfixversicherung und die Lebensversicherung auf verbundene Leben.

3.1.1 Gemischte Lebensversicherung

Die gemischte Lebensversicherung ist eine Kombination der Versicherung auf den Todesfall und der (Versicherung) auf den Erlebensfall. Das heißt, bei ihr ist die im voraus vereinbarte Versicherungssumme entweder am Ende der Vertragslaufzeit (das ist der Erlebensfall) oder aber bei vorzeitigem Tod fällig. Die gemischte Lebensversicherung verbindet somit die eigene Altersvorsorge mit einer Hinterbliebenenversorgung.

Die Beiträge sind im Normalfall bis zum Eintritt des Versicherungsfalles (Todes-/Erlebensfall) zu entrichten. Die Sparanteile der Beiträge werden vom Versicherungsunternehmen angesammelt, angelegt und verzinst. Sie akkumulieren sich mit den auf sie entfallenden Zinsen und Ertragsanteilen bis zum Ende der Vertragslaufzeit zu der vereinbarten Versicherungssumme. Bei vorzeitigem Tod wird die Differenz zwischen dem bis dahin aufgelaufenen Sparkapital und der vereinbarten (und nunmehr fälligen) Versicherungssumme über den Risikoanteil (des Beitrages) (der Gesamtheit der Versicherten) finanziert.

Dem Versicherungsnehmer wird die für das Ende der Vertragsdauer vereinbarte Versicherungssumme garantiert.

Statt die Versicherungssumme und die aufgelaufenen Zinsen und Erträge dem Versicherten auszuzahlen, kann die Versicherungsgesellschaft dieses Kapital auch „berenten". Dies bedeutet, daß der Versicherte ab Ende der Versicherungslaufzeit bis zu seinem Tode eine monatliche Rente erhält. – Wird eine Rentengarantiezeit ver-

---

[2] Nach einer Entscheidung des Bundesgerichtshofes (BGH) vom 12.10.2005 (Az: IV ZR 162/03, 177/03 u. 245/03) sind Klauseln in Kapitallebensversicherungsverträgen unwirksam, die den Rückkaufswert bei einer Kündigung des Vertrages durch Verrechnung der Abschlußkosten – insbesondere der Provisionen für die Vermittler – sowie die Abzüge für Storno und Beitragsfreistellungen unter einen bestimmten „Mindestbetrag" sinken lassen. Der BGH gab den Versicherern eine Formel vor, nach der der Rückkaufswert zu berechnen ist. – Der Richterspruch bezieht sich aus prozeßrechtlichen Gründen wohl nur auf zwischen 1994 und 2001 abgeschlossene Verträge, dürfte aber über weitere, zur gleichen Materie anhängige Gerichtsverfahren in Bälde Allgemeingültigkeit erlangen. In der Regel dürfte sich ein Versicherter, der – aus welchen Gründen auch immer – aus dem Versicherungsvertrag aussteigen möchte, besser stellen, wenn er diesen auf dem sogenannten Zweitmarkt für Lebensversicherungen (bspw. über die cash.life AG) zum Verkauf anbietet, statt ihn zu kündigen und sich mit einem niedrigen Rückkaufswert abspeisen zu lassen.

einbart, so wird die Rente – falls der Versicherte vor Ablauf der Garantiezeit stirbt – bis zum Ablauf derselben an die Hinterbliebenen weitergezahlt.

Die gemischte Lebensversicherung ist die in Deutschland am weitesten verbreitete Kapitallebensversicherung. Sie wird nicht nur zur Schließung von Versorgungslücken genutzt, sondern auch zur Absicherung und Tilgung von Darlehen.

3.1.2 Termfixversicherung

Die Termfixversicherung sieht die Auszahlung der Versicherungssumme nur nach Ablauf der Versicherungslaufzeit vor. Sie ist eine Versicherung mit festem Auszahlungstermin. Die Beiträge sind längstens bis zum Ende der Laufzeit zu entrichten. Stirbt der Versicherte vor dem Ende der Laufzeit, wird die Versicherung beitragsfrei weitergeführt. Damit ist bei dieser Versicherungsform zwar die Dauer der Beitragsleistung ungewiß, jedoch nicht der Auszahlungszeitpunkt. Oft bietet der Versicherer im Todesfall auch eine sofortige Kapitalabfindung in der auf den Todestag diskontierten Versicherungssumme an.

Der Vorteil einer Termfixversicherung gegenüber einem langfristigen Sparvertrag bei einem Kreditinstitut besteht darin, daß die vereinbarte Versicherungssumme auch im Todesfall des Versicherten ohne Weiterzahlung der Versicherungsbeiträge garantiert ist.

3.1.3 Lebenslängliche Todesfallversicherung

Die lebenslängliche Todesfallversicherung sieht im Normalfall eine lebenslängliche – höchstens jedoch eine bis zum 85. Lebensjahr dauernde – Beitragszahlung vor. Beim Tode des Versicherten, spätestens jedoch bei Erreichen dessen 85. Lebensjahres, ist die Versicherungssumme fällig. Eine Einstellung der Beitragszahlungen ab einem bestimmten Lebensalter (z. B. ab dem 65. oder 70. Lebensjahr) bei beitragsfreiem Fortbestand der Versicherung bis zur Fälligkeit ist möglich.

Abweichend zur vorgenannten Regelung kann zwischen dem Versicherten und dem Versicherer auch vereinbart werden, daß die Versicherungssumme spätestens mit Erreichen eines bestimmten hohen Lebensalters (z. B. 85., 90. oder 95. Lebensjahr) auszuzahlen ist. Diese Variante der lebenslänglichen Todesfallversicherung deckt sich weitgehend mit der gemischten Lebensversicherung mit entsprechend hohem Endalter.

3.1.4 Fondsgebundene Lebensversicherung

Die fondsgebundene Lebensversicherung stellt auf den Todes- und Erlebensfall ab. Bei ihr werden die Sparanteile der Beiträge in einem Sondervermögen (Fonds) der Versicherungsgesellschaft angelegt. Die Zusammensetzung dieses Sondervermögens erfolgt (durch das Fondsmanagement) nach den angestrebten Gewinnchancen und damit zwangsläufig nach dem damit verbundenen *Risiko*. So können die einschlägigen Sondervermögen als Aktienfonds, Rentenfonds, Immobilienfonds oder als gemischte Fonds angelegt werden.

Bietet das Versicherungsunternehmen wahlweise mehrere Fonds an, so eröffnet sich damit für den Versicherungsnehmer in der Regel die Möglichkeit, während der Laufzeit seines Vertrages den Fonds beliebig oft zu wechseln (Fonds-Switchen).

Die fondsgebundene Lebensversicherung ist im Normalfall wie folgt gestaltet: Der Versicherungsnehmer zahlt Beiträge in gleichbleibender Höhe. Die Anzahl der Fondsanteile, die diesem nach dem Sparanteil derselben gutgeschrieben werden, richtet sich nach der Kursentwicklung der den Fonds bildenden Wertpapiere. Nach Ende der (Versicherungs-)Laufzeit erhält der Versicherungsnehmer die erworbenen Fondsanteile oder den börsenmäßigen Gegenwert. Im Todesfall kommt normalerweise eine vertraglich vereinbarte Mindestsumme zur Auszahlung. Übersteigt zum Zeitpunkt des Todes der Wert der bis dahin erworbenen Fondsanteile diese (für den Todesfall vereinbarte) Mindestsumme, so wird diese entsprechend erhöht.

Eine Sonderform der fondsgebundenen Lebensversicherung ist die **indexgebundene Lebensversicherung**, die an einen Wertpapierindex, in Deutschland beispielsweise an den Deutschen Aktienindex (DAX) gebunden ist.

Die fondsgebundene Lebensversicherung ist in der Mehrzahl der Fälle weniger attraktiv. Wohl ist der Versicherungsnehmer an den Überschüssen beteiligt; die *Rendite* wird jedoch durch die meist hohen (zwischen 6 u. 18 v. H. der Prämie!) und durchweg undurchsichtig gehaltenen Kosten stark geschmälert. Der Versicherungsnehmer hat keinerlei Möglichkeit, von den stillen Reserven seines Kapitalvermögens zu profitieren.

Interessanter als eine fondsgebundene Lebensversicherung ist ein Fondssparplan mit separater, ergänzender Risikolebensversicherung bei einem Discountbroker oder einer Fondsgesellschaft.

3.1.5 Lebensversicherung auf verbundene Leben

Bei der Lebensversicherung auf verbundene Leben ist das Todesfallrisiko von zwei oder mehr Personen in *einem* Vertrag zusammen erfaßt. Am weitesten verbreitet ist die Lebensversicherung auf verbundene Leben in der Form der gemischten Kapitalversicherung auf zwei Leben. Bei dieser Versicherungsform wird die Versicherungssumme in der Regel beim Tod der zuerst sterbenden Person, spätestens jedoch am Ende der Laufzeit, fällig. Die Versicherung läuft aus, sobald einer der beiden Versicherten stirbt. Sterben beide Versicherten gleichzeitig (z. B. durch gemeinsamen Unfall), muß die Versicherungssumme nur einmal gezahlt werden.

3.2 Rentenversicherungen

Unter der Bezeichnung (private) Rentenversicherung laufen diejenigen Lebensversicherungen, bei denen die Versicherungsleistungen in regelmäßig wiederkehrenden Zahlungen erfolgen. Der Versicherer verpflichtet sich an den Versicherten zu Rentenzahlungen, die entweder lebenslang (Leibrente) oder nur innerhalb eines begrenzten Zeitraumes (Zeitrente) gezahlt werden.

Die **Leibrente** kann auf das Leben einer oder mehrerer Personen lebenslang (lebenslängliche Leibrente) oder für eine bestimmte Zeitdauer (abgekürzte Leibrente), so zum Beispiel als Erwerbs-, Berufsunfähigkeits- oder Waisenrente, gezahlt werden.

Die **Zeitrente** wird unabhängig vom Leben einer Person gezahlt.

Unter *Rendite*aspekten kann die private Rentenversicherung (da in ihr kein Todesfallschutz enthalten ist) attraktiver sein als die gemischte Kapitallebensversicherung. Darüber hinaus bleibt die Aufbauleistung steuerfrei, wenn die Beitragszahlungsdauer mindestens 5 Jahre und die Laufzeit des Versicherungsvertrages mindestens 12 Jahre betragen. Entscheidet sich der Versicherte nach der Anlagephase für die laufende Rentenzahlung (u. damit nicht für eine mögliche Kapitalabfindung, siehe hierzu unter II, 3.2.1), müssen die Bezüge lediglich mit ihrem Ertragsanteil versteuert werden.

Die von den Versicherern in Aussicht gestellten Renditen sind allerdins nicht selten äußerst fragwürdig, da sie auf „optimistischen" Sterbetafeln basieren. So ist durchaus in Betracht zu ziehen, daß die tatsächlichen Leistungen hinter den Zielgrößen zurückbleiben können!

Die (private) Rentenversicherung wird im wesentlichen in drei Ausformungen angeboten, als Altersrentenversicherung, als (selbständige) Berufsunfähigkeitsversicherung und als Pflegerentenversicherung.

3.2.1 Altersrentenversicherung

Die (private) Altersrentenversicherung ist wohl eine der beliebtesten Formen der Altersvorsorge. Sie wird in zwei Varianten angeboten, als Sofortrente und als aufgeschobene Rente.

Bei der **Sofortrente** (Sofort-Rentenversicherung) kann der Anspruch auf eine (lebenslange) Leibrente (nur) durch eine einmalige größere Prämienzahlung (Einmalzahlung) unmittelbar vor Rentenbeginn erworben werden. Die Rentenzahlung wird in der vertraglich vereinbarten Höhe auch dann noch fortgeführt, wenn die fortlaufend gezahlten Renten die geleistete Einmalzahlung wertmäßig übersteigen.

Ist die Leistungspflicht des Versicherers auf die Zahlung einer lebenslänglichen Leibrente (reine Erlebensfallversicherung) beschränkt, geht der Versicherte damit das Risiko ein, daß er bei frühem Tod nur einen Teil der geleisteten Einzahlung als Rente zurückerhält und der Rest verfällt. Dieses Risiko kann dadurch vermieden werden, daß in den Sofort-Rentenversicherungsvertrag eine *Todesfalleistung* aufgenommen wird. Diese Todesfalleistung kann in einer Rentengarantiezeit oder in der Zahlung eines einmaligen Kapitalbetrages beim Tod des Versicherten bestehen. Eine solche Garantierente wird jedoch durch eine niedrigere laufende Rente kompensiert („Je länger die Garantiezeit, desto niedriger die Rente!").

Die Höhe der laufenden Rente bemißt sich außer nach der eingezahlten Kapitalsumme und den durch die Versicherungsgesellschaft aus den angelegten Kapitalien erwirtschafteten Überschußanteilen auch nach der statistischen Lebenserwartung des Versicherten. Je jünger dieser bei Eintritt in die Rentenphase ist, desto länger die zu erwartende (Renten-)Bezugsdauer, desto niedriger die laufende Rente!

Bei der **aufgeschobenen Rente** wird der Anspruch auf eine (lebenslange) Leibrente erst nach Ablauf einer sogenannten Aufschubzeit mit Erreichen eines bestimmten Alters (z. B. mit 60 oder 65 Jahren) erworben. Während dieser Aufschubzeit zahlt der Versicherte *regelmäßige Beiträge.*

Auch bei der aufgeschobenen Rentenversicherung kann (damit beim frühen Tod des Versicherten die geleisteten Beiträge nicht ohne entsprechende Gegenleistung der Versicherung zufallen!) eine zusätzliche *Todesfalleistung* zugunsten von Hinterbliebenen vereinbart werden. Ebenso eine Rentengarantiezeit.

Für den Todesfall oder die vorzeitige Kündigung des Versicherungsvertrages wird meist eine *Beitragsrückgewähr* vereinbart.

In der Regel kann der Versicherte vor Ende der Aufschubzeit wählen, ob er danach eine laufende Rente oder eine einmalige *Kapitalabfindung* möchte. Dieses Wahlrecht zwischen Kapitalabfindung und Leibrente hat bei Versicherungen *mit* Todesfallleistung spätestens 3 Monate, bei Versicherungen *ohne* Todesfalleistung spätestens 5 Jahre vor Ende der Aufschubzeit wahrgenommen zu werden.

Die aufgeschobene Rentenversicherung kann durch eine *Hinterbliebenen-Renten-anwartschaft* (Hinterbliebenen-Zusatzversicherung) für jede beliebige Person ergänzt werden.

Der Abschluß einer Altersrentenversicherung zur Altersvorsorge ist trotz der möglichen Sondervereinbarungen über eine Todesfalleistung (Rentengarantiezeit, Zahlung eines einmaligen Kapitalbetrages, Hinterbliebenenrente) nicht für eine Hinterbliebenenversorgung zu empfehlen. Die Altersrentenversicherung ist vielmehr als eine Altersvorsorge für Alleinstehende, insbesondere als Ergänzung zu einer bereits bestehenden Altersversorgung (gesetzliche Rentenversicherung, Pension) einzustufen. – Jungen Menschen ist vom Abschluß einer Altersrentenversicherung abzuraten, da sie die möglicherweise erst in späteren Jahren (so insbesondere mit der Gründung einer Familie) auf sie zukommenden Verpflichtungen zum Hinterbliebenen-Schutz noch nicht absehen können.

Da zum Abschluß einer Altersrentenversicherung keine Gesundheitsprüfung erforderlich ist, wird diese häufig dann in Betracht gezogen, wenn eine Kapitallebensversicherung aus gesundheitlichen Gründen nicht mehr abgeschlossen werden kann. Im Vergleich zur Kapitallebensversicherung gestaltet sich die Rendite der Altersrentenversicherung im allgemeinen etwas günstiger, da von Beiträgen zu dieser kein Risikoanteil in Abzug gebracht wird.

3.2.2 Selbständige Berufsunfähigkeitsversicherung

Die selbständige Berufsunfähigkeitsversicherung ist eine Lebensversicherung, die zur Absicherung des Berufsunfähigkeitsrisikos abgeschlossen wird.

In aller Regel waren Arbeitnehmer bis Ende 2000 gegen (vorzeitige) Berufsunfähigkeit* durch die gesetzliche Rentenversicherung in einem gewissen Mindestumfang abgesichert. Diese Mindestabsicherung (durch die gesetzliche Rentenversicherung) ist ab dem Jahr 2001 nicht mehr gegeben. Die bislang von dieser im Falle vorzeitiger Berufsunfähigkeit erbrachten Rentenleistungen werden durch eine niedriger bemessene Erwerbsminderungsrente ersetzt. Diese Neuerung läßt – insbesondere um einen gewohnten Lebensstandard aufrechtzuerhalten – eine zusätzliche selbständige Berufsunfähigkeitsversicherung sinnvoll erscheinen.

Für Selbständige, die nicht in der gesetzlichen Rentenversicherung sind und damit keine Ansprüche auf eine Erwerbsminderungsrente an diese haben, gilt dieses Erfordernis der privaten Risikoabsicherung in verstärktem Maße.

Die Höhe der Berufsunfähigkeitsrente kann von den Vertragspartnern frei vereinbart werden. Die Versicherung läuft regelmäßig bei Männern mit dem 65., bei Frauen mit dem 60. Lebensjahr aus.

Die Ausgestaltung der Berufsunfähigkeitsversicherung ist in zwei Formen möglich, in der Pauschalregelung und in der Staffelregelung.

Bei der **Pauschalregelung** wird eine Rente erst ab einer Berufsunfähigkeit von in der Regel 50 Prozent vereinbart. Dies bedeutet, daß bei einer unter dieser Marge liegenden Berufsunfähigkeit keine Leistungspflicht besteht. Ab 50 Prozent Berufs-

---

* Berufsunfähigkeit liegt vor, wenn die betreffende Person infolge Krankheit, Körperverletzung oder Kräfteverfalls (voraussichtlich) dauernd außerstande ist, ihren Beruf oder eine andere Tätigkeit auszuüben, die aufgrund ihrer Ausbildung und Erfahrung ausgeübt werden kann und ihrer bisherigen Lebensstellung entspricht. (Es wird zwischen vollständiger und teilweiser Berufsunfähigkeit unterschieden.)

unfähigkeit – unabhängig vom tatsächlichen Grad derselben – ist die vereinbarte Rente fällig.

Bei der **Staffelregelung** ist die Höhe der Rente nach dem Grad der Berufsunfähigkeit skaliert. Die Staffelung reicht in der Regel von einer Berufsunfähigkeit von 25 Prozent bis zu einer solchen von 75 Prozent. Ab einer Berufsunfähigkeit von 75 Prozent wird die volle Leistung fällig.

Die Staffelregelung ist aus der Sicht des Versicherten in der (versicherungsstatistischen) Mehrheit der Fälle weniger problematisch als die Pauschalregelung, da sich die Berufsunfähigkeit großteils allmählich „anschleicht" und damit – insbesondere in der Anfangszeit – nicht gleich – wie in der Regel bei der Pauschalregelung erforderlich – 50 Prozent ausmacht. Bei stark und schwer unfallgefährdeter Arbeit kann die Pauschalregelung näherliegend sein.

Berufsunfähigkeitsversicherungen werden auch in Kombination mit Kapitallebens- oder Risikolebensversicherungen angeboten.

In Verbindung mit einer Kapitallebensversicherung ist eine Berufsunfähigkeitsversicherung recht teuer und daher auch nicht zu empfehlen. Neben dem eigentlichen Beitrag für die Berufsunfähigkeitsversicherung sind hier zusätzliche Beiträge für den Todesfall und den Aufbau eines bestimmten Kapitalstockes zu leisten.

In Verbindung mit einer Risikolebensversicherung ist wohl die Beitragsleistung nicht so hoch (wie in Verbindung mit einer Kapitallebensversicherung), da neben dem Beitrag für die Berufsunfähigkeitsversicherung nur noch ein solcher für das Todesfallrisiko in Rechnung gestellt wird. – Dennoch, wer lediglich das Berufsunfähigkeitsrisiko absichern möchte, sollte es bei einer selbständigen (separaten) Berufsunfähigkeitsversicherung belassen.

Bezüglich der Beitragsgestaltung für die Berufsunfähigkeitsversicherungen sehen die Versicherer unterschiedliche Möglichkeiten vor. So wird beispielsweise auch eine Beitragsform angeboten, bei der die auf die am Kapitalmarkt angelegten Beitragsteile mutmaßlich entfallenden Erträge beitragsmindernd berücksichtigt werden. Die Versicherungen unterscheiden in diesem Zusammenhang zwischen Bruttobeitrag und Effektivbeitrag. Der Effektivbeitrag ist der um den anteiligen mutmaßlichen Kapitalertrag verminderte Bruttobeitrag.

Um dem im Falle der Berufsunfähigkeit im Zeitverlauf steigenden Rentenbedarf Rechnung zu tragen, können die Beiträge für laufende Berufsunfähigkeitsversicherungen aufgrund einer Beitragsanpassungsklausel mit Genehmigung der (Versicherungs-)Aufsichtsbehörde angehoben werden.

Wie bei allen Personenversicherungen ist auch bei der Berufsunfähigkeitsversicherung im eigenen Interesse auf eine umfassende Beantwortung der Fragen zum Gesundheitszustand des Antragstellers zu achten. Das Verschweigen einschlägiger Tatbestände kann gegebenenfalls zum Verlust des (Renten-)Anspruches führen.

3.2.3 Pflegerentenversicherung

Die Pflegerentenversicherung ist eine selbständige Form der Lebensversicherung, die das Risiko der Pflegebedürftigkeit abdeckt. Der Versicherer verpflichtet sich, nach Eintritt des Versicherungsfalles eine bei Vertragsabschluß vereinbarte Geldsumme zu leisten. Die Versicherungsleistung kann als einmalige Summe oder als Rente ausgezahlt werden.

Die Versicherungsleistungen sind nach folgenden Tatbeständen differenziert:

– bei Eintritt der Pflegebedürftigkeit vor Erreichen einer festgelegten Altersgrenze wird – in Abhängigkeit von der Pflegestufe – eine *bedingte* Pflegerente gezahlt;
– unabhängig von der Pflegebedürftigkeit wird ab einem bestimmten Alter (beispielsweise ab dem 80. oder 85. Lebensjahr) eine *unbedingte* Pflegerente gezahlt;
– im Falle des Todes wird ein Sterbegeld in Höhe von 24 oder 36 Monatsrenten abzüglich bereits erbrachter Rentenleistungen gezahlt.

Die Beitragszahlung endet mit Beginn des Rentenbezuges oder schon vorher mit dem Tod des Versicherten.

Pflegeversicherungsverträge beinhalten in der Regel eine Beitragsanpassungsklausel. Ihrzufolge können mit Genehmigung der (Versicherungs-)Aufsichtsbehörde die Beiträge für laufende Verträge angehoben werden.

Nach dem Alterseinkünftegesetz vom 5. 7. 2004 können Steuerpflichtige, die nach dem 31. 12. 1957 geboren wurden, ab 1. 1. 2005 Beiträge zur (zusätzlichen freiwilligen) Pflegerentenversicherung als Vorsorgeaufwendungen und damit als Sonderausgaben steuerlich in Abzug bringen.

III
SACHWERTANLAGEN

1 Aktien

Aktien sind Anteilscheine an einer Aktiengesellschaft. Präziser formuliert: Aktien sind Wertpapiere, die Anteile am Grundkapital einer Aktiengesellschaft verbriefen.[1] Der Eigentümer einer Aktie ist mit deren Nennwert oder deren Stückzahl am Grundkapital der betreffenden Aktiengesellschaft beteiligt. Er ist Aktionär dieses Unternehmens.

Die Aktiengesellschaft wird durch das Aktiengesetz geregelt. Sie ist eine Gesellschaftsunternehmung mit eigener Rechtspersönlichkeit. Das Gesellschaftskapital (Grundkapital) – das mindestens 50 000 Euro betragen muß – ist in sogenannte Aktien aufgeteilt, die entweder als Nennbetragsaktien oder Stückaktien begründet werden (§ 8 AktG). Der Mindestbetrag einer Nennbetragsaktie ist 1 Euro; höhere Nennbeträge lauten auf ein Vielfaches dieses Mindestbetrages. Stückaktien lauten auf keinen Nennbetrag.[2]

Die dem Aktionär aus seiner Teilhabe (an der betreffenden Aktiengesellschaft) erwachsenden (Vermögens-)Rechte bestimmen sich nach dem Aktiengesetz (AktG) wie folgt:

- Anspruch auf Anteil am Gewinn (Dividende, § 60 AktG), sofern ein Bilanzgewinn erwirtschaftet wird;
- Teilnahme an der Hauptversammlung (§§ 118, 120 AktG);
- Stimmrecht in der Hauptversammlung (§§ 119, 134 AktG) nach der Höhe des vertretenen Aktienkapitals (Das Stimmrecht des Aktionärs kann durch die Satzung der Aktiengesellschaft beschränkt werden [z. B. auf 5 Prozent des Grundkapitals für einen einzelnen Aktionär].);
- Bezugsrecht auf junge Aktien bei Kapitalerhöhungen (§ 186 ff., 221 AktG) (Wer bei der Emission junger Aktien sein Bezugsrecht nicht wahrnehmen möchte, kann dieses über den an der Börse stattfindenden Bezugsrechthandel verkaufen.);
- Anteil am Liquidationserlös bei Auflösung des Unternehmens (§ 271 AktG).

Nach dem Umfang der verbrieften Rechte lassen sich folgende Aktienarten unterscheiden:

Stammaktien (im Börsenjargon auch kurz „Stämme" genannt): Sie verbriefen die gewöhnlichen gesetzlichen und satzungsmäßigen (Aktionärs-)Rechte.

Vorzugsaktien (im Börsenjargon auch kurz „Vorzüge" genannt): Sie sind gegenüber den Stammaktien mit bestimmten Vorrechten ausgestattet. Solche Vorrechte können sich erstrecken auf: *das Stimmrecht* (Stimmrechtsvorzüge; in Deutschland nur in Ausnahmefällen zulässig), die *Dividende* (Dividendenvorzüge), den *Liquidationserlös* (Liquidationsvorzüge).

---

[1] Nach dem Gesetz für „Kleine Aktiengesellschaften" und zur Deregulierung des Aktienrechts von 1994 kann der Anspruch auf Einzelverbriefung der Aktien ausgeschlossen oder eingeschränkt werden. Bei Neuemissionen wird heute i.d.R. auf die Ausstellung von (Aktien-)Urkunden verzichtet.

[2] Bis zum 31.12.2001 mußten alle börsennotierten Aktiengesellschaften ihre Aktien auf nennwertlose Stückaktien umstellen.
Der Aktienhandel und die Kursanzeige an den deutschen Börsen erfolgt seit dem 1.1.1999 in Euro.

Nach der Art ihrer Übertragung lassen sich folgende Aktienarten unterscheiden:

Inhaberaktien: Sie werden durch Einigung und Übergabe übertragen. Dies ist der Normalfall. Einfach und kostensparend!

Namensaktien: Sie lauten auf den Namen einer (natürlichen oder juristischen) Person. Sie werden durch Einigung und Übergabe der indossierten (d. h. auf der Rückseite des Papiers mit einem Übertragungsvermerk versehenen) Urkunde übertragen. Der Eigentümer der Aktie ist im Aktienbuch der jeweiligen Aktiengesellschaft eingetragen. (Namensaktien erfreuen sich in Deutschland zunehmender Beliebtheit. International sind sie weitverbreitet. Sie ermöglichen es der Gesellschaft, an in- und ausländischen Börsen mit einer einheitlichen Aktie notiert zu sein. Eine unmittelbare Notierung von Inhaberaktien ist dagegen an einigen ausländischen Börsen nicht möglich. Über Namensaktien verbessert sich somit der Zugang zu weiteren wichtigen Kapitalmärkten. Dadurch wird die Attraktivität dieser Aktie erhöht.)

Vinkulierte Namensaktien: Sie können nur mit der (satzungsmäßigen) Zustimmung der jeweiligen Aktiengesellschaft übertragen werden. Diese eingeschränkte Übertragungsmöglichkeit wird gerne dann gewählt, wenn sich ein Unternehmen vor Überfremdung schützen oder eine ungewollte Übernahme verhindern will.

Neben den „normalen" Aktien sieht das Aktiengesetz eine Reihe besonderer Aktien vor:

Junge Aktien: Aktien aus einer Kapitalerhöhung der betreffenden Aktiengesellschaft, die für das laufende Geschäftsjahr nicht beziehungsweise nicht voll dividendenberechtigt sind. Sie werden nach dem nächsten Dividendentermin den „alten" Aktien gleichgestellt (§§ 182 ff. AktG).

Berichtigungsaktien (Gratisaktien): Aus einer Umwandlung von offenen Rücklagen in Grundkapital resultierende neue Aktien, die an die Aktionäre in einem bestimmten Verhältnis zu deren alten Aktien ausgegeben werden (§§ 207–220 AktG).

Belegschaftsaktien: Aktien, die (oft zu einem Vorzugskurs) an Belegschaftsmitglieder der emittierenden Aktiengesellschaft ausgegeben werden. Sie unterliegen meist einer Verkaufssperre von mehreren Jahren.

Volksaktien: Aus der Auflösung (Privatisierung) von Bundesvermögen resultierende Aktien, die (aus vermögenspolitischen Erwägungen) förderungswürdigen Einkommensschichten zu Vorzugskursen angeboten werden.

Globalaktien: Zur Vereinfachung der Verwahrung und Verwaltung ausgestellte Sammelurkunden über eine größere Anzahl von Aktien. Ihr Umtausch in Einzelurkunden ist möglich.

Der Kauf von Aktien erfolgt über eine Bank oder Sparkasse. Der Anlegewillige erteilt dieser den Auftrag (die Order), bestimmte von ihm ins Auge gefaßte oder ihm von deren Wertpapierberater empfohlene Papiere zu kaufen. Um keine Überraschung zu erleben, empfiehlt es sich, der Bank/Sparkassse den Kurs (Preis) zu nennen, den diese beim Kauf nicht überschreiten soll (Kurslimit). Wünscht der Anleger, daß die Bank/Sparkasse ihm die betreffenden Aktien auf jeden Fall besorgt, so versieht er seinen Auftrag mit dem Zusatz „billigst". Dies bedeutet, daß die Bank verpflichtet ist, die gewünschten Aktien zum günstigsten Tageskurs zu kaufen. (Beim Verkauf von Aktien heißt der Auftragszusatz entsprechend „bestens".) Bei derlei kurslimitierten Kauforders kann zusätzlich eine zeitliche Begrenzung des Auftrages erfolgen. Erfolgt eine solche nicht, gilt der Auftrag bis zum letzten Börsentag des laufenden Monats. – Die Bank leitet diesen Auftrag gege-

benenfalls zusammen mit anderen Kauf- und Verkaufsaufträgen an eine der deutschen Wertpapierbörsen weiter, wo dann ein Börsenmakler alles weitere besorgt.
In aller Regel wird die mit dem Kauf der Aktien beauftragte Bank deren Kaufpreis auf dem bei ihr geführten Konto des Anlegers belasten. Hinzu kommen die Ankaufsspesen, das sind die eigene Abwicklungsprovision (i. d. R. 1 % des Aktienwertes) sowie die (von der Bank) an den Börsenmakler abzuführende Maklerprovision (Courtage). (Die Verkaufsspesen gestalten sich analog!) Nach Abwicklung des Kaufs (wie auch des Verkaufs) der Aktien erhält der Auftraggeber von der ausführenden Bank/Sparkasse eine detaillierte Abrechnung.

Die gekauften Aktien werden von der Bank einem bei ihr geführten Depotkonto des Auftraggebers gutgeschrieben. Üblicherweise werden die Aktien **nicht** an den Käufer ausgehändigt (d. h. er erhält keine effektiven Stücke), sondern bei einer Wertpapiersammelbank verwahrt (*Sonderverwahrung*) beziehungsweise es wird eine *Girosammelverwahrung* praktiziert, bei der der Anleger lediglich einen Anspruch auf gleichartige Wertpapiere in gleicher Anzahl erhält. Bei der letztgenannten Verwahrungsform ermäßigen sich die Verwahrungskosten (Depotgebühren) gegenüber der erstgenannten.

Im Gegensatz zur Anlage auf Konten oder in Anleihen ist bei Aktien weder die *Rendite* im voraus bestimmbar, noch ein Rückzahlungswert garantiert. Der Aktionär hat weder einen Anspruch auf eine bestimmte Verzinsung noch – im Falle des Verkaufs – auf einen bestimmten Erlös. Was ihm zusteht, ist eine Beteiligung am Unternehmensgewinn (soweit ein solcher erwirtschaftet wurde!) in Form einer *Dividende* und gegebenenfalls (bei positiver Kursentwicklung) ein mehr oder minder großer Kursgewinn beim Verkauf des Papieres.

Um die Dividende zu erhalten, muß der Aktionär respektive seine depotführende Bank den von der Aktiengesellschaft zur Zahlung aufgerufenen Dividendenkupon (der in einem Kuponbogen der Aktie beigefügt ist) dieser zur Zahlung vorlegen. Die depotführende Bank verlangt dafür keine spezielle Provision, wohl aber Depotgebühren!

In der Regel ist es weniger die Dividende als vielmehr die Kursentwicklung respektive der Kursgewinn, die/der den Anleger zum Kauf von Aktien veranlaßt. Selbstverständlich ist diese Kursentwicklung in direktem Zusammenhang mit der Marktstellung des jeweiligen Unternehmens zu sehen. Daneben schlagen sich jedoch in ihr eine Vielzahl ökonomischer wie auch außerökonomischer Gegebenheiten nieder, die in ihrer Gesamtheit niemals im voraus zu erfassen sind. Es kann die Kursentwicklung einer Aktie allenfalls über die Kenntnis einzelner Einflußgrößen gemutmaßt werden. Die Anlage in Aktien trägt deshalb immer (mehr oder weniger) spekulativen Charakter. Der Anleger kann viel gewinnen, aber auch viel (bis alles) verlieren! (Siehe hierzu Schaubild III, 1.)

Dieses *Anlagerisikos* sollte sich jeder Anleger (insbesondere bei kurz- und mittelfristigen Engagements!) immer bewußt sein. Ihm (dem Risiko) kann in gewissem Umfang durch eine Streuung der Aktienanlage (Risikostreuung), das heißt durch den Kauf von Aktien verschiedener Unternehmen (Diversifikation) beziehungsweise von Unternehmen verschiedener Branchen (Branchenmix) oder auch verschiedener Länder* begegnet werden.

---

* Ausländische Aktien, die an deutschen Börsen gehandelt werden, unterliegen der gleichen Handhabung wie deutsche Aktien. Ausländische Aktien, die nur an ausländischen Börsen gehandelt werden, sind für Kleinanleger nicht zu empfehlen.

Entwicklung der Aktienkurse in Deutschland (DAX)

Auch nach der „Technologie-Blase" und den Terroranschlägen wurden die starken Korrekturen an den Aktienmärkten innerhalb von 5 Jahren wieder wett gemacht. UniGlobal erzielte eine Performance von 73,69 Prozent.

Januar 2008 Subprime-Krise USA

April 2000 Technologie-Blase platzt

Sept. 2001 Terroranschlag WTC NY

•Die Russland-Krise im Jahr 1998 wurde innerhalb von ein paar Monaten beendet. Anleger im UniGlobal wurden anschließend mit einem Plus von 62,40 Prozent honoriert.

August 1998 Schuldenkrise Russland

Sept. 2008 Finanzmarkt-Krise

•Nach der Asienkrise im Jahr 1997 erholten sich die Aktienmärkte innerhalb nur eines Jahres. UniGlobal-Anleger schlossen diesen Zeitraum mit einem Plus von 22,27 Prozent.

September 1987 Börsencrash USA ("Schwarzer Montag")

Oktober 1997 Asienkrise

April 1982 Falklandkrise

August 91 Russland-Crash (Putsch gegen Gorbatschow)

August 1983 Lateinamerikanische Schuldenkrise

Quelle: Union Investment

Übersicht III, 1

Um von Kursstürzen nicht überrollt zu werden, empfiehlt es sich, für die einzelnen Papiere sogenannte *Stop-loss-Marken* (d. s. Kursuntergrenzen) festzulegen, um sie (die Aktien) bei Erreichen dieser Marken zu verkaufen beziehungsweise (nach vorheriger Stop-loss-Order) durch die depotführende Bank verkaufen zu lassen. Auf welchem Kursniveau diese Untergrenzen jeweils anzusetzen sind, kann nicht generell gesagt werden. Die Entscheidung darüber wird nicht nur von der persönlichen Risikobereitschaft des Anlegers, sondern auch von der Schwankungsbreite der jeweiligen Aktie abhängen.

Seit 1. 1. 2009 unterliegen Dividenden wie auch Kursgewinne von Aktien der 25-prozentigen Abgeltungsteuer (§ 20 Abs. 1 Satz 1 Einkommensteuergesetz). Siehe hierzu ausführlich unter X.

Komprimierte Informationen zum Börsengeschehen kann der Aktienanleger über die diversen **Aktienindizes** beziehen.

Die am 1. 1. 2003 in Kraft getretene geänderte Börsenordnung hat den deutschen Aktienmarkt neu segmentiert. Die beiden zentralen Elemente der Frankfurter Wertpapierbörse (FWB, Deutsche Börse AG) sind danach der Prime Standard und der General Standard. Unternehmen im **General Standard** erfüllen die gesetzlichen Anforderungen wie Jahresbericht (Halbjahresbericht) und Ad-hoc-Mitteilungen in deutscher Sprache. Im **Prime Standard** gelistete Unternehmen erfüllen zusätzliche internationale Berichtspflichten: Quartalsberichte, Berichterstattung nach internationalen Rechnungslegungsstandards, Veröffentlichung eines Unternehmenskalenders, mindestens eine Analystenkonferenz pro Jahr, Ad-hoc-Mitteilungen in deutscher wie auch in englischer Sprache. Die Zulassung zum Prime Standard ist eine der Voraussetzungen für die Aufnahme von Unternehmen in die

Auswahlindizes DAX, MDAX, SDAX und TecDAX. Sowohl Prime als auch General Standard stehen inländischen wie auch ausländischen Unternehmen offen.

Alle Aktienindizes sind kapitalgewichtet und werden als Kurs- und Performance-Indizes berechnet. Die wichtigsten Auswahlkriterien für die Aufnahme und den Verbleib eines Unternehmens in einen/einem Index der FWB sind die Marktkapitalisierung des Streubesitzes sowie der Orderbuchumsatz. Über die Zusammensetzung der Indizes entscheidet der Vorstand der Deutschen Börse.

Die Aktienindizes lassen sich einteilen in Auswahlindizes und Benchmarkindizes.

DAX   Stand: 6.4.2009

Unternehmen	Marktkapitalisierung in Mio €	Gewichtung
ADIDAS	5.236,53	1,31%
ALLIANZ	32.307,00	8,08%
BASF	23.843,71	5,96%
BMW	8.718,14	2,18%
BAYER	27.913,86	6,98%
BEIERSDORF	2.795,39	0,70%
COMMERZBANK	2.913,31	0,73%
DAIMLER	20.159,40	5,04%
DEUTSCHE BANK	19.664,44	4,92%
DEUTSCHE BOERSE	9.321,00	2,33%
DEUTSCHE POST	7.436,35	1,86%
DEUTSCHE TELEKOM	28.089,91	7,02%
E.ON	39.008,43	9,75%
FRESENIUS MEDICAL CARE	5.220,69	1,31%
FRESENIUS	2.724,13	0,68%
HANNOVER RÜCK	1.551,86	0,39%
HENKEL	3.807,34	0,95%
K+S	4.889,13	1,22%
LINDE	9.223,12	2,31%
LUFTHANSA	4.148,91	1,04%
MAN	3.914,38	0,98%
MERCK	4.307,00	1,08%
METRO	3.233,38	0,81%
MÜNCHENER RÜCK	19.369,14	4,84%
RWE	21.363,69	5,34%
SALZGITTER	1.880,81	0,47%
SAP	23.145,37	5,79%
SIEMENS	38.176,00	9,54%
THYSSENKRUPP	5.222,13	1,31%
VOLKSWAGEN	20.379,24	5,10%
		100%

Quelle: Deutsche Börse

Übersicht III, 2

Zu den **Auswahlindizes** gehören: In erster Linie der seit 1988 bestehende Deutsche Aktienindex **DAX**, der die hinsichtlich Börsenumsatz und Marktkapitalisierung 30 größten deutschen Unternehmen (Blue-chips) erfaßt. (Siehe Schaubilder III, 2, III, 3, III, 4.) Der DAX gilt als Indikator für die Entwicklung der deutschen Volkswirtschaft und wird vielfach als Underlying (z. B. für Terminmarktprodukte) verwendet. Die DAX-Zusammensetzung wird jährlich überprüft und der Index börsentäglich fortlaufend berechnet und ausgewiesen.

DAX / DE0008469008.INX / (mtl.) 15.1.09
Schluss 4.336,73 / Hoch 8.067,32 (28.12.07) / Tief 2.423,87 (31.3.03)

(c) Copyright DZ BANK AG

Übersicht III, 3

Unterhalb des DAX unterscheidet die Deutsche Börse nach klassischen Branchen (MDAX, SDAX) und Technologiebranchen (TecDAX).

Der **MDAX** enthält Werte von 50 Unternehmen aus klassischen Branchen, die den im DAX notierten Unternehmen hinsichtlich Marktkapitalisierung und Börsenumsatz nachgeordnet sind (Midcaps). Der Index wird börsentäglich fortlaufend notiert. Seine Zusammensetzung wird halbjährlich überprüft.

DAX / DE0008469008.INX / (mtl.) 15.1.09

Schluss 4.336,73 / Hoch 8.067,32 (28.12.07) / Tief 2.423,87 (31.3.03)

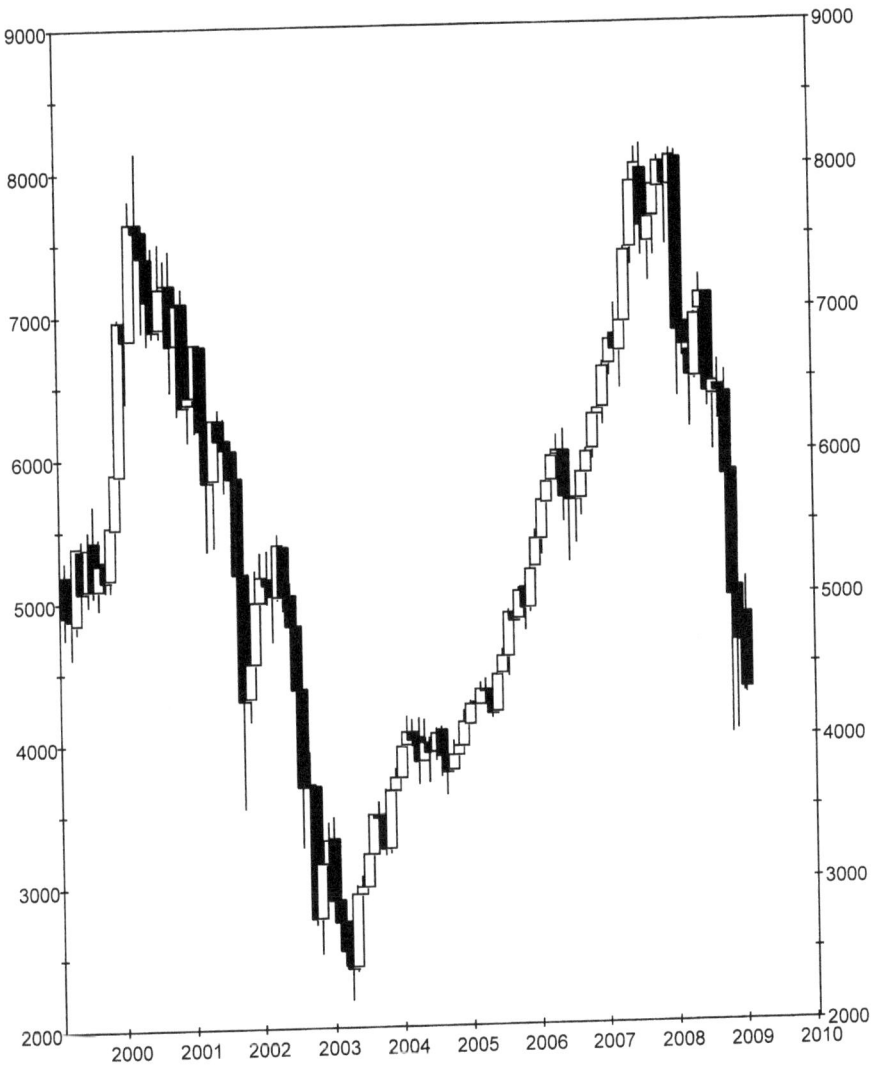

(c) Copyright DZ BANK AG

Übersicht III, 4

Der **SDAX** ist Auswahlindex für 50 kleinere klassische Unternehmen (Smallcaps) unterhalb des MDAX. Er wird börsentäglich fortlaufend notiert. Seine Zusammensetzung wird vierteljährlich überprüft.

Der **TecDAX** bildet die Entwicklung der 30 größten (etablierten) Technologieunternehmen unterhalb des DAX ab. Er wird börsentäglich fortlaufend notiert. Seine Zusammensetzung wird halbjährlich überprüft.

Erweiterte Auswahlindizes sind der HDAX und der Midcap Market Index.

Der **HDAX** faßt die Werte aller 110 Unternehmen aus den Auswahlindizes DAX, MDAX und TecDAX zusammen. Er stellt damit einen gegenüber dem DAX verbreiterten, branchenübergreifenden Index der größten Werte aus dem Prime Standard dar.

Der **Midcap Market Index** bildet die 80 Werte von MDAX und TecDAX ab und mißt damit die Entwicklung mittelständischer Unternehmen.

Beide erweiterten Auswahlindizes werden börsentäglich fortlaufend notiert. Ihre Zusammensetzung wird halbjährlich angepaßt.

Die **Benchmark-Indizes** sind im Vergleich zu den Auswahlindizes breiter angelegt und damit vor allem auf die Bedürfnisse von Kapitalanlagegesellschaften zugeschnitten. Sie subsumieren im einzelnen die nachfolgend genannten Indizes:

Der **Technology All Share-Index** setzt sich aus Werten von Unternehmen aus Technologiebranchen unterhalb des DAX zusammen, das heißt aus TecDAX und den übrigen Technologiewerten des Prime Standard.

Der **Classic All Share-Index** vereint Werte von Unternehmen aus den klassischen Branchen unterhalb des DAX, das heißt aus MDAX, SDAX und den klassischen Werten des Prime Standard.

Der **Prime All Share-Index** reflektiert die Entwicklung des gesamten Prime Standard. Er umfaßt 18 Branchenindizes.

Im **CDAX** werden alle inländischen Unternehmen aus den Marktsegmenten Prime und General Standard erfaßt. Er präsentiert die Gesamtheit der an der FWB gelisteten Unternehmen.

Für *Europa* erfaßt der **Dow Jones STOXX 50** die 50 wichtigsten Aktiengesellschaften sowie der **Dow Jones STOXX** cirka 600 Unternehmen. Im *Euroland* werden die 50 wichtigsten Aktienwerte durch den **Dow Jones EURO STOXX 50** repräsentiert. In *Frankreich* erfaßt der **CAC 40** die 40 wichtigsten Aktiengesellschaften. In *Großbritannien* ist es für die wichtigsten 100 Aktiengesellschaften der **FTSE 100**.

Der wohl bekannteste Aktienindex ist der in den *USA* die 30 wichtigsten Aktiengesellschaften erfassende **Dow Jones 30**. (Siehe Schaubild III, 5.)

Der **S & P 500** (Standard & Poor's 500 Stock-Index) erfaßt dort die 500 wichtigsten Unternehmen.

Mehr als 3000 Werte von Finanzinstrumenten, die an den organisierten Börsen der Vereinigten Staaten nicht zugelassen sind (Over the Counter Market [OTC-Market]) erfaßt der **NASDAQ** (Composite-Index), der auch einen Ableger in Deutschland (**NASDAQ Deutschland**) für amerikanische und deutsche Werte unterhält.

Der wichtigste Aktienindex der Börse von *Tokio* mit 225 Aktien First section ist der **Nikkei-Index**.

DOW JONES INDUSTRIAL - USA / XC0009694206.INX / (mtl.) 15.1.09
Schluss 8.212,49 / Hoch 13.930,01 (31.10.07) / Tief 7.591,93 (30.9.02)

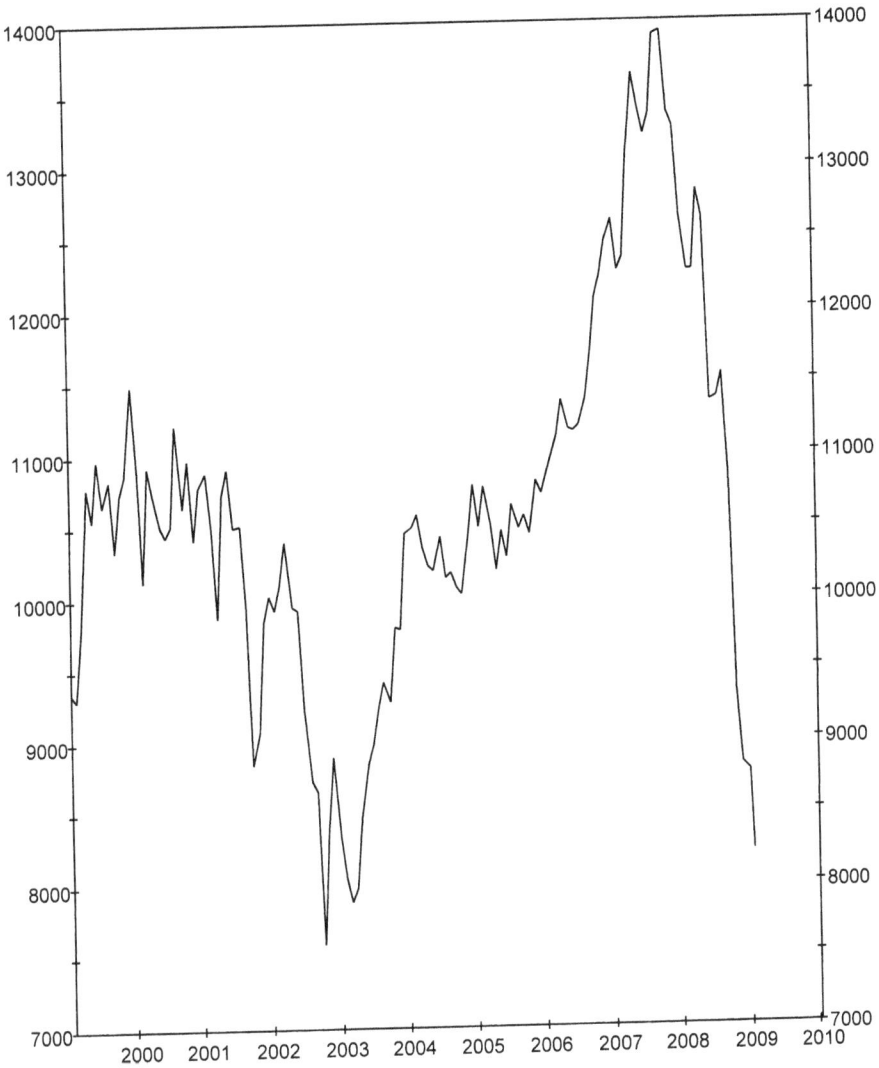

(c) Copyright DZ BANK AG

Übersicht III, 5

Es ist wichtig, sich darüber im klaren zu sein, daß Indexwerte immer nur Durch-
schnittswerte widerspiegeln. So kann es nicht verwundern, daß einzelne Aktienwerte erheblich, positiv wie auch negativ, von diesen Mittelwerten abweichen können.

Als Entscheidungshilfen für den Kauf wie auch Verkauf von Aktien werden häufig
Aktienkennzahlen herangezogen.

Eine elementare Kennzahl für den Kauf oder Verkauf einer Aktie ergibt sich aus deren **Kurs-Gewinn-Verhältnis** (KGV). Das KGV ist definiert als aktueller Kurs der Aktie dividiert durch den (geschätzten) Gewinn pro Aktie. Es gibt an, wie oft der Gewinn pro Aktie im Aktienkurs enthalten ist. Niedrige Werte gelten als positiv. In Deutschland werden Aktien mit einem KGV bis zu 18 als preiswert eingestuft. Aktien mit einem KGV von 20 und darüber gelten als teuer. Faustregel: KGV < 18 kaufen; KGV > 20 verkaufen! Hat beispielsweise eine Aktie einen Kurs von 100 Euro und verspricht einen Gewinn von 6 Euro, so ist ihr KGV 16,67. Ihr Kauf hätte als attraktiv zu gelten.

Auch die sogenannte „**relative Stärke**" einer Aktie wird als Kennzahl für deren Kauf oder Verkauf herangezogen. Als „relative Stärke" wird die von einer Aktie innerhalb einer bestimmten Zeitspanne im Vergleich zu anderen Aktien realisierte positive Kursentwicklung umschrieben. Diese Zeitspanne kann unterschiedlich fixiert sein. So ließe sich beispielsweise eine Top-20-Liste für diejenigen Aktien aufstellen, die innerhalb der letzten sechs Monate die steilste Kursentwicklung hatten. Eine solcherart festgestellte „relative Stärke" darf keinesfalls dazu verführen, die positive Kursentwicklung einer Aktie in die Zukunft zu extrapolieren. Die „relative Stärke" einer Aktie besagt allein etwas über deren Entwicklung innerhalb einer bestimmten zurückliegenden Zeitspanne. Eine positive Entwicklung in der Vergangenheit kann allerdings – unter gewissen Vorbehalten – als eine Ermunterung zum Kauf gesehen werden ebenso wie eine negative Entwicklung in der Vergangenheit – unter gewissen Vorbehalten – den (noch rechtzeitigen) Verkauf eines Papieres nahelegen kann.

Schließlich kann auch die **Dividendenrendite** als Kennzahl für den Kauf oder Verkauf einer Aktie herangezogen werden. Sie markiert das Verhältnis zwischen ausgeschütteter Dividende pro Aktie und deren Kurs (Dividende × 100 dividiert durch den Kurs der Aktie).

Zur Kennzeichnung des mit der Anlage in einer bestimmten Aktie verbundenen Risikos (*Risikokennziffer*) wird gerne die **Volatilität** des betreffenden Papieres genannt. Die Volatilität markiert die Schwankungsbreite, mit der der Kurs einer Aktie auf Veränderungen am Kapitalmarkt (z. B. auf Veränderungen des Zinses oder bestimmter Indizes) reagiert. Je größer die Volatilität, desto größer sind die Kursrisiken, aber auch die Kurschancen! Die Volatilität wird mittels einer Formel errechnet und in einem Prozentsatz ausgedrückt. Für jede im DAX erfaßte Aktie wie auch für den DAX selbst wird börsentäglich die durchschnittliche Schwankung der Tagesrendite der letzten 30 (30-Tage-Volatilität) und 250 Tage (250-Tage-Volatilität) ermittelt. Eine Volatilität von unter 15 % signalisiert im Verständnis dieser Kennzahl eine relativ hohe *Sicherheit* des Papiers. Über dieser Marke wächst dessen relative Unsicherheit. Wer die Sicherheit sucht, sollte in Aktien mit einer Volatilität unter 15 % anlegen. Wer nach höheren Kursgewinnen trachtet und dafür auch ein höheres Risiko einzugehen bereit ist, kann sich in Aktien mit einer Volatilität von über 15 % engagieren.

Eine Ergänzung erfährt die Risikokennziffer „Volatilität" durch den **Beta-Faktor**. Ähnlich wie die Volatilität bringt er zum Ausdruck, wie empfindlich die betreffende Aktie auf Veränderungen am Kapitalmarkt reagiert (*Kursschwankungspotential*). Der Beta-Faktor wird mittels Computeranalysen gewonnen und durch Kennzahlen von < 1 bis > 1 ausgedrückt. Kleiner 1 bedeutet, daß der Kurs der betreffenden Aktie geringer schwankt als der Gesamtmarkt; 1 bedeutet, daß der Kurs der betreffenden Aktie sich in gleichem Maße wie der Gesamtmarkt bewegt; größer 1 be-

deutet, daß der Kurs der betreffenden Aktie stärkeren Ausschlägen als der Gesamtmarkt unterliegt und deshalb volatil ist. – Die aus diesen Signalen abzuleitende
Faustregel für den Anleger könnte wie folgt gefaßt werden: Wer mehr auf *Sicherheit*
der Anlage setzt, sollte in Aktien mit einem Beta-Faktor < 1 gehen; wer eher die
risikobehaftete *Chance* sucht, der kann sich Aktien mit einem Beta-Faktor > 1
zuwenden. Hier gilt es aber dann ständig auf der Hut zu sein, um auch die Kursausschläge nach oben als Gewinnmitnahmen zu realisieren.

DEUTSCHE BANK / DE0005140008.EDE / EUR / (mtl.) 15.1.09
Schluss 20,76 / Hoch 113,30 (30.4.07) / Tief 20,76 (15.1.09)

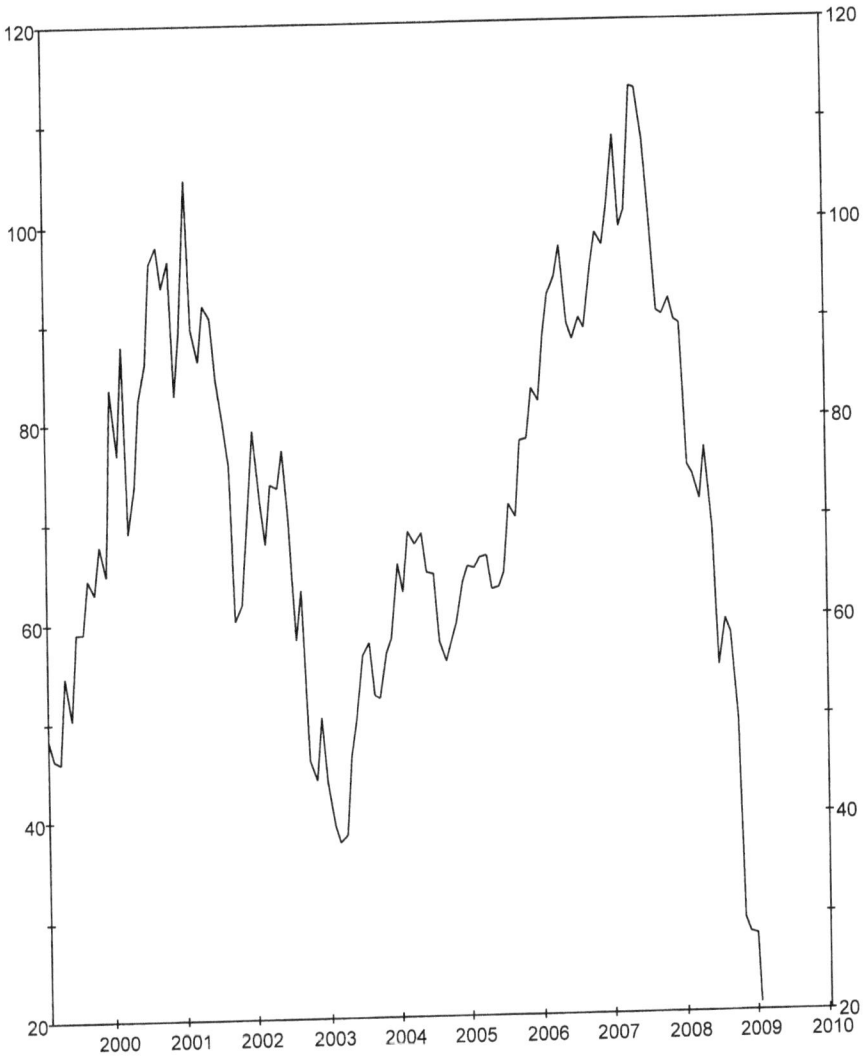

(c) Copyright DZ BANK AG

Übersicht III, 6

Zur Verdeutlichung von (Aktien-)Kursentwicklungen in der Vergangenheit werden diese gerne in sogenannten **Charts** grafisch erfaßt. (Siehe hierzu Schaubilder III, 6 u. III, 7.) Aus ihrem Verlauf versucht man auf zukünftige Kursentwicklungen zu schließen. Solchen Rückschlüssen ist allerdings mit höchster Vorsicht zu begegnen. Sie können allenfalls (mehr oder minder große) Wahrscheinlichkeiten umschreiben, niemals aber verläßliche Vorgaben dekuvrieren.

VOLKSWAGEN / DE0007664005.EDE / EUR / (mtl.) 15.1.09
Schluss 241,75 / Hoch 499,50 (31.10.08) / Tief 29,20 (31.3.03)

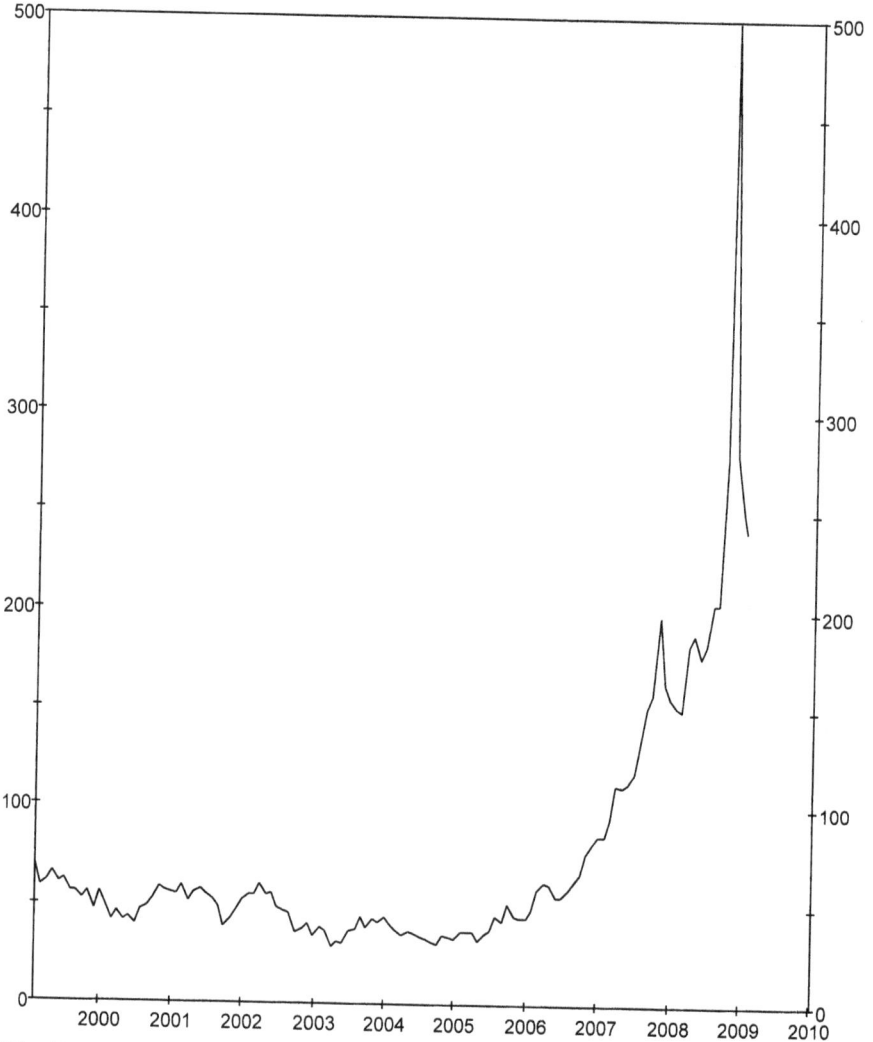

(c) Copyright DZ BANK AG

Übersicht III, 7

Eine Anlage in Aktien unter Zurateziehung der vorgestellten Kennziffern und Charts kann das mit dieser Anlage *untrennbar verbundene Risiko* wohl niemals aufheben, allenfalls mindern. Wer in Aktien geht, sollte sich deshalb auch immer einen teilweisen bis ganzen Wertverlust leisten können, ohne sich dadurch finanziell zu ruinieren. Die letzten (nicht allzu fernen) Börsen-Crashs von 1987, 1989 sowie 2001/2002 wie auch 2008/2009 sollten nicht übersehen oder gar verdrängt werden.

Abschließend läßt sich die Anlage in Aktien wie folgt beurteilen: Gemeinhin ist sie gewinnträchtiger (Dividende entsprechend dem Unternehmensgewinn, mögliche Kursgewinne) als Termineinlagen oder Anleihen. Im Gegensatz zu Termineinlagen oder Anleihen setzen Aktien auf Seiten des Anlegers aber nicht nur eine gewisse Risikobereitschaft voraus, sondern gleichzeitig auch eine auf einschlägige(s) Wissen und Informationen gründende Bereitschaft, sich ständig umsichtig um die Anlage zu kümmern und erforderlich erscheinende Käufe und Verkäufe zu veranlassen. Wer sich dieses Risiko nicht leisten kann, über das erforderliche Wissen und die einschlägigen Informationen nicht verfügt und wer außerdem nicht die Zeit hat, dieses Wissen und diese Informationen umzusetzen, sollte sich nicht in Aktien engagieren.

Die Deutsche Börse in Frankfurt bietet ihren Teilnehmern im In- und Ausland das elektronische Handelssystem **XETRA** (**E**xchange **E**lectronic **Tra**ding). Mit ihm erhalten alle Marktteilnehmer in der Europäischen Union und der Schweiz einen dezentralen Marktzugang in einem offenen Orderbuch (von $9^{00}-17^{30}$ Uhr MEZ). Nach der Schlußauktion berechnet die Deutsche Börse AG den L-DAX (Late DAX). Er ist ein Indikator für die Wertentwicklung des DAX nach XETRA Handelsschluß. Basis ist der Parketthandel der Frankfurter Börse. Der L-DAX wird börsentäglich zwischen 17^{45} und 20^{00} Uhr MEZ berechnet.

2 Aktienfonds

Aktienfonds sind von Investmentgesellschaften (Kapitalanlagegesellschaften)[1] gebildete und verwaltete Sondervermögen (Fonds) von Aktien, über die an Geldanleger Anteilscheine (Fondsanteilscheine), sogenannte Investmentzertifikate, ausgegeben werden. Diese Investmentzertifikate verbriefen dem Anleger ein Miteigentumsrecht zu Bruchteilen an diesem Sondervermögen. Gesetzliche Grundlage dieser Investmentkonstruktion ist das Gesetz über Kapitalanlagegesellschaften (KAGG).

Der Verkauf dieser Fondsanteile erfolgt gewöhnlich (stückelos, d. h. unverbrieft) über die Banken und Sparkassen. Ihr Ausgabepreis wird in der Regel börsentäglich ermittelt und liegt meist zwischen 3 und 5 Prozent über ihrem Rücknahmepreis. – Bei den seltener anzutreffenden Netto-Investmentanteilen, bei denen der Ausgabepreis gleich dem Rücknahmepreis ist, werden von der sie verwaltenden Fondsgesellschaft höhere Verwaltungsgebühren (zwischen 1,37–1,5 % gegenüber 0,5–1 %) berechnet.

Die Risiken der (im vorausgegangenen Kapitel beschriebenen) Anlage in einer bestimmten einzelnen Aktie (Einzelanlage) werden hier durch Anlage des Fondskapitals in einer Vielzahl von verschiedenen Aktien[2] (und die damit verbundene

---

[1] Kapitalanlagegesellschaften sind Kreditinstitute im Sinne des § 1 Kreditwesengesetz und unterliegen damit der Bankenaufsicht.

Risikostreuung) beträchtlich abgemildert. Entsprechend den Anlagevorgaben (den Anlagezielen, Anlageabsichten) und den damit verbundenen Anlagephilosophien lassen sich für Aktienfonds im wesentlichen zwei Einteilungskriterien ausmachen: die Anlageländer und die Anlageschwerpunkte.

Nach den *Anlageländern* lassen sich unterscheiden:

Deutsche Aktienfonds: In diese Fonds werden nur deutsche Aktien aufgenommen.

Länderfonds: Die Anlage des Fondsvermögens erfolgt in Aktien *eines* bestimmten Landes (z. B. Frankreich, Großbritannien, Japan).

Internationale Fonds: Sie streuen ihre Investments über verschiedene Länder.

Regionale und **Hemisphärenfonds:** Ihr Fondsvermögen setzt sich aus Werten bestimmter Regionen (z. B. Europa, Nordamerika, Asien) oder Hemisphären (z. B. asiatisch-pazifischer Raum, nordatlantischer Raum) zusammen.

Schwellenländer- oder **Emerging Market-Fonds** plazieren ihre Anlagen ausschließlich in Schwellenländern (z. B. Brasilien, Mexiko, Korea, Türkei).

Nach den *Anlageschwerpunkten* lassen sich unterscheiden:

Standardwertefonds: In diese Fonds werden die nach Expertenmeinung besten und sichersten (so z. B. in Deutschland ein Großteil der im DAX erfaßten) Aktien (sog. Blue-Chips[1]) aufgenommen. Neben den Blue-Chips werden auch andere, attraktiv erscheinende Aktien (sog. Nebenwerte) eingekauft. In welchem Verhältnis die Blue-Chips und die Nebenwerte gehalten werden, bestimmt sich nach der Anlagephilosophie des jeweiligen Fonds. Die einen (Fonds) trachten mehr, die anderen weniger danach, in (im Vergleich zu Blue-Chips) wesentlich stärker volatilen Nebenwerten ihren Gewinn zu realisieren.

Branchenfonds: Sie legen ihr Vermögen schwerpunktmäßig in Aktien bestimmter Branchen (z. B. Banken u. Versicherungen, Technologie, Rohstoffe) an. Die Investments können national, international oder auch regional erfolgen. Mit der Konzentration des Anlagekapitals auf Werte bestimmter Branchen sind diese Fonds mit einem relativ hohen *Risiko* belastet.

Indexfonds: Sie orientieren sich mit der Plazierung ihres Fondsvermögens an der Rekrutierung bestimmter Aktienindizes. Ein aktives Fondsmanagement erübrigt sich damit weitgehend. Die Gewinne und Verluste solcher Fonds spiegeln den betreffenden Aktienindex und damit auch die durchschnittliche Wertentwicklung der jeweiligen Marktsegmente wider. (Die Verwaltungsgebühren bei Indexfonds sind i.d.R. deutlich niedriger als bei aktiven Fonds.)

Indexaktien (Exchange Traded Funds): Hier handelt es sich um börsennotierte[2] Aktienfonds, die einen bestimmten Index nachbauen und damit – ähnlich wie die Indexfonds – nicht aktiv gemanagt werden. Die Anteile kosten jeweils ein Hundertstel des aktuellen Indexstandes. (Steht beispielsweise der EURO STOXX 50 bei 2500 Punkten, kostet die ihm nachgebildete Indexaktie 25 Euro.) Indexaktien werden nicht über die sie auflegenden Fondsgesellschaften, sondern über die Börse gehandelt.

---

[2] Einschränkend zu dieser Feststellung gilt es zu wissen, daß die Fonds in der Regel zwischen 10 und 30 Prozent des Anlagekapitals als Ausgleichsposition zum Verlustpotential der Aktien in Anleihen oder Festgeldern halten.

[1] Ein aus den USA stammender Ausdruck, der für die (nach Expertenmeinung) besten und sichersten Aktien der jeweiligen Branche steht.

[2] Siehe Fußnote zu II, 2.16.3 auf S. 63.

Im Vergleich zu den Indexfonds sind die Kosten von Indexaktien meist niedriger. Für sie wird in der Regel lediglich eine Verwaltungspauschale von 0,5 Prozent pro Jahr erhoben; ein Ausgabeaufschlag wird nicht verlangt. Es ist allerdings zu beachten, daß bei kleinen Anlagebeträgen oder Sparplänen die herkömmlichen Indexfonds wiederum günstiger sind, da die Banken für den Kauf von Aktien (Die Anlage in Indexaktien wird von diesen wie eine normale Aktienorder abgewickelt!) Mindestgebühren in Rechnung stellen! (Wenn die Bank beispielsweise eine Mindestgebühr von 25 Euro verlangt, bedeutet dies bei einem Auftrag im Wert von 250 Euro 10 v. H.!) Wer in Indexaktien investiert, sollte mindestens 2500 Euro anlegen!

Die auf die einzelnen Aktien entfallenden Dividenden werden an die Anleger weitergegeben!

Small-Capital-Fonds: Die Investments konzentrieren sich auf Aktien von Unternehmen kleiner und mittlerer Größe, das heißt auf kleinere Nebenwerte. Diese Anlagephilosophie versucht abseits der Anlage-Mainstreams Treffer zu landen und damit (im Vergleich zum Hauptmarkt) überdurchschnittliche Gewinne zu realisieren. Dieses Trachten ist gegenüber Standardaktien mit einem erheblich höheren *Risiko* belastet. – Small-Capital-Fonds ist von bescheidenen Privatanlegern mit äußerster Zurückhaltung zu begegnen. Fondsanteile von ihnen eignen sich allenfalls zur Abrundung eines breitangelegten Portefeuilles.

Venture-Capital-Fonds: Diese Fonds kaprizieren sich auf junge Unternehmen und nehmen das mit diesen verbundene hohe *Risiko* in der Hoffnung auf attraktive Gewinne bewußt in Kauf (Wagnisfinanzierung!). Von einer Anlage in solchen Papieren ist für den Kleinanleger nachdrücklich abzuraten!

Turn-around-Fonds: Sie investieren in Aktien kleiner – nach ihrer Einschätzung – an der Börse unterbewerteter Unternehmen, die aufgrund erwarteter Innovationen oder vermuteter Allianzen (Zusammenschlüsse, Kooperationen) mit anderen Unternehmen Kursgewinne erwarten lassen. – Auch diese Fondsphilosophie ist hoch spekulativ. Eine Anlage in Turn-around-Fonds ist deshalb mit hohem *Risiko* behaftet.

Die hier vorgestellten Fondskonzeptionen zeigen lediglich Grundmuster von Aktienfonds. Es bleibt der Phantasie und dem anlagepolitischen Gespür der (Aktien-) Investmentgesellschaften überlassen, neue attraktive Fondskonzeptionen zu entwickeln oder alte zu modifizieren!

Um den – insbesondere in Deutschland immer noch beachtlichen – risikobedingten Anlagevorbehalten der potentiellen Anleger zu begegnen, bieten eine Reihe von Investmentgesellschaften **Aktienfonds mit Risikobegrenzung** (sog. Absicherungsfonds) an. Die von den einzelnen Fondsgesellschaften gewährten Risikobegrenzungen sind dabei recht unterschiedlich. So werden Kursverlustbegrenzungen (z. B. auf 5 Prozent pro Jahr) angeboten. Oder es werden Kursverluste ausgeschlossen und gleichzeitig ein Mindestertrag garantiert. Auch werden Mindestrücknahmepreise zugesichert. Diese Risikobegrenzungen werden dem (risikoscheuen) Anleger allerdings zu recht beachtlichen Kosten in Rechnung gestellt und mindern so den möglichen Ertrag.

Ähnlich wie beim Kauf/Verkauf von Aktien stehen dem Anleger auch beim Kauf/ Verkauf von (Aktienfonds-)Anteilscheinen gewisse Entscheidungshilfen in Form von Kennzahlen zur Verfügung. Sie können ihm – insbesondere hinsichtlich des Vergleichs zwischen einzelnen Fonds – wertvolle Dienste leisten.

Wichtigste **Aktienfondskennzahl** ist die **Performance**, das heißt die Wertentwicklung
des Fonds aufgrund der Kurssteigerungen seines Anlagekapitals sowie der aus
diesem in ihn einfließenden Dividenden (aus den Aktien) und Zinsen (aus den
Anleihen und Festgeldern), wobei die Wiederanlage (Thesaurierung) sämtlicher
Ausschüttungen angenommen wird. – Leider ist die Performanceberechnung in
Deutschland noch nicht hinreichend standardisiert, so daß jedes Finanzanalyse-
institut zu anderen Ergebnissen gelangt. So lassen die einen die Kosten der Anlage,
wie Ausgabeaufschlag (in der Regel einmalig zwischen 3 und 5 Prozent) und Gebühren (jährliche Depotgebühren bis zu 0,25 Prozent des Kurswertes, für Verwaltung cirka 1 bis 1,5 Prozent des Fondsanteils) unberücksichtigt, während andere
die Wertentwicklung unter Abzug der dem Anleger entstehenden Kosten sowie
etwaiger für diesen anfallender Steuern auf die Fondserträge in Ansatz bringen.
Auch differieren häufig die Anlagezeiträume, die die Analysten ihren Berechnungen
unterstellen.

Gemeinsame Basis der meisten Performance-Berechnungen sind die diesbezüglichen Daten des Bundesverbandes deutscher Investmentgesellschaften (BVI), die
dieser monatlich veröffentlicht. Bei dieser Berechnung der Wertentwicklung eines
(Fonds-)Anteilscheines im Verlauf der betrachteten Anlagedauer werden der Ausgabeaufschlag, eventuelle Rücknahmespesen, Depot- oder Kontoführungsgebühren *nicht* berücksichtigt. Allein die Management- und Depotbankgebühren sowie
die von der Fondsgesellschaft für die Wertpapiere selbst gezahlten An- und Verkaufsspesen werden in Ansatz gebracht. Sämtliche auf den Anteilschein entfallenden Ausschüttungen (einschließlich der Steuergutschriften) werden – ohne Berücksichtigung eventuell entstehender Wiederanlagekosten – als Wiederanlage behandelt. – Diese Wertentwicklungsberechnung gibt nicht den tatsächlichen Wertzuwachs wieder. Der tatsächliche Wertzuwachs kann nur über eine Performanceberechnung ermittelt werden, die die Ausgabeaufschläge berücksichtigt und vom Net-
toanlagebetrag ausgeht. Eine solche Berechnungsweise erlaubt es dem Anleger
dann auch, Aktienfonds untereinander und mit anderen Anlageformen zu vergleichen.

Wie gut auch immer sich die Performance eines Aktienfonds präsentieren mag,
es darf bei ihrer Wertung nicht vergessen werden, daß sie Vergangenheitswerte
reflektiert, die sich nicht in die Zukunft extrapolieren lassen. Märkte, Branchen,
Regionen können sehr rasch Veränderungen unterliegen und als Grundlage wirtschaftlichen Erfolges entfallen.

Wie bei den Aktien wird auch bei den Aktienfonds die **Volatilität*** gerne als Entscheidungshilfe für den Kauf oder Verkauf von Anteilscheinen herangezogen.
Fonds mit einer Schwankungsbreite unter 15 % signalisieren im Verständnis dieser
Kennzahl eine relativ hohe Sicherheit. Über dieser Marke wächst die relative Unsicherheit der Anlage. Wer die Sicherheit sucht, sollte in Fonds mit einer Volatilität
unter 15 % anlegen. Wer nach höheren Kursgewinnen trachtet und dafür auch
ein höheres *Risiko* einzugehen bereit ist, kann sich in Fonds mit einer Volatilität
von über 15 % engagieren.

Auch die **Ergebniskonstanz** eines Fonds kann vom Anleger als Entscheidungshilfe
herangezogen werden. Eine in vergleichbaren Jahren ähnlich verlaufende Wertentwicklung gilt als Anzeichen einer gewissen Solidität, während sprunghafte Wertzuwächse eher auf risikofreudiges Fondsmanagement schließen lassen.

---

* Siehe hierzu die Ausführungen unter III, 1., S. 90.

Ein nicht unbedeutendes Entscheidungskriterium kann sich in der relativen – auf den speziellen Anlagemarkt bezogenen – **Größe des Fonds** offenbaren. Je enger der betreffende Anlagemarkt, desto zurückhaltender sollten die Engagements der Investmentgesellschaften sein, um nicht bei fälligen Umschichtungen des Fondskapitals die Börsenkurse zum eigenen Nachteil zu beeinflussen. So sollten Fonds, die in mittelgroße Gesellschaften investieren, europaweit ein Fondsvolumen von 30–60 Millionen Euro nicht überschreiten. Für Investitionen in kleine Gesellschaften läge dieses Limit bereits bei 20 Millionen Euro.

Grundsätzlich sollte bei der Anlage in Aktienfonds folgendes beachtet werden:
– Das Engagement sollte langfristig eingegangen werden, da das Verlustrisiko auf kurze Zeitdistanz zu groß ist.
– Bei langfristiger Anlage verliert die Wahl des Einstiegzeitpunktes (der sowieso nur mit viel Glück zu optimieren ist!) an Bedeutung.
– Besonderes Interesse verdient die Auswahl des Fonds. Zurückhaltung empfiehlt sich gegenüber jungen Fonds (weniger als 10 Jahre am Markt), die keine oder nur sehr begrenzte Vergleiche mit anderen Fonds zulassen.
– Bei ausländischen Fonds (außerhalb des Eurolandes) sind eventuelle *Währungsrisiken* mit ins Kalkül einzubeziehen.

Für Anleger mit wenig Anlageerfahrung und einschlägiger Umsicht wie auch für solche, die den mit einer Anlagebetreuung verbundenen Zeitaufwand scheuen (sog. passive Anleger), wäre an eine professionelle **Fondsvermögensverwaltung** (in der Regel Banken) zu denken. Entsprechend der Risikobereitschaft und dem Anlageziel des Investors bietet eine solche gewöhnlich drei unterschiedliche Depotkategorien an: ein konservativ-defensives (risikoarmes) Depot für den sicherheitsorientierten Anleger, ein dynamisches Depot für den wachstumsorientierten Anleger und ein spekulatives Depot für den risikofreudigen Anleger.[1] Vor einer Realisierung dieser Möglichkeit (der Fondsvermögensverwaltung) sollten allerdings einige wichtige Fragen geklärt werden:
– Werden die Anlageobjekte sorgfältig nach Anlageländern und -branchen ausgewählt?;
– wird eine Einstiegsgebühr erhoben und gegebenenfalls in welcher Höhe?;
– werden Depotgebühren erhoben und gegebenenfalls in welcher Höhe?;
– wie hoch ist die jährliche Verwaltungsgebühr?;
– welche Kosten entstehen bei der Umschichtung von Investments?;
– wie hoch ist der Mindestanlagebetrag bei einmaliger Anlage (Einmalanlage), wie hoch sind die zu zahlenden Raten bei (Investment-)Sparplänen?;
– welche Anlagestrategien werden von der Fondsgesellschaft angeboten und wie läßt sich deren Einhaltung überprüfen?;
– zwischen welchen Fonds kann der Anleger wählen?; sind es anbieterübergreifende Fonds (d. h. Fonds verschiedener Kapitalanlagegesellschaften) oder ausschließlich Fonds der ihre Dienste anbietenden Vermögensverwaltungsgesellschaft beziehungsweise konzernabhängiger Tochtergesellschaften?;
– wie gestaltet sich die mittel- und langfristige Performance des Anbieters nach Abzug sämtlicher Gebühren und Provisionen?

Eine wertvolle Orientierung bei der Suche nach attraktiven Aktienfonds können **Fonds-Ratings** bieten. Sie versuchen auf der Grundlage der Analyse von Fondsanbietern, deren Anlagepolitik und deren Werteentwicklung von Portfolios Ein-

---

[1] Siehe hierzu und zum folgenden Rochlitz, Jürgen, Die individuelle Vermögensplanung, Frankfurt–New York 1997, S. 135f.

stufungen/Klassifizierungen und somit eine Aussage über die Investmentqualität zu treffen. Die beiden international führenden Dienstleister auf diesem Gebiet, *Standard & Poor's sowie Moody's*, bemühen sich derzeit um einschlägige Angebote für Europa.

Unter dem Aspekt der Anlageziele läßt sich ein Engagement in Aktienfonds abschließend wie folgt beurteilen:

Die *Liquidität* von Fondsanteilen ist weitgehend gewährleistet. In der Regel können sie jederzeit über die sie vertreibende Bank oder direkt an die Anlagegesellschaft zu den jeweiligen Rücknahmepreisen verkauft werden. Diese Möglichkeit kann allerdings – je nach Marktsituation – auch Verluste implizieren.

Die *Sicherheit* steht und fällt mit den das Fondsvermögen bildenden Aktien.

Die *Rentabilität* ist – in längerfristiger Betrachtung – im allgemeinen recht attraktiv.

Es gilt aber auch zu sehen, daß sich die Dividendenrendite eines durchschnittlichen Aktienfonds im Verhältnis zur Gesamtrendite (aus Kursgewinnen, Bezugsrechten, Gratisaktien, Dividendenerträgen u. a.) vergleichsweise niedrig hält.

3 Immobilien

Immobilien (unbewegliche Sachen) umfassen Grundstücke, Gebäude und Schiffe.

Geldanlagen in Immobilien können direkt (direkte Immobilienanlagen) und indirekt (indirekte Immobilienanlagen) erfolgen.

Direkte Immobilienanlagen erstrecken sich auf: Eigentumswohnungen, Einfamilienhäuser, Mehrfamilienhäuser, gemischt (wirtschaftlich) genutzte Gebäude, Gewerbebauten, Schiffe.

Indirekte Immobilienanlagen sind Beteiligungen an offenen oder geschlossenen (Immobilien-)Fonds oder diesen ähnlichen Rechtskonstruktionen.

3.1 Eigengenutzte Immobilien

Eigengenutzte Immobilien umfassen Eigentumswohnungen sowie Einfamilienhäuser (Eigenheime). Den Übergang von der eigengenutzten zur fremdgenutzten Immobilie markiert das Mehrfamilienhaus, das der Eigentümer zu einem Teil selbst bewohnt, oder das gewerblich genutzte Haus (z. B. Geschäftshaus), in dem der Eigentümer ein oder mehrere (Ober-)Geschosse selbst bewohnt (gemischt [-wirtschaftlich] genutzte Gebäude).

Zweifellos kann der Bau oder Kauf einer eigengenutzten Immobilie als eine (langfristige) Geldanlage angesehen werden. Ob es sich dabei allerdings um eine rentable Geldanlage handelt, kann nur von Fall zu Fall beurteilt werden. Während der Bau oder Kauf einer eigengenutzten Immobilie einerseits einen in der Regel nicht unerheblichen eigenen Mitteleinsatz (Sparkapital) sowie zusätzliche Fremdmittel (Bankkredite) erfordert, erspart diese dem Eigentümer ab dem Zeitpunkt ihrer Benutzungsmöglichkeit (des Einzugs) entsprechende Mietzahlungen. Ob die gesparte Miete, die in Anspruch genommenen steuerlichen Vergünstigungen und die (eventuell zu erwartenden) Wertsteigerungen der Immobilie in ihrer langfristigen

Verrechnung mit den Kapitalkosten, den laufenden Instandhaltungs-[1] und Reparaturkosten (Unterhaltungskosten) sowie dem bei anderweitiger Anlage des Eigenkapitals erwirtschafteten (somit aber entgangenen) Ertrag diese (Immobilie) zu einer *wirtschaftlich* vernünftigen Geldanlage werden lassen, läßt sich nicht im voraus sagen. Darüber kann nur die Zukunft befinden. – Die Wirtschaftlichkeit wird aber auch in der Regel nicht das einzige ausschlaggebende Kriterium für die Geldanlage in einem Eigenheim oder einer Eigentumswohnung sein! Der Wunsch nach „eigenen vier Wänden" ist – sicherlich individuell verschieden ausgeprägt – häufig stärker als die „gefühlsarme wirtschaftliche Vernunft" und impliziert nicht selten die Bereitschaft, für seine Befriedigung etwas (nämlich von dem mit einer anderweitigen Anlage des Geldes möglicherweise zu realisierenden Mehrertrag) zu „opfern". (Ob dieser immaterielle Mehrertrag dem materiellen gegenüber vorzuziehen oder nachzuordnen ist, mag jeder für sich selbst entscheiden!) Nachfolgend sollen nur noch die ökonomischen Fakten und Erwägungen interessieren!

Zunehmende Bedeutung in der persönlichen Vermögensplanung erlangt das Eigenheim respektive die Eigentumswohnung für die Altersvorsorge. Die verlockende Vorstellung, eines schönen Tages keine Miete mehr zahlen zu müssen und nach Entschuldung der Immobilie dieses Geld für andere Dinge ausgeben zu können und außerdem der Gefahr überraschender Kündigungen ein für allemal enthoben zu sein, veranlaßt immer mehr Leute, dieses Ziel langfristig ins Auge zu fassen und auf seine Erreichung hinzuarbeiten. (Siehe hierzu unter VIII, 1 „Wohn-Riester"!)

Die (über Jahrzehnte praktizierte) steuerliche Begünstigung der privaten Wohneigentumsbildung durch die sogenannte Eigenheimzulage wurde allerdings – für alle Neufälle nach dem 31. 12. 2005 – aufgehoben. Bauherren, die noch vor dem 1. 1. 2006 mit der Herstellung ihres Objektes begonnen oder einen notariellen Kaufvertrag abgeschlossen haben, können (aus Gründen des Vertrauensschutzes) die bisherige Eigenheimzulage noch über den gesamten Förderzeitraum in Anspruch nehmen. Die Eigenheimzulage bleibt ihnen damit noch insgesamt acht Jahre erhalten. – Konkret sieht das **Eigenheimzulagegesetz** (EigZulG) vom 30. 1. 1996, zuletzt geändert durch Gesetz zum 1. 1. 2004, folgendes vor: Verheiratete mit Jahreseinkünften bis 140 000 Euro und Ledige mit solchen bis 70 000 Euro (diese Grenzen erhöhen sich um jeweils 30 000 Euro für jedes kindergeldberechtigte Kind) erhalten über die Dauer von acht Jahren eine jährliche Förderung von 5 Prozent aus der Bemessungsgrundlage (d. s. die Herstellungskosten inklusive Anschaffungskosten für Grund und Boden) bis maximal 1250 Euro bei Neubauten und bei Altbauten. (Neubauten und Altbauten werden gleichermaßen gefördert.) Neben dieser Förderung wird für denselben Zeitraum pro Kind eine Zulage von 800 Euro pro Jahr gewährt. Diese Zulagen werden steuerfrei ausgezahlt.

Die Finanzierung einer selbstgenutzten Immobilie sollte gewisse Grundsätze beachten. Je höher das vorhandene Eigenkapital, desto geringer (selbstverständlich) die Belastung! Der Eigenkapitalanteil sollte deshalb 20 bis 30 Prozent nicht unterschreiten. Der Rest kann durch Hypotheken- oder sonstige langfristige Darlehen eines Kreditinstitutes und gegebenenfalls durch Bauspardarlehen einer Bauspar-

---

[1] Für Eigentumswohnungen schreibt das Wohneigentumsgesetz v. 1951, zuletzt geändert am 26. 3. 2007, in § 21 Abs. 5 Nr. 4 die Bildung einer vom Alter und dem Ausstattungsgrad derselben abhängige Instandhaltungsrückstellung vor.

kasse finanziert werden.[1] Auf jeden Fall sollte dem endgültigen Entschluß für den Bau respektive Erwerb einer Immobilie ein detaillierter Kosten- und Finanzierungsplan vorausgehen, aus dem die monatlichen Belastungen genau zu ersehen sind. Nur so kann sich ein am Bau oder Erwerb einer Immobilie Interessierter vor späteren unliebsamen Überraschungen schützen.

Eine auch weiterhin nicht außer Acht zu lassende Förderung des Baus, des Kaufs oder der Modernisierung eines Hauses wird unverändert von der KfW-Förderbank in Frankfurt am Main angeboten. Gefördert werden bis zu 30 Prozent der einschlägigen Gesamtkosten bis zu einer Höchstgrenze von 100 000 Euro zu einem im Vergleich zu den gängigen Bankdarlehen beachtlich niedrigen Zinssatz.

Abschließend läßt sich die eigengenutzte Immobilie wie folgt beurteilen: Ihr Bau/ Kauf impliziert in der Regel ein langfristiges (meist 10 bis 20 Jahre umfassendes) finanzielles Engagement. Soweit die Lage, die Qualität (Ausstattung u. Wohnkomfort) sowie die Größe und Gestaltung der Immobilie entsprechende Wertschätzung erfahren und somit Nachfrage auf sich ziehen können, dürfte diese als eine *sichere* Investition gelten. Auch ein gewisser mittel- bis langfristiger Wertzuwachs darf durchaus angenommen werden. Inwieweit allerdings ein plötzlich notwendig werdender Verkauf einen solchen Wertzuwachs zu realisieren vermag, sei dahingestellt. Es muß deshalb von einer eingeschränkten *Liquidität* ausgegangen werden.

Unbestritten bietet eine Immobilie einen guten *Inflationsschutz*, sofern ihr Werterhalt durch eine konsequente laufende Instandhaltung gesichert wird.

Die im eigenen Haus/der eigenen Wohnung nicht zu entrichtende, somit „eingesparte" Miete kann für den Immobilieneigentümer *gewissermaßen* als ein zusätzliches Einkommen und damit als ein attraktiver Beitrag zu dessen Altersversorgung angesehen werden. Auch das mit einer solchen Immobilie verbundene unkündbare Wohnrecht vermittelt für das Alter eine beruhigende Sicherheit, die abseits ökonomischer Kriterien hoch zu bewerten ist.

3.2 Fremdgenutzte Immobilien

Im Gegensatz zu eigengenutzten Immobilien sollen über fremdgenutzte Immobilien Erträge durch Vermietung oder Verpachtung erwirtschaftet werden. Fremdgenutzte Immobilien umfassen Eigentumswohnungen, Einfamilien- und Mehrfamilienhäuser, Büro- und Geschäftshäuser.

---

[1] Banken, Bausparkassen und Versicherungen bieten im wesentlichen vier Finanzierungsmodelle an. Das **erste Modell** basiert auf der klassischen Hypothek mit jährlicher Tilgung. Der Bauherr/Erwerber nimmt einen Bankkredit auf und zahlt diesen samt der auflaufenden Zinsen in gleichen Monatsraten zurück. Das **zweite Modell** gründet auf der Bausparfinanzierung. Der Bauherr/Erwerber erhält von der Bausparkasse ein Festdarlehen, für das er bis zur Zuteilung des Bausparvertrages nur Zinsen zu entrichten hat. Wird der Vertrag zugeteilt, wird das Festdarlehen als Annuitätenkredit in gleichen Monatsraten zurückgezahlt. Das **dritte Modell** sieht ein Festdarlehen vor, das über eine Lebens- oder Rentenversicherung getilgt wird. Das **vierte Modell** umfaßt eine Kombination aus Festdarlehen und Investmentfonds. – Als solidestes Finanzierungsmodell gilt allgemein der klassische Hypothekarkredit bei einer Bank. Er bietet dem Bauherrn/Erwerber die wohl sicherste Tilgung.
Unabhängig von dem gewählten Modell empfiehlt es sich, insbesondere für in Niedrigzinsphasen abgeschlossene Darlehensverträge, eine möglichst zehnjährige Zinsbindung zu vereinbaren, um sich so vor steigenden Zinsen zu schützen und eine langjährige sichere Kalkulationsbasis zu haben.

Nachfolgend soll vorrangig auf die vermietete (fremdgenutzte) Eigentumswohnung und in einer kleinen Anmerkung auf das vermietete Wohnhaus (als für Privatanleger mögliche Geldanlage) näher eingegangen werden. Die direkte Kapitalanlage in Gewerbeimmobilien (Büro- u. Geschäftshäuser) als vorzugsweise professionelles Investment soll hier nicht näher beleuchtet werden.

Vielleicht noch bedeutsamer als für die selbstgenutzte Eigentumswohnung ist für die vermietete Eigentumswohnung deren Lage. Die Lage ist für die profitable Vermietung einer Eigentumswohnung in zweifacher Hinsicht von Bedeutung: hinsichtlich der Großlage wie auch hinsichtlich der Kleinlage. Als attraktive Großlagen sind Großstädte respektive Ballungsräume einzustufen, in denen sich entsprechende Nachfrage akkumuliert. Als attraktive Kleinlagen dürfen solche Gegenden gelten, die „in" sind, keine Problemschichten, sondern im Gegenteil gutsituierte Bewohner ausweisen u. a. m.

Neben der Groß- und Kleinlage sind auch die Größe der Eigentumswohnung, ihr Schnitt wie auch ihre Ausstattung von Bedeutung. Großzügig bemessener Wohnraum und ebensolche Ausstattung ziehen in der Regel auch finanziell potentere Mieter an, die dann auch häufig langfristige Mietverträge abschließen. Klein- und Kleinstwohnungen ziehen gerne Mietverhältnisse für kürzere Zeiträume auf sich, was zwangsläufig häufigeren Mieterwechsel und damit verbunden eine höhere Abnutzung der Wohnung zur Folge hat. Was möglicherweise dem Anleger (bei einer fiktiven Eigennutzung) persönlich genügen würde, muß nicht unbedingt potentiellen Mietern genügen (und umgekehrt!). Es ist deshalb Bauherren/Erwerbern von zu vermietenden Eigentumswohnungen anzuraten, sich vor Baubeginn/Erwerb möglichst eingehend über die Wohnpräferenzen des ins Auge gefaßten Mieterkreises zu informieren, notfalls unter Heranziehung von (neutralen) Experten!

Wenn eine Eigentumswohnung zur Vermietung und damit als Renditeobjekt in Betracht gezogen wird, sollte zweckmäßigerweise im vorhinein geprüft werden, ob sie bei den zu erwartenden Kosten und der zu realisierenden Miete überhaupt eine hinreichende *Rendite* (4 bis 5 Prozent!) abzuwerfen verspricht. Für neue und jüngere sowie für gut erhaltene ältere Eigentumswohnungen läßt sich eine solche Prüfung pauschal anhand einer Faustregel durchführen:

$$\frac{(\text{Monatsmiete} - \text{Nebenkosten}) \cdot 12}{\text{Gesamtkosten respektive Kaufpreis}} \cdot 100 = \text{Rendite}$$

Die Monatsmiete errechnet sich aus der Wohnfläche mal dem Quadratmeterpreis (siehe örtlichen Mietspiegel!). Die Nebenkosten beinhalten die Kosten für den gesetzlich vorgeschriebenen Verwalter (ca. 25 bis 35 Euro je Wohneinheit u. Monat) und die (nach dem Gesetz) zu bildende Instandhaltungsrückstellung (ca. 5 Euro je Quadratmeter Wohnfläche u. Jahr) beziehungsweise die entstandenen Reparaturkosten.

Als eine weitere Faustregel zur Überprüfung einer hinreichenden Rendite des Objektes gilt allgemein: Die Mieteinnahmen sollten die Hälfte der bei einer totalen Fremdfinanzierung des Kaufpreises entstehenden finanziellen Belastungen decken! Die verbleibende Restbelastung sollte soweit wie möglich durch Minderung der Einkommensteuer kompensiert werden.

Eine abschließende Bemerkung zum Erwerb von zur Fremdnutzung vorgesehenen Eigentumswohnungen erscheint wichtig! Es ist nachdrücklich zu warnen vor unseriösen Geschäftemachern, die Wohnblocks billig kaufen, sie in Eigentumswohnungen aufteilen und dann unter Vorspiegelung allzu optimistischer Prognosen zu überhöhten Preisen an private Anleger verkaufen. Was als gute Kapitalanlage angepriesen wurde, erweist sich für den Käufer rasch als Flop! Wohl hat das Kammergericht Berlin bereits Ende 1997 festgestellt, daß ein Kaufvertrag über eine Eigentumswohnung vom Käufer jederzeit wegen arglistiger Täuschung angefochten werden kann, wenn sich der Kaufpreis *nicht wie zugesagt* ohne Eigenanteil voll durch Mieteinnahmen und Steuervorteil trage (Aktenzeichen 7 U 5782/95). Dieses Urteil ist allerdings für solche Personen wenig hilfreich, die nicht in der Lage sind, die tatsächliche Rendite einer vermieteten Wohnung unter Berücksichtigung von Steuervorteilen und Kapitalkosten zu berechnen. Ihnen empfiehlt sich deshalb, einen Experten (Fachanwalt) zu konsultieren.

Allgemein läßt sich feststellen: Wenn sich eine als Renditeobjekt erworbene Eigentumswohnung nicht rechnet, das heißt, wenn sich herausstellt, daß Zinsen und sonstige Kosten auf unabsehbare Zeit Mieteinnahmen und Steuervorteile übersteigen, sollte der Eigentümer versuchen, diese Immobilie so rasch wie möglich zu veräußern und nicht „gutes Geld schlecht angelegtem hinterherwerfen". Die Aussichten, die Verluste durch Wertsteigerungen der Immobilie im Zeitverlauf auszugleichen, sind meist illusorisch!

Was für die vermietete Eigentumswohnung im kleinen, gilt für vermietete Wohnhäuser im großen. Eine Geldanlage in zu vermietende Wohnhäuser (Ein- u. Mehrfamilienhäuser) sollte sich in erster Linie an der realisierbaren Rendite und deren Bestimmungsgrößen orientieren.

Der Bau und Erwerb von Immobilien zur Fremdnutzung wird vom Staat steuerlich begünstigt. Während der Bau- respektive Erwerbsphase kann der Bauherr/Erwerber folgende Kosten als **Werbungskosten** geltend machen: Geldbeschaffungskosten einschließlich der Kreditsicherungskosten (Schätz-, Bearbeitungs-, Bürgschafts-, Notarkosten, Gebühren des Grundbuchamtes), Zinsen für Darlehen und Zwischenfinanzierung, Disagio (bis zu 5 Prozent bei einer Zinsbindungsdauer von mindestens 5 Jahren), Erhaltungsaufwand und Instandhaltungskosten bei Gebrauchtimmobilien bis 15 Prozent des Gebäudewertes. Auch sonstige im Zusammenhang mit der zur Fremdnutzung vorgesehenen Immobilie stehende Kosten, wie Grundsteuer, Verwalterkosten, Gebäudeversicherung, Wartungskosten, können als Werbungskosten in Ansatz gebracht werden.

Die während der Bau-/Erwerbsphase absetzbaren Werbungskosten können auch nach der Vermietung weiterhin geltend gemacht werden. Außerdem kann der Gebäudeanteil der Immobilie (also nicht auch das Grundstück!) im Zeitverlauf abgeschrieben werden. (Siehe hierzu Übersicht III, 8.) – Vermietete Neubauwohnungen und -häuser können – wenn der Bauantrag nach dem 31.12.2005 gestellt beziehungsweise die Wohnung nach diesem Zeitpunkt erworben wurde/wird – ab 1.1.2006 nur noch linear mit 2 Prozent jährlich abgeschrieben werden (§ 7 Abs. 5 Nr. 3.c EStG i.d.F. v. 22.12.2005).

Eine weitere Vergünstigung für Vermieter gebauter oder erworbener Immobilien ergibt sich aus der Tatsache, daß negative Einkünfte das steuerpflichtige Einkommen mindern. Sobald der Bau/Erwerb zu einem hohen Anteil fremdfinanziert und degressiv abgeschrieben wird, ergeben sich (aus Mieteinnahmen — Werbungskosten) negative Einkünfte aus Vermietung und Verpachtung. Bei Verrechnung dieser negativen Einkünfte mit den sonstigen Einkünften (z.B. aus nichtselbständiger Arbeit, Kapitalvermögen) des Vermieters kann diesem eine weitere beachtliche Steuerersparnis entstehen.

Abschreibungsmöglichkeiten bei fremdgenutzten Immobilien

Gesetzliche Grundlage	Normalabschreibung			Erhöhte Abschreibung		
Geltungsbereich und Abschreibungshöhe	Linear nach § 7 Abs. 4 EStG für Mietwohnungen und Gewerbeimmobilien		Linear nach § 7 Abs. 4 EStG für Gebäude im Betriebsvermögen, die nicht Wohnzwecken dienen. Auch bei eigenbetrieblicher Nutzung	Degressiv nach § 7 Abs. 5 Nr. 3b EStG für Mietwohnungen	Erhöhte Absetzungen nach § 7h EStG für Gebäude in Sanierungsgebieten und städtebaulichen Entwicklungsbereichen	Erhöhte Absetzungen nach § 7i EStG bei Baudenkmalen
Zeitliche Voraussetzungen	Fertigstellung vor dem 1.1.1925	Fertigstellung nach dem 31.12.1924	Bauantragstellung oder Abschluss des Kaufvertrags nach dem 31.12.2000	Bauantragstellung oder Abschluss des Kaufvertrags ab dem 1.1.2004 und bis zum 31.12.2005	Baumaßnahmen im Sinne des § 177 des Baugesetzbuchs, die nach dem 31.12.1990 abgeschlossen wurden	bestimmte Baumaßnahmen an Baudenkmalen, die nach dem 31.12.1990 abgeschlossen wurden
Abschreibung (Jahre und Prozentsatz)	40 Jahre je 2,5 %	50 Jahre je 2 %	33,3 Jahre je 3 %	10 Jahre je 4 % 8 Jahre je 2,5 % 32 Jahre je 1,25 %	8 Jahre je 9 % 4 Jahre je 7 %	8 Jahre je 9 % 4 Jahre je 7 %
Bemessungsgrundlage für die Abschreibung (ohne Grundstück)	Herstellungskosten: Gesamte Baukosten der Immobilie, also Materialkosten und bezahlte Arbeitsleistung oder Anschaffungskosten: Kaufpreis der Immobilie einschließlich Notarkosten, Grunderwerbsteuer und mögliche Maklerkosten		Herstellungskosten oder Anschaffungskosten	Herstellungskosten oder Anschaffungskosten	Herstellungskosten oder Anschaffungskosten nur für Baumaßnahmen, die nach dem Kaufvertragsabschluss durchgeführt wurden	Herstellungskosten oder Anschaffungskosten, die nach dem Kaufvertragsabschluss durchgeführt wurden
Berechtigter Personenkreis	Bauherr oder Erwerber		Bauherr oder Erwerber	Bauherr oder Erwerber bis zum Ende des Jahres der Fertigstellung	Bauherr oder Erwerber mit obiger Einschränkung	Bauherr oder Erwerber mit obiger Einschränkung
Abschreibung im Jahr der Anschaffung oder Fertigstellung	zeitanteilig		zeitanteilig	voll	erhöhte Absetzungen: voll, Restwert: zeitanteilig	erhöhte Absetzungen: voll, Restwert: zeitanteilig

Mit Ergänzungen entnommen aus Lindmayer, K.H., Geldanlage und Steuer 2009, a.a.O., S. 213

Übersicht III, 8

Im Gegensatz zur (im Rahmen bestimmter zeitlicher Begrenzung; siehe hierzu unter III, 3.1) staatlich geförderten eigengenutzten Immobilie muß die Finanzierung einer zur Vermietung/Verpachtung zu bauenden/kaufenden (fremdzunutzenden) Immobilie streng an den persönlichen Möglichkeiten (Einkommens- u. Steuersituation) ausgerichtet werden. Die optimale Finanzierung sollte – durch Vergleich der diversen Angebote – möglichst für die gesamte Laufzeit ermittelt werden.

Entsprechende Finanzierungssimulationen werden von den Kreditinstituten und den Finanzdienstleistern bereitgehalten und können leicht durchgespielt werden.

Bei einem (auch in der Zukunft) konstant hohen Einkommen und damit einhergehenden hohen persönlichen (Einkommen-)Steuersatz ist die Verbindung des Darlehens mit einer Lebensversicherung eine meist vorteilhafte Finanzierungsvariante. Bei ihrer Wahl sollten jedoch folgende Gesichtspunkte Beachtung finden:[1]

– Die Höhe des Darlehens sollte die Summe von Bau-/Anschaffungskosten (d. s. neben den Baukosten/dem Kaufpreis auch die Grunderwerbsteuer, die Maklergebühr sowie die Notar- und Gerichtsgebühren des Kaufvertrages) und den einmaligen Finanzierungskosten (d. s. Bearbeitungs- u. Schätzgebühren wie auch Damnum) nicht übersteigen;
– die während der Bauzeit anfallenden Zinsen sowie die Notar- und Grundbuchgebühren für die Grundschuld sollten nicht in den Finanzierungsplan eingehen;
– die an das finanzierende Kreditinstitut abzutretende Lebensversicherung sollte auf die Höhe des auszuzahlenden Darlehensbetrages beschränkt werden und nicht den Bruttodarlehensbetrag als Bezugsgröße haben;
– das aufgenommene Darlehen muß unmittelbar für die Finanzierung der Immobilie eingesetzt werden.

3.3 Gemischtgenutzte Immobilien

Bei gemischtgenutzten Immobilien, das sind Zwei- und Mehrfamilienhäuser bei teilweiser Eigennutzung und teilweiser Vermietung, sind die entstehenden Kosten nach dem geltenden Steuerrecht entsprechend den jeweiligen Eigen- und Fremdnutzungsflächen aufzuteilen.

Vor Bezug können für den eigengenutzten Immobilienanteil nur die Vorkostenpauschale und ein begrenzter Erhaltungsaufwand (keine Zinsen!) in Ansatz gebracht werden; für den vermieteten Teil die oben genannten Werbungskosten.

Nach Bezug kann – unter Berücksichtigung des Ausschlußstichtages 1. 1. 2006 (siehe hierzu unter III, 3.1) – für den eigengenutzten Immobilienteil die Eigenheimzulage beansprucht werden. Für den fremdgenutzten Teil können die Mieteinnahmen und Werbungskosten verrechnet werden. Die Kosten (Zinsen, Hausmeister, Abschreibung) werden auf die jeweiligen Flächen umgelegt.

Bei der Finanzierung gemischtgenutzter Immobilien empfiehlt es sich, den eigengenutzten Teil soweit wie möglich mit Eigenkapital zu finanzieren, da hier keine Kreditzinsen in Ansatz gebracht werden können. – Anders bei den fremdgenutzten Immobilienteilen. Hier empfiehlt sich Fremdfinanzierung, deren Zinsen geltend gemacht werden können.

---

[1] Siehe hierzu auch Lindmayer, Geldanlage und Steuer 2006, a.a.O., S. 191 f.

3.4 Immobilienfonds

Immobilienfonds sind Investmentfonds, deren Vermögen (hauptsächlich) aus Grundstücken und Gebäuden besteht. Im Gegensatz zur direkten Geldanlage in Immobilien dienen sie der *indirekten* Anlage in solchen. Hinsichtlich ihrer Konstruktion lassen sich im wesentlichen zwei Fondstypen unterscheiden: offene Fonds und geschlossene Fonds. Als Varianten des letztgenannten Typs lassen sich die Leasingfonds, Schiffsbeteiligungen, Medienfonds, Windkraftfonds, Infrastrukturfonds sowie Immobilienfonds auf Aktien nennen.

3.4.1 Offene Immobilienfonds

Offene Immobilienfonds leiten ihr Beiwort „offen" aus der Tatsache ab, daß sie einer unbegrenzten Anzahl von Anlegern offenstehen und deren Einlagen in einer nicht begrenzten Vielzahl von Objekten (Immobilien) anlegen. Dabei handelt es sich vorzugsweise um Gewerbeimmobilien, insbesondere Bürohäuser, Kaufhäuser, Supermärkte, Gewerbeparks, Hotels und Seniorenheime in jeweils attraktiven Lagen.

Die offenen Immobilienfonds sind durch das Gesetz über Kapitalanlagegesellschaften (KAGG) normiert und unterliegen der Kontrolle durch die Bundesanstalt für Finanzdienstleistungsaufsicht (BaFin). Um das *Risiko* der Anlage möglichst gering zu halten, ist das Kapital der Anleger streng vom Vermögen der Kapitalanlagegesellschaft zu trennen und auf mindestens zehn verschiedene (Anlage-)Objekte zu verteilen, von denen zum Zeitpunkt des Erwerbs keines mehr als 15 Prozent des gesamten Fondsvermögens wert sein darf. Maximal 20 Prozent des Sondervermögens dürfen auf Grundstücke in der Bebauung, ebenfalls maximal 20 Prozent auf unbebaute Grundstücke entfallen. Mindestens 5 Prozent des Fondsvermögens müssen liquid gehalten werden, um jederzeit die Rücknahme von Fondsanteilen gewährleisten zu können. Der Immobilienanteil des Fondsvermögens muß mindestens 51 Prozent betragen.

Ausländische Immobilienfonds, die Fondsanteile in Deutschland anbieten, unterliegen den Bestimmungen des Auslandsinvestmentgesetzes. Danach haben sie ihre öffentliche Vertriebsabsicht der Bundesanstalt für Finanzdienstleistungsaufsicht (BaFin) schriftlich anzuzeigen und gewisse rechtliche und organisatorische Voraussetzungen zu erfüllen. So muß insbesondere eine inländische Bank benannt sein, auf die die Kaufpreissumme für die Anteilscheine eingezahlt werden kann.

Über das Fondsvermögen werden von der Fondsgesellschaft Anteilscheine (Zertifikate) ausgegeben. Ein solcher Anteilschein verbrieft urkundlich ein Miteigentumsrecht am Sondervermögen. Ein Immobilienfondszertifikat ist damit ein Wertpapier. Das Zertifikat besteht aus einem Mantel (d. i. die eigentliche Urkunde) sowie (normalerweise) dem Bogen, der die Ertragsscheine und einen Erneuerungsschein umfaßt. Gegen Vorlage der aufgerufenen Ertragsscheine werden dem Anleger die jährlich ausgeschütteten Erträge ausgezahlt. Bei thesaurierenden Fonds (hier entfallen diese Ertragsscheine und der Erneuerungsschein!) werden diese Erträge nicht ausgeschüttet, sondern dem Fondsvermögen einverleibt (thesauriert) und angelegt.

Fondsanteile können in der Regel über die Hausbanken der Fondsgesellschaften ober aber auch über die Fondsgesellschaften selbst erworben werden. Daneben werden Fondsanteile aber auch am freien Markt über Vermittler angeboten. Der Kauf von Anteilscheinen wird in der Regel mit einem Ausgabeaufschlag zwischen

4,0 und 5,5 Prozent belegt. Dieser Aufschlag errechnet sich aus dem Rücknahmepreis des Anteils (Rücknahmepreis + Ausgabeaufschlag = Ausgabepreis).

Die Anlagepolitik offener Immobilienfonds ist durch die Absicht bestimmt, langfristig einen stetigen Wertzuwachs zu erwirtschaften. Sie ist solide konservativ. Spekulationsgeschäfte mit Grundstücken sind durch Gesetz ausgeschlossen.

Die Erträge der Fonds speisen sich aus den Mieteinnahmen, aus dem Verkauf von Anlageobjekten sowie gegebenenfalls aus dem Wertzuwachs der Immobilien. Die Bewertung der Immobilien hat nach dem Gesetz mindestens einmal alle 12 Monate von einem Gutachtergremium nach dem Ertragswertverfahren vorgenommen zu werden. Dieses stützt sich in seiner Wertermittlung im wesentlichen auf die Jahresmieterträge abzüglich der entstehenden Kosten (für Verwaltung, Instandhaltung, Mietausfallwagnis, Grundsteuer, Versicherungen u.a.), den Bodenwert und die voraussichtliche Restnutzungsdauer.

Die deutschen offenen Immobilienfonds wiesen in der Vergangenheit weitgehend konstante jährliche Wertzuwächse aus. Im Durchschnitt bewegten sie sich zwischen 5 und 8 Prozent.

Die Ausgabe- und Rücknahmepreise der Fondsanteile werden täglich in den Kursteilen der großen Tageszeitungen veröffentlicht.

An offenen Immobilienfonds können die Anteile in kleiner Stückelung zu Preisen von 50 bis 100 Euro erworben werden. Die Anlage kann in einer (einmaligen) größeren Summe oder aber auch monatlich oder in unregelmäßigen Zeitabständen in kleineren Beträgen erfolgen. Für einmalige Anlagen verlangen die meisten Fondsgesellschaften Mindestanlagesummen von in der Regel 3000 bis 5000 Euro. Sparpläne über einen längeren Zeitraum beinhalten meist einen monatlichen Anlagebetrag zwischen 50 und 100 Euro.

Die Erträge aus offenen Immobilienfonds unterliegen seit 1.1.2009 pauschal der 25-prozentigen Abgeltungsteuer. Allerdings kommen hierfür lediglich die Mieteinnahmen abzüglich der Gebäudeabschreibungen und der Baukreditzinsen in Ansatz. – Auch Veräußerungsgewinne müssen versteuert werden, wenn zwischen Kauf und Verkauf der Anteile weniger als 10 Jahre liegen.

Erträge aus offenen Immobilienfonds, die im Ausland erzielt werden, genießen – je nach Sachlage – gewisse steuerliche Vergünstigungen!

Die Fondsanteile können vom Anleger jederzeit (wieder) an die entsprechenden Verkaufsagenturen zurückgegeben (verkauft) werden.

Zusammenfassend läßt sich die Anlage in offenen Immobilienfonds wie folgt beurteilen: Die *Liquidität* ist in hohem Maße gewährleistet, da die Fondsanteile jederzeit von der Fondsgesellschaft zurückgenommen und ausgezahlt werden. Es besteht *kein Kursrisiko!*

Was die *Sicherheit* angeht, so ist diese in beachtlichem Umfang gegeben. Immobilien, insbesondere Grundstücke, sind relativ wertstabil und versprechen darüber hinaus zwar nicht unbedingt einen schnellen, so aber doch einen weitgehend konstanten Wertzuwachs. Hinzu kommt, was ebenfalls der Sicherheit dient, ein gesetzlich geregelter Anlegerschutz. Dennoch, ein gewisses Restrisiko bleibt auch hier: Ein Überangebot an Immobilien kann die Vermietungen gefährden und die Miet- und Verkaufspreise beeinträchtigen; Standorte können durch vielerlei nicht vorherzusehende Einflußfaktoren in Mitleidenschaft gezogen werden et cetera. Diesen Gefahren versucht ein umsichtiges Fondsmanagment durch eine entsprechende Diversifikation seiner Anlagen zu steuern.

Die *Rentabilität* fügt sich den vorgenannten Feststellungen. Wo Sicherheit überwiegt, kann in der Regel keine außergewöhnliche Rendite erwartet werden. Offene
Immobilienfonds dienen der langfristigen Anlage; ihre Rendite muß deshalb ebenfalls unter dieser Zeitdimension beurteilt werden. Langfristig konnten sich offene
Immobilienfonds hinsichtlich ihrer Renditeentwicklung in der Vergangenheit mit
einer jährlichen Durchschnittsrendite zwischen 3 und 5 Prozent durchaus sehen
lassen. Eine Anlage in ihnen kann deshalb als Alternative zu festverzinslichen Wertpapieren gesehen werden. Dies zumal, als die kombinierte Geld- und Sachwert-
analyse der Fonds einen weitaus besseren *Inflationsschutz* bietet als reine Geldwertanlagen.

Unter den vorgenannten Aspekten läßt sich die (Dauer-)Anlage in offenen Immobilienfonds – beispielsweise mittels eines Investmentsparvertrages – ohne Be-
denken zur Erweiterung der Altersvorsorge empfehlen.

3.4.2 Geschlossene Immobilienfonds*·**

Im Gegensatz zu offenen Immobilienfonds, in die beliebig viele Anlageobjekte
einbezogen und an deren Finanzierung beliebig viele Anleger beteiligt werden können, ist bei geschlossenen Immobilienfonds die Anzahl der Anlageobjekte (eines
oder einige wenige) und damit das finanzielle Anlagevolumen klar begrenzt. Ist
die Finanzierung eines Fonds durch die nötigen Investments und die sie tätigenden
Anleger gesichert, wird er *geschlossen*. (D. h. es können ab diesem Zeitpunkt keine
weiteren Beteiligungen an diesem Fonds erworben werden!)

Geschlossene Fonds sind in der Regel in der Unternehmensrechtsform der Gesellschaft des bürgerlichen Rechts oder der Kommanditgesellschaft gehalten. Der
Anleger in einem geschlossenen Immobilienfonds wird zum (Mit-)Gesellschafter
einer solchen Gesellschaft und damit zum direkten Miteigentümer der/des Anla-
geobjekte(s). Als Gesellschafter wird der Anleger zum Unternehmer mit dem diesem eigenen (Unternehmer-)Risiko. – Die rechtliche Ausgestaltung der Fonds genießt einen großen Freiheitsspielraum. Sie werden dem *grauen Kapitalmarkt* zugeordnet.

Geschlossene Immobilienfonds investieren in der Regel in Gewerbeimmobilien.
Dabei lassen sich zwei Arten von Gewerbeimmobilien unterscheiden: die Anlage-
immobilie und die Betreiberimmobilie.

---

 * Anleger in geschlossenen Immobilienfonds, deren Anteile ab dem 1. 7. 2005 vertrieben
   werden, genießen den Schutz des am 29. 10.2004 in Kraft getretenen Anlegerschutzver-
   besserungsgesetzes (AnSVG). Der Vertrieb von Fondsanteilen ist danach nur dann erlaubt, wenn die Bundesanstalt für Finanzdienstleistungsaufsicht die Veröffentlichung des
   Verkaufsprospektes hinsichtlich der Vollständigkeit der nach Art. 2 §8g Abs. 1 AnSVG
   erforderlichen Angaben gestattet (Art. 2 §8i Abs. 2 AnSVG).
** Nach einem Urteil des Zweiten Zivilsenats des Bundesgerichtshofes vom 14. 6. 2004 (AZ.:
   II ZR 392, 395, 374, 385, 393 u. 407/02) können sich Anleger von ihren wertlosen Anteilen
   an geschlossenen Immobilienfonds trennen, ohne ihre dafür aufgenommenen Kredite
   zurückzahlen zu müssen, wenn: (1) sie beim Verkauf nicht ausreichend belehrt oder (2)
   sogar getäuscht worden sind; (3) der Anlagevertrag in der Wohnung dcs Investors abgeschlossen wurde (sog. Haustürgeschäft); (4) der Vertrag von einem Treuhänder unter-
   zeichnet wurde, der dazu keine Erlaubnis nach dem Rechtsberatungsgesetz hatte.

Anlageimmobilien umfassen vorzugsweise Bürohäuser, Geschäftshäuser, Supermärkte, Gewerbeparks, Lagergebäude, Wohnanlagen und andere. Diese Immobilien sind typischerweise baulich so konzipiert, daß sie unterschiedlich (multifunktional) – mit nur geringen Umbaukosten – genutzt werden können.

Durch Vermietung der Objekte und gegebenenfalls durch deren Werterhöhung versucht der Investor langfristig einen Ertrag zu erwirtschaften. Die Mietvertragsdauer beläuft sich in der Regel auf 5 bis 15 Jahre. Eine Verlängerungsoption ist gegeben.

Betreiberimmobilien sind Baulichkeiten, die sehr speziell auf die Bedürfnisse der künftigen Mieter (Betreiber) zugeschnitten sind, so insbesondere Senioren- und Pflegeheime, Kliniken, Hotels, Kultur- und Kongreßzentren und andere. Der Mietvertrag geht häufig von einer Grundmiete aus, auf die umsatz- oder ertragsabhängige Aufschläge vorgenommen werden. Der Investor ist damit am wirtschaftlichen Erfolg des Betriebes beteiligt. Die Mietvertragsdauer beläuft sich in der Regel auf 10 bis 30 Jahre. Auch hier hat der Mieter eine Verlängerungsoption.

Die Mindestanlagesummen für Beteiligungen an geschlossenen Fonds bewegen sich in der Regel zwischen 20 000 und 50 000 Euro. Vereinzelt sind auch Beteiligungen von 10 000 Euro möglich. An den Erwerb einer Beteiligung ist normalerweise ein Aufgeld von um die 5 Prozent geknüpft.

Geschlossene Fonds lassen sich hinsichtlich ihrer Anlagephilosophie (mit einer gewissen Vereinfachung) in drei Typen fassen: renditeorientierte, steuerorientierte und spekulative Fonds.

Renditeorientierte Fonds versuchen aus der Vermietung oder Verpachtung ihrer Immobilie(n) langfristig einen möglichst hohen Ertrag zu erwirtschaften und gleichzeitig ebenfalls einen möglichst hohen Wertzuwachs der Immobilie zu realisieren. Um dies zu erreichen, muß vor allem eine Finanzierung mit hohem (60–80 Prozent) durch die Anleger zu erbringenden Eigenkapitalanteil gesichert sein. Bei diesen Fonds treten Erwägungen in Bezug auf Steuervorteile der Anleger in den Hintergrund.

Bei **steuerorientierten Fonds**[1] steht dagegen die Steuerersparnis der Anleger im Vordergrund. Über sie finanziert der einzelne Anleger in der Regel einen Großteil seiner Beteiligung, so daß meist nicht mehr als 20 bis 30 Prozent derselben in bar erbracht werden müssen. Der damit zwangsläufig auf 70 bis 80 Prozent ansteigende Fremdkapitalanteil verursacht beachtliche Kosten (Kreditzinsen), so daß die Mieteinnahmen häufig für den Schuldendienst nicht ausreichen. So kommt es nicht

---

[1] § 15b Abs. 1 Einkommensteuergesetz (EStG), eingeführt durch Gesetz vom 22. 12. 2005, beschneidet die bisherige steuerrechtliche Behandlung von Verlusten im Zusammenhang mit sogenannten Steuerstundungsmodellen (d. s. Investitionsmodelle, bei denen steuerliche Vorteile in Form negativer Einkünfte erzielt werden sollen) in gravierender Weise. Derartige Verluste dürfen nunmehr weder mit Einkünften aus Gewerbebetrieb noch mit solchen aus anderen Einkunftsarten verrechnet werden. Sie mindern lediglich die Einkünfte, die der Steuerpflichtige in den folgenden Wirtschaftsjahren aus derselben Einkunftsquelle erzielt. Diese Regelung gilt nach § 15b Abs. 3 EStG allerdings nur dann, wenn innerhalb der Anfangsphase das Verhältnis der Summe der prognostizierten Verluste zur Höhe des gezeichneten und damit auch aufzubringenden Kapitals 10 vom Hundert übersteigt. – (§ 52 Abs. 4 EStG läßt für Einkünfte, die der Steuerpflichtige nach dem 4. 3. 1999 u. vor dem 11. 11. 2005 erworben oder begründet hat, weiterhin die Anwendung des mittlerweile aufgehobenen § 2b EStG i. d. F. v. 19. 10. 2002 [negative Einkünfte aus der Beteiligung an Verlustzuweisungsgesellschaften] zu.)

selten vor, daß die Anleger zur Überbrückung von Liquiditätsengpässen zu Zuzahlungen herangezogen werden. Hier ist Vorsicht geboten! Wenn überhaupt, sind solche Fonds allenfalls für hochbesteuerte Spitzenverdiener von Interesse.

Geschäftsgegenstand **spekulativer Fonds** ist nicht nur die Vermietung und Verpachtung eigener Immobilien, sondern auch die Entwicklung von Immobilienprojekten. Damit mutiert dieser Fondstyp zum Gewerbebetrieb. Er wird meist als Blindpool aufgelegt, das heißt, das Anlegerkapital wird zu einem Zeitpunkt eingeworben, zu dem die Anlageobjekte noch nicht konkretisiert sind. (Dies ist natürlich in hohem Maße gewagt!) Die Fondsgesellschaft hat damit in ihrer Anlagepolitik weitgehend freie Hand und kann bei ihr günstig erscheinenden Gelegenheiten unverzüglich reagieren. Damit ist der Spekulation aber auch Tür und Tor geöffnet.

Hat sich ein Anleger in einen geschlossenen Fonds eingekauft, so ist er an diesen weitgehend gebunden. Ein Ausstieg durch Rückgabe der Beteiligung an den Fonds ist in der Regel nicht möglich. Eine Rückerstattung des Beteiligungskapitals (gegebenenfalls unter Einschluß des aufgelaufenen Wertzuwachses) ist normalerweise erst nach Ende der Laufzeit des Fonds (meist nach 15 bis 30 Jahren), wenn die Immobilie(n) verkauft wird/werden und der Fonds aufgelöst wird, möglich. Diese Auflösung wird durch Mehrheitsbeschluß der Gesellschafter herbeigeführt. Ein vorzeitiges Verlassen der Fondsgesellschaft und damit ein Rückerhalt des Anlagekapitals ist nur durch Verkauf des Fondsanteils an einen an diesem Fonds interessierten Anleger möglich. Einen solchen zu finden, kann sehr schwer sein! Soweit Fondsgesellschaften selbst einen Markt für solche zum Verkauf angebotenen Fondsteile organisieren, kann dieses Suchen (u. Finden) erleichtert werden.

Aus steuerrechtlicher Sicht wird der Anleger in einem geschlossenen Immobilienfonds als Immobilieneigentümer gesehen. Seine auf seinen Fondsanteil entfallenden Revenuen sind in der Regel Einkünfte aus Vermietung und/oder Verpachtung, zum Teil auch Einkünfte aus Gewerbebetrieb.

Ein eventueller Gewinn aus der Veräußerung von Anteilen an einem Immobilienfonds mit Einkünften aus Vermietung und/oder Verpachtung ist nach Ablauf der Spekulationsfrist von 10 Jahren steuerfrei. Nicht steuerfrei ist dagegen ein eventueller Veräußerungsgewinn von Anteilen an einem Fonds mit Einkünften aus Gewerbebetrieb. Seit 1. 1. 2004 unterliegt der Veräußerungsgewinn nach Abzug eines nach § 16 Abs. 4 EStG auf Antrag gewährten Freibetrages von 45 000 Euro, soweit dieser (Veräußerungsgewinn) den Betrag von 5 Millionen Euro nicht übersteigt und der Steuerpflichtige das 55. Lebensjahr vollendet hat oder im sozialversicherungsrechtlichen Sinne dauernd berufsunfähig ist, auf Antrag nur noch der Einkommensteuer nach einem ermäßigten Steuersatz von 56 vom Hundert des durchschnittlichen Steuersatzes (§ 34 Abs. 3 EStG). Der Freibetrag und die Steuerermäßigung können vom Steuerpflichtigen nur einmalig in Anspruch genommen werden.

Zusammenfassend läßt sich zu einer Geldanlage in geschlossenen Fonds feststellen: Die *Liquidität* der Anteile ist großteils minimal. Ein Verkauf derselben vor Ende der Laufzeit ist meist nur mit (erheblichen) Werteinbußen möglich. Die *Risiken* der Anlage sind mannigfaltig. Ihre Kalkulation ist in der Regel nur Fachleuten möglich! Die Vorsteuer-*Rendite* ist durchweg geringer als bei weniger problematischen offenen Fonds.

Auf dem Hintergrund der vorausgegangenen Darlegungen lassen sich für einen potentiellen Anleger in geschlossenen Immobilienfonds folgende Checkpoints festhalten:

– Handelt es sich um ein qualitativ hochwertiges Projekt in einer für seine Nutzung gut geeigneten Lage?;
– sind alle erforderlichen Baugenehmigungen vorhanden?;
– wer initiiert das Projekt, ist der Betreffende vertrauenswürdig, hat er bereits andere vergleichbare Projekte durchgezogen und bewiesen, daß er dieselben zu managen versteht?;
– sind ausreichend Mieter vorhanden, wer sind diese Mieter, ist deren Bonität hinreichend gewährleistet, über welche Zeitdauer sind die Mietverträge abgeschlossen (es sollten möglichst langfristige [10 – 15 Jahre], indizierte [d. h. an einen Index gebundene] Mietverträge sein!), liegen Mietbürgschaften von guten Adressen vor?;
– ist eine ausreichende Liquiditätsreserve zum Ausgleich von Mietausfällen vorhanden?;
– sind die Prognoserechnungen realistisch (lassen sie sich von Experten nachvollziehen?);
– wie hoch sind die Fondskosten für Vertrieb und sonstiges (sie sollten 20 Prozent der Anschaffungskosten nicht übersteigen!)?;
– wie hoch sind die laufenden Gebühren für die Fondsverwaltung (sie sollten 7 Prozent der Jahresmiete nicht übersteigen!)?;
– welche Festzinsdauer wurde für die jeweiligen Fondsdarlehen vereinbart (sie sollte mindestens 10 Jahre betragen!)?;
– besteht ein sogenanntes Andienungsrecht, nach dem der Anleger seinen Fondsanteil jederzeit zu einem im vorhinein festgelegten Preis an die Fondsgesellschaft zurückgeben kann?;
– wird von der Fondsgesellschaft ein sogenannter Zweitmarkt zur vorzeitigen Rückgabe von Anteilen eingerichtet?.

3.4.2.1 Immobilien-Leasingfonds

Bei Immobilien-Leasingfonds besorgen Fondsgesellschaften, an denen sich Anleger beteiligen, als Bauherren den Bau einer Immobilie (eines Baukomplexes) und überlassen deren (dessen) Nutzung interessierten Dritten im Wege des Leasing. Die Fondsgesellschaft wird zum Leasinggeber, interessierte Dritte zum Leasingnehmer. Der die beiden verbindende Leasingvertrag läuft in der Regel über einen langfristigen Zeitraum (z. B. 20 Jahre). Der Leasingnehmer erlangt das Recht, die Immobilie (den Komplex/Teilkomplex) am Ende der Laufzeit des Vertrages zu erwerben. Die vom Leasingnehmer normalerweise monatlich zu zahlenden indizierten (d. h. an einen Index gebundenen) Leasingraten umfassen außer dem Nutzungsentgelt auch einen Teil der Investitionskosten. Der am Ende der Laufzeit vom Leasingnehmer zu entrichtende Ankaufspreis liegt deshalb deutlich unter dem voraussichtlichen Wert des Objektes. Die Rückflüsse aus dem Leasingvertrag (laufende Leasingrate + Ankaufsumme am Ende der Laufzeit) sind die Roheinkünfte der Anleger. Von diesen Roheinkünften kommen die dem Fonds mit der Verwaltung und Erhaltung des Objektes entstehenden Kosten in Abzug.

Die Konstruktion des Immobilien-Leasingfonds deckt sich in wesentlichen Teilen mit der des geschlossenen Immobilienfonds. Auch beim Immobilien-Leasingfonds ist der Kreis der Anleger geschlossen; auch können bei ihm in der Regel die Fondsanteile vom Anleger nicht vorzeitig an den Fonds zurückgegeben werden.

Wie beim geschlossenen Immobilienfonds gelten die Anteilseigner von Immobilien-Leasingfonds steuerrechtlich als Bauherren.

Abweichend zum geschlossenen Immobilienfonds stellt sich das Problem der Vermietung. Beim Immobilien-Leasingfonds wird in der Regel nur einmal (für den gesamten Anlagezeitraum) an *einen* „Mieter", den Leasingnehmer, vermietet. Das Problem der Neuvermietung während des Anlagezeitraumes stellt sich damit nicht. Auch das spekulative Moment hinsichtlich des Verkaufserlöses der Immobilie nach Ende der Laufzeit entfällt beim Immobilien-Leasingfonds. Der Verkaufspreis der Immobilie ist mit dem Leasingnehmer bereits bei Vertragsabschluß vereinbart. Diese Regelung beinhaltet aber auch den Verzicht auf eine Realisierung von eventuellen Wertsteigerungen der Immobilie nach Zeitablauf.

Als Anlagemotiv steht die Erzielung einer sicheren *Rendite* im Vordergrund.

Im übrigen gelten die für geschlossene Immobilienfonds getroffenen Darlegungen in modifizierter Weise.

3.4.2.2 Schiffsbeteiligungen (Schiffsfonds)*

Ebenfalls von einer gewissen Ähnlichkeit mit geschlossenen Immobilienfonds sind Schiffsbeteiligungen. In einer Gesellschaft, meist einer GmbH & Co. KG, zusammengeschlossene Anleger kaufen ein Schiff, finanzieren es mit Eigen- und Fremdkapital (meist im Verhältnis 1 : 1) und vermieten es über einen (zwischengeschalteten) Reeder an entsprechende Nachfrager (Charterer). Der Reeder übernimmt außer der Vermietung des Schiffes mit ihren kaufmännisch-organisatorischen Aufgaben die Schiffsinstandhaltung sowie die Personalwirtschaft der Immobilie. Die Vermietungserlöse abzüglich der entstehenden Kosten fließen den Anlegern als Erlöse zu.

Der einzelne Anleger hat die Rechtsstellung eines Kommanditisten und ist damit Mitunternehmer. Sein daraus resultierendes Haftungsrisiko ist auf sein Beteiligungskapital beschränkt. Eine eventuelle Nachschußpflicht besteht nicht. Die ordnungsgemäße Verwendung der durch die Anleger (Gesellschafter) eingebrachten Mittel wird durch einen Treuhänder überwacht.

Als Laufzeit für eine Schiffsbeteiligung sind normalerweise 8 bis 12 Jahre anzusetzen. Danach wird das Schiff verkauft, der Verkaufserlös abzüglich entstehender Kosten an die Gesellschaften ausgeschüttet und die Gesellschaft aufgelöst.

Die Anlage in Schiffsbeteiligungen ist mit hohen *Risiken* verbunden, so insbesondere hinsichtlich der Chartererträge (*Charterrisiko*) und des Verkaufserlöses (*Verkaufsisiko*).

Die laufenden Erträge aus den in der Regel ständig wechselnden Vermietungen (Vercharterungen) stehen in direkter Abhängigkeit von den jeweiligen Charterraten (den Preisen für Charterungen). Diese ergeben sich ihrerseits aus dem jeweiligen Angebot und der jeweiligen Nachfrage nach diesem Gut am Markt respektive aus den auftretenden Über- oder Unterkapazitäten desselben. Die Charterraten waren in der Vergangenheit sehr unterschiedlich und dementsprechend auch die Chartererträge.

Nicht minder prognostizierbar (als die Chartererträge) ist der Verkaufserlös eines Schiffes. Er resultiert wie die Charterraten aus der jeweiligen Konstellation des

---

* Schiffe, die im Schiffsregister eingetragen sind, gelten im Rechtssinne als Immobilie. Das Schiffsregister wird von den Amtsgerichten (des Heimathafens) geführt und zwar getrennt als Seeschiffsregister und Binnenschiffsregister. In das Schiffsregister werden alle größeren See- und Binnenschiffe eingetragen. Die hier behandelten Schiffsbeteiligungen betreffen ausschließlich in ein inländisches Seeschiffsregister eingetragene Seeschiffe.

betreffenden Marktes. Sind Überkapazitäten vorhanden, so drücken diese auf die Preise; treten Unterkapazitäten auf, so steigen dieselben. Die Marktpreise für 8 bis 12 Jahre alte Gebrauchtschiffe waren in der Vergangenheit sehr unterschiedlich. Sie bewegten sich zwischen 20 und 80 Prozent ihrer Neupreise (Anschaffungskosten).

Soweit – wie dies weitgehend üblich ist – Charterraten und Verkaufserlöse auf US-Dollarbasis abgerechnet werden, kommt zu den oben genannten Risiken noch zusätzlich das *Währungsrisiko* hinzu.

Soweit die Frage nach der *Rentabilität* von Schiffsbeteiligungen auf die Erträge aus Charterraten und Objektverkauf abzielt, kann – wie die vorausgegangenen Darlegungen aufzeigten – hierauf erst im nachhinein geantwortet werden.

In steuerrechtlicher Hinsicht gilt der Anleger in Schiffsbeteiligungen als gewerblich tätiger Mitunternehmer.

Unter Rentabilitätsaspekten sind Schiffsbeteiligungen nicht unproblematisch. Wer eine hohe Rentabilität sucht, muß auch bereit sein, zu verlieren. Wo hohe Renditen locken, lauern auch große Verluste. Wenn die erhofften Charters ausbleiben, können auch nicht die erhofften Einnahmen erzielt werden. Hier hängt viel vom Engagement des Reeders ab. Dieses kann sicherlich durch eine entsprechende (nicht unbedeutende!) Mitbeteiligung desselben am Schiff stimuliert werden. Es sollte deshalb vom potentiellen Anleger darauf geachtet werden, ob eine solche Mitbeteiligung des Reeders besteht.

Mit einer Schiffsbeteiligung geht der Anleger eine langfristige Kapitalbindung ein und verzichtet damit auf eine entsprechende *Liquidität*.

3.4.2.3 Medienfonds (Filmfonds)

Eine in ihrer Rechtskonstruktion (meist GmbH & Co.KG) der Schiffsbeteiligung gleichende gewerbliche Beteiligungsform an Filmen, die in ihrer ertragsteuerlichen Behandlung durch Schreiben des Bundesministeriums der Finanzen, den sogenannten Medienerlaß (BFM v. 23.2.2001 – AZ IV A 6 – S 2241), geregelt wird. Danach dürfen die Herstellungskosten eines Filmes nur dann als sofort abziehbare Betriebsausgaben in Ansatz gebracht werden, wenn die Fondsgesellschaft das gesamte Risiko der Filmherstellung trägt. Dies impliziert, daß der Fonds die Verwendung der finanziellen Mittel und die Verträge mit den am Film Mitwirkenden mitgestaltet. Nur wenn diese Bedingungen erfüllt sind und die Mitwirkungs- und Kontrollrechte der Gesellschafter (Anleger) denen eines Kommanditisten entsprechen, gelten diese steuerrechtlich als Mitunternehmer. Sobald mit den Dreharbeiten des jeweiligen Films begonnen wurde, hat der Fonds seine Produzentenstellung dadurch nachzuweisen, daß ihm die wesentlichen einschlägigen Entscheidungen verblieben sind.

Den vorgenannten Voraussetzungen für die steuerliche Berücksichtigung von Verlustzuweisungen kann im Einzelfall oft nur schwer oder unzulänglich genügt werden.

Soweit die in Fonds eingehenden Filmproduktionen (wie weitgehend üblich) auf Dollarbasis abgerechnet werden, ergibt sich ein *Währungrisiko*.

Den mit Filmprojekten verbundenen Wirtschaftlichkeitsprognosen gegenüber ist Vorsicht angeraten! Ob ein Film ein Kinohit wird, läßt sich nur schwer oder überhaupt nicht voraussagen. – Wer einen Flop nicht verkraften kann, sollte von Medienfonds die Finger lassen!

3.4.2.4 Windkraftfonds

Eine den Schiffs- und Medienfonds gleichende gewerbliche Beteiligungsform (meist in der Rechtsform der GmbH & Co.KG), die Windkraftanlagen zum Anlageobjekt macht. Mit Blick auf die attraktiven staatlichen Subventionen für Ökostrom (Die Bundesregierung gewährt derzeit einen gesetzlich garantierten Mindestabnahmepreis!) stellen die Anbieter solcher Fonds den Anlegern hohe *Renditen* (von bis zu 7%) in Aussicht, die sie jedoch in der Regel (meist wegen zu wenig Wind!) nicht realisieren können. Soweit keine Ertragsgarantien abgegeben werden, sollten deshalb keine einschlägigen Engagements eingegangen werden. Besondere Zurückhaltung sollte gegenüber Pilotanlagen und neuen Modellen geübt werden, da deren *Risiko* ohne entsprechende Erfahrung nur schwer zu kalkulieren ist.

Ohne ausreichende Gutachten über die Windverhältnisse am Standort der Anlagen sowie über die erforderlichen Rückstellungen für Reparaturen derselben ist von Investments in Windkraftfonds abzuraten.

3.4.2.5 Infrastrukturfonds

Gleichfalls als Abkömmling des geschlossenen Immobilienfonds präsentiert sich der Infrastrukturfonds. Infrastrukturfonds beinhalten langfristige Beteiligungen an vorzugsweise kommunalen Versorgungseinrichtungen, wie Abwasseraufbereitungsanlagen, Heizkraftwerke, Müllverbrennungsanlagen und anderen. Diese Versorgungseinrichtungen werden von der Fondsgesellschaft erstellt und betrieben und von den Kommunen über eine leasingähnliche Rechtskonstruktion (einen Nutzungsvertrag) genutzt. Die Nutzungsentgelte fließen dem Fonds als ständige und sichere Einnahmen zu. Die Laufzeit dieses Rechtsverhältnisses zwischen Fondsgesellschaft und Kommune ist in der Regel für einen Zeitraum von 20 bis 30 Jahren vereinbart. Danach wird die Immobilie zu einem im vorhinein vereinbarten Preis an die Kommune verkauft (u. von dieser weiterbetrieben). Die laufenden Nutzungsentgelte sowie der Verkaufserlös am Ende der Laufzeit sind die Wertrückflüsse an die Anleger. Eine Minderung derselben durch laufende Kosten erfolgt nicht, da diese (Kosten) von den Kommunen getragen werden.

Als Anlagemotiv steht die Erzielung einer sicheren *Rendite* im Vordergrund.

Das *Risiko* der Anlage ist minimal. Die Kommune und damit der Staat als Schuldner (gegebenenfalls haftet das Land für die Kommune) steht für *höchste Sicherheit*. Allerdings hat auch hier die Sicherheit ihren Preis. Der im voraus festgelegte Verkaufspreis des Objektes übersteigt in der Regel nur unerheblich die Herstellungskosten. Ein Wertzuwachs der Immobilie und somit ein erhöhter Kapitalrückfluß kann somit nicht erzielt werden. Inwieweit der im voraus festgelegte Verkaufspreis die im Zeitverlauf möglicherweise auftretenden Kaufkraftverluste abdeckt, kann im vorhinein nicht gesagt werden.

3.4.2.6 Immobilienfonds auf Aktien – REITs (Real Estate Investment Trusts)

Immobilienfonds auf Aktien sind eine amerikanische Ausprägung geschlossener Immobilienfonds in der Rechtsform einer US-Aktiengesellschaft*. Die Investitionen der Fondsgesellschaft erfolgen ausschließlich in Immobilien. Von Kapitalanlegern können Anteile an diesem Fonds durch Aktien der Fondsgesellschaft erworben werden.

---

* In abgewandelter Form auch in den Niederlanden, Kanada, Australien, Belgien, Japan und Frankreich etabliert.

Nach dem Gesetz zur Einführung steuerbegünstigter Immobilien-Aktiengesell-
schaften können neuerdings Reits auch in Deutschland rückwirkend zum 1. 1. 2007
eingerichtet werden. – Abweichend zu der US-amerikanischen Ausprägung dieser
Anlageform müssen deutsche Reits lediglich 75 Prozent ihres Vermögens in Immobilien anlegen und 75 Prozent ihrer Einnahmen aus diesem Anlagefeld beziehen.

Unternehmen, die Immobilien an einen Reit verkaufen, müssen bis 2010 nur die
Hälfte ihres daraus resultierenden Gewinns versteuern. Zusätzlich zu dieser Steu-
ervergünstigung beim Verkauf der Immobilie unterliegen auf der Ebene des Reits
die Erträge des Immobilienportfolios – ebenso wie Mieteinnahmen – nicht der
Besteuerung. Voraussetzung hierfür ist allerdings, daß die Immobilien-AGs mindestens 90 Prozent ihrer Erträge an die Anleger ausschütten. – Beim Anleger selbst
greift die Abgeltungsteuer.

Der entscheidende Vorteil von Reits gegenüber Immobilien-Direktinvestments ist
für den Anleger, daß er diese (Reits) an der Börse zum jeweils aktuellen Tageskurs
kaufen und verkaufen kann. – Allerdings sind die Reits-Kurse im allgemeinen weit
weniger stabil als die von offenen Immobilienfonds.

3.5 Immobilienaktien

Immobilienaktien sind Anteile am Grundkapital einer Aktiengesellschaft, deren
Unternehmensziel der Kauf und Verkauf sowie die Verwaltung von Immobilien
ist. Solche Immobilienaktiengesellschaften sind in Deutschland meist kleinere Unternehmen mit relativ wenig Gesellschaftern (Aktionären). Sie verfügen dementsprechend nur über einen kleinen Markt.

Immobilienaktien gelten als *Spezialwerte*. Wie die Erfahrung zeigt, folgt ihre Kursentwicklung keineswegs den Wertentwicklungen an den Immobilienmärkten. Sie
folgen in Deutschland eher dem DAX oder dem FAZ-Index.

Eine nicht zu übersehende Gefahr dieser Spezialwerte besteht darin, daß bereits
wenige Marktteilnehmer (mit ihrem auf einem solch kleinen Markt relativ hohen
Gewicht) über ihr Kauf- wie auch Verkaufsverhalten größere Kursausschläge be-
wirken können. Diese Feststellung läßt auch die Gefahr der Manipulation der
Kurse deutlich werden. Die Vorgabe von (Kurs-)Limits bei Kauf- und Verkaufsaufträgen erscheint deshalb allgemein angeraten.

Die *Liquidität* von Immobilienaktien kann durch die Begrenztheit der Märkte (u.
der damit möglicherweise fehlenden Nachfrage) zeitweise erheblich eingeschränkt
sein.

Ansonsten gelten die unter III, 1 für Aktien getroffenen Darlegungen.

3.6 Private Equity

Unter Private Equity werden Eigenkapital- oder eigenkapitalähnliche Investments
in nicht börsennotierte Unternehmen subsumiert. Sie gewinnen nach amerikani-
schem Vorbild in Europa zunehmend an Bedeutung in den Portfolios institutio-
neller und privater Großinvestoren. Nachdem die Renditen festverzinslicher Wertpapiere seit Jahren recht gering sind, richten diese Anlegergruppen ihr Interesse
verstärkt auf hohe, risikoadjustierte Renditen.

Private Equity wird vor allem privaten Unternehmen, die (beispielsweise aufgrund
innovativer Produkte) das Potential haben, ein vergleichsweise überdurchschnitt-
liches Umsatz- und Gewinnwachstum zu realisieren, zur Verfügung gestellt. Derlei

Anlagemöglichkeiten werden nicht nur nach Beobachtung und eingehender Analyse der Märkte sowie durch direkte Ansprache gefunden, sondern auch durch langjährige Kontakte. Die fundierte Einschätzung einschlägiger Verhältnisse bleibt ausschließlich erfahrenen Experten überlassen. Im Gegensatz zu Venture-Capital-Investoren, die sich auf die Finanzierung und Begleitung junger, erfolgversprechender Unternehmen spezialisieren, stellen Private-Equity-Anleger ihre Mittel bereits etablierten arrivierten Unternehmen zur Verfügung. Neben der Expansionsfinanzierung kann es sich dabei auch um Konsolidierung und Turn-arounds handeln. Nahezu alle Beteiligungsprogramme streuen aus *Risiko*-Erwägungen ihre Engagements (so insbesondere auf verschiedene Branchen und Regionen). So bestehen die meisten Portfolios aus einer Vielzahl unterschiedlicher Beteiligungen.

Private-Equity-Beteiligungen werden in der Regel zu deutlich niedrigeren Bewertungen erworben als für vergleichbare Beteiligungen an börsennotierten Unternehmen in Ansatz gebracht werden. Die den Beteiligungen unterlegte Absicht ist weniger eine laufende Ertragserzielung als vielmehr attraktive spätere Verkaufserlöse. Der Erfolg einer Private Equity kann deshalb immer erst nach Veräußerung der Beteiligung ermittelt werden.

Die Beteiligungen werden meist über einen Fonds eingebracht. Die Einzahlungen in die Fonds wie auch die Rückflüsse erfolgen meist in Raten. Zwischen der ersten Zahlung und der Abwicklung eines Fonds liegen oft zehn und mehr Jahre.

Die *Liquidität* und Fungibilität der von den Fonds gehaltenen Unternehmensanteile ist stark eingeschränkt, da diese in Ermangelung einer Börsennotierung nicht öffentlich gehandelt werden. Während der Dauer des Anlageprogrammes oder der Laufzeit des Fonds können sie im Normalfall, wenn überhaupt, nur mit Abschlägen verkauft werden. Somit ergibt sich in der Regel eine lange Kapitalbindungsfrist.

Private-Equity-Beteiligungen sind für private Kleinanleger nicht zu empfehlen!

4 Mobilien-Leasingfonds

Geschlossene Leasingfonds, deren Vermögensobjekte vorzugsweise Flugzeuge, Schiffe oder Schnellzüge sind.

Die Rechtskonstruktion dieser Fonds folgt in der Regel folgendem Muster: Der Leasinggeber, meist in der Unternehmensrechtsform einer GmbH & Co. KG, kauft ein Flugzeug und schließt mit dem Leasingnehmer, einem Luftverkehrsunternehmen, einen Leasingvertrag über eine Laufzeit von gewöhnlich nicht mehr als 8 Jahren ab. Nach dieser Laufzeit übernimmt der Leasingnehmer das Flugzeug zu dem (im voraus vereinbarten) kalkulierten Restwert.

Die Anleger in solchen Fonds sind Kommanditisten. Sie erzielen während der Laufzeit des Leasingvertrages Verluste aus Gewerbebetrieb, die sich vor allem aus den degressiven Abschreibungen abzüglich der Leasingerträge ergeben. Nach Ende der Laufzeit erhalten die Anleger den anteiligen Veräußerungsgewinn. Dieser Gewinn wird (einkommen-)steuerrechtlich in der unter III, 3.4.2 auf S. 113 dargestellten Weise behandelt.

Werden Anlagen in Mobilien-Leasingfonds als Verlustzuweisungsinstrument zu mißbrauchen versucht, gilt insbesondere §15b Einkommensteuergesetz (siehe hierzu Fußnote 1 unter III, 3.4.2 auf S. 112).

5 Gold/Edelmetalle

Gold ist wohl die klassische Sachwertanlage par excellence. Seit Jahrtausenden gerinnt in ihm Reichtum und Vermögen. Bis weit ins zwanzigste Jahrhundert war Gold Ausdruck der Wertbeständigkeit schlechthin. Selbst heute noch empfehlen Anlageberater ihren Kunden 5 bis 10 Prozent ihres Vermögens in Gold zu halten. Ob diese konservative Empfehlung in dieser generellen Form allerdings noch ökonomisch zu rechtfertigen ist, muß in hohem Maße bezweifelt werden. Der Wert des Goldes fiel seit den frühen 1980er Jahren von über 700 US-Dollar je Feinunze bis auf 250 US-Dollar Ende des Jahrtausends. Seither hat sich wohl eine deutliche Trendwende vollzogen. (Siehe hierzu Schaubild III, 9.) Ob, wann und in welchem Ausmaß sich dieser Trend wieder umkehrt, darüber kann nur spekuliert werden. Globale Ungleichgewichte von Angebot und Nachfrage, wie sie beispielsweise durch höhere Fördermengen oder die Auflösung staatlicher Goldreserven verursacht werden, lassen den Goldpreis jeder kalkulatorischen Disposition entraten.

Dennoch, Gold wird sicherlich auch in Zukunft seine mythische Faszination nicht verlieren. Es verkörpert weiterhin (auf kleinem Raum) einen hohen Wert und gilt deshalb als Kostbarkeit; es läßt sich leicht bewegen (mobile Anlageform) und in aller Regel ebenso leicht liquidieren.

Die Tatsache, daß Gold *keine Zinsen* trägt, wird gerne mit der Hoffnung auf einen langfristigen Wertzuwachs oder doch zumindest einen langfristigen Werterhalt kompensiert. Solange sich diese Einstellung weltweit hält, solange dürfte auch Gold seinen Wert behalten.

Wer Geld in Gold anlegen möchte, dem stehen dazu verschiedene Möglichkeiten offen:

Goldmünzen: Die derzeit gängigsten Goldmünzen mit jeweils einem Goldgehalt von einer Feinunze (31,0 Gramm) sind: Krügerrand (Südafrika), Britannia (Großbritannien), Maple Leaf (Kanada), Eagle Star (USA), Gold Nugget (Australien). Mit geringerem Feingoldgehalt werden gehandelt: Gold-Nugget (Belgien), 20-

GOLD in US-Dollar je Feinunze / 001010.INX / (mtl.) 15. 1. 09
Schluß 810,00 / Hoch 971,50 (29. 2. 08) / Tief 66,00 (31. 1. 73)

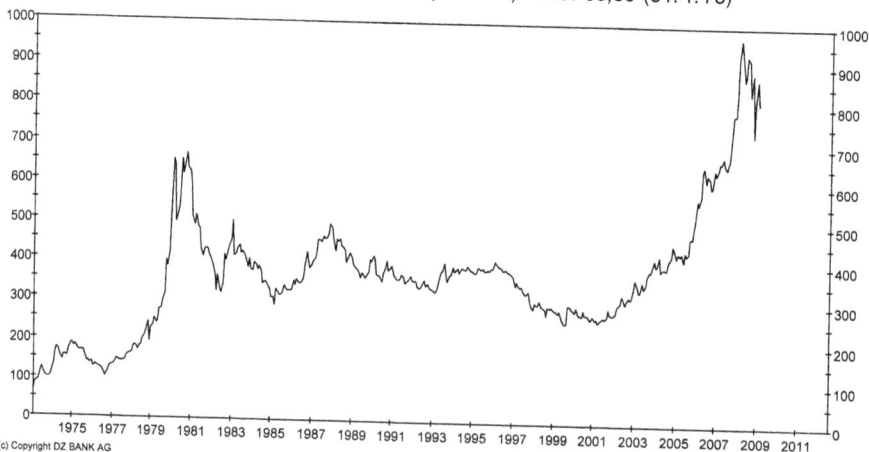

(c) Copyright DZ BANK AG

Übersicht III, 9

Mark-Stücke (Deutschland), Vreneli (Schweiz), Sovereign, neu (Großbritannien), Tscherwonetz (UdSSR) und andere.

Die An- und Verkaufspreise der vorgenannten Goldmünzen werden von den Großbanken täglich ermittelt und in den großen Tageszeitungen veröffentlicht. Ihr Wert orientiert sich fast ausschließlich am reinen Goldpreis. Sie haben ihm gegenüber ein Aufgeld von lediglich 1 bis 4 Prozent. Die Differenz zwischen An- und Verkaufspreis ist zum Teil recht groß (10 bis 40 Prozent und mehr!).

Bei niederwertigeren Münzen (d. s. solche mit geringerem Feingoldgehalt) steigt (infolge ihrer relativ höheren Prägekosten) zwangsläufig der Anteil des Aufgeldes.

Neben den vorgenannten gängigen Goldmünzen wird eine Vielzahl älterer wie auch numismatischer (sammelwerter) Münzen gehandelt. Bei ihnen macht in aller Regel der Sammlerwert (Seltenheit u. Erhaltungszustand) den größeren Teil am Gesamtwert aus. Ihr Wert ist außer den Schwankungen des Goldwertes auch denen des Sammlerinteresses unterworfen. Sie werden über Sammlerbörsen gehandelt. Ihre Liquidität ist erheblich eingeschränkt! Als Geldanlage weniger geeignet!

Nachprägungen von alten Münzen (wie bspw. die österreichische Goldkrone), die großteils an ihrem (sehr) guten Erhaltungszustand zu erkennen sind, haben keinen Sammlerwert und werden deshalb nur mit einem geringen Aufgeld zum Tagesgoldpreis gehandelt. Zur Geldanlage weniger geeignet!

Ebenfalls keinen Sammlerwert haben die sogenannten *Bullion-Coints* (Barrenmünzen), die in ihrem Goldgehalt den (Gold-)Barren gleich sind. Ihr Preis orientiert sich am Tagesgoldpreis. Das Aufgeld steigt um so mehr, je kleiner die Münzen sind. Relativ solide Anlage!

Goldmünzen, die in ihrem Herkunftsland gesetzliches Zahlungsmittel sind, können in Deutschland mehrwertsteuerfrei erworben werden.

Goldmedaillen: Goldstücke ohne Nennwert. Sie werden mit den unterschiedlichsten Feingoldgehalten geprägt und durchweg mit hohem Aufgeld (zum Metallwert) angeboten. Außer über Sammlerbörsen ist ihre Liquidierung (ein Wiederverkauf) meist nur zum reinen Goldwert möglich. Als Geldanlage nicht geeignet!

Goldbarren: Die reinste Form der Goldanlage ist die in Barren mit einem Reinheitsgehalt von 999 Promille. Mit dem Stempel einer reputierten Scheideanstalt werden diese weltweit zum jeweiligen Marktpreis gehandelt. Die Stückelung der Barren reicht von 5 Gramm bis 12 Kilogramm. Je kleiner der Barren, desto größer das Aufgeld gegenüber seinem reinen Metallwert (zwischen 1 u. 8 Prozent!). Goldbarren sollten nur über vertrauenswürdige Bankinstitute, niemals von Unbekannten (geschweige denn auf exotischen Märkten!) gekauft werden. Das Fälschungsrisiko ist zu hoch! (Siehe Übersicht III, 10.)

Goldschmuck: Die wohl schönste Form der Goldanlage ist die in Schmuck. Sie ist in der Regel aber auch die teuerste Anlage. Der reine Goldpreis steht zum Preis des Schmuckstückes meist in untergeordneter Beziehung. Je renommierter der Juwelier (Goldschmied), desto größer ist der ideelle und desto geringer der stoffliche Wertanteil am Angebotspreis. Der Wiederverkaufswert liegt – soweit man überhaupt einen Interessenten findet – meist erheblich unter dem Einkaufswert. Nur große Namen (wie beispielsweise Cartier, Tiffany, van Clef u. Arpels, Boucheron, Bulgari) lassen auf einen adäquaten Liquidationserlös hoffen! Als reine Geldanlage wenig geeignet!

Goldsparpläne: Eine Goldanlageform, die es dem Kleinanleger ermöglichen soll, über monatliche Raten allmählich ein kleines Goldvermögen anzusparen. Meist

Münzen, Barren

Schalterpreise in Euro	30.12.2008		02.01.2009	
	Ankauf	Verkauf	Ankauf	Verkauf
Australien Nugget	598,50	668,00	607,50	678,00
Britannia bzw. Eagle	591,46	664,02	603,64	677,06
Maple Leaf / Nugget	591,46	664,02	603,64	677,06
Britannia 1/10	54,51	74,66	55,73	76,05
Maple Leaf 0,25	144,53	176,05	147,58	179,44
Nugget 1/2	294,05	338,87	300,16	345,48
Krüger-Rand	591,46	664,02	603,64	677,06
20-Mark-Stück	131,20	160,29	133,99	163,37
Vreneli	101,75	132,23	103,92	134,77
Philharmoniker	591,46	664,02	603,64	677,06
Sovereign (neu)	130,53	157,02	133,31	160,04
Platin Koala	591,82	831,58	623,29	867,58
Barrengold 1kg	19383,91	20153,43	19778,89	20550,75
Barrengold 10g	187,64	226,63	191,59	230,61
Barrensilber 1kg	214,70	373,15	226,54	387,29
Stand 11.30 Uhr			Quelle: Deutsche Bank	

Edelmetalle (Euro)

Für industrielle Verbraucher (ohne Mehrwertsteuer)

Gold* je kg	1947000	20950,00	19680,00	21170,00
dgl. verarbeitet* je kg		21950,00		22180,00
Feinsilber* je kg	240,60	265,20	250,90	276,55
dgl. verarbeitet* je kg		277,60		289,50
Platin je g		21,97		23,02
Palladium je g		4,51		4,98
* Basis London Fixing			Quelle: W.C.Heraeus GmbH	

Übersicht III, 10

Quelle: FAZ (Januar 2009)

mit einem Startkapital von 500 bis 5000 Euro erwirbt der Anleger durch regelmäßige Einzahlungen zwischen 50 und 500 Euro Miteigentum an einem Sammeldepot von Gold (Goldmünzen und/oder Goldbarren). Die Laufzeit solcher Sparpläne beträgt in der Regel zwischen 8 und 15 Jahren. Die Vertragsbedingungen sehen meist vor, daß der Anleger seine Zahlungen unterbrechen, Zuzahlungen vornehmen wie auch seinen (Depot-)Anteil jederzeit verkaufen kann.

Neben der von Bank zu Bank unterschiedlichen Abschlußgebühr hat der Anleger jährliche Gebühren in Höhe von 3,5 bis 10 Prozent des Sparbetrages sowie Depotgebühren zu zahlen. Alles in allem recht teuer!

Goldzertifikate: Goldzertifikate verbriefen dem Anleger einen Miteigentumsanspruch an einem von der (die Zertifikate ausgebenden) Bank gehaltenen Goldlager. Die Zertifikate lauten auf eine bestimmte Menge Barren- und/oder Münzgold. Mindestanlage in der Regel 5000 Euro oder eine bestimmte Menge (Gold). Die Herausgabe des Goldes erfolgt auf Vorlage des Zertifikates. Der Miteigentums- und Herausgabeanspruch kann häufig (aber nicht immer!) durch einen Weitergabevermerk auf dem Zertifikat abgetreten werden.

Die Abschlußgebühren bewegen sich in der Regel bei 1 Prozent des Anlagebetrages. Die jährlichen Depotgebühren liegen bei circa 1,25 Promille und 19 Prozent Mehrwertsteuer.

Goldkonten: Über Goldkonten kann der Anleger – ähnlich wie bei einem Girokonto – Gold kaufen und verkaufen. Das (über regelmäßige Kontoauszüge nachgewiesene) Kontoguthaben lautet jedoch nicht auf eine bestimmte Währung, sondern auf eine bestimmte Goldmenge. An dieser Goldmenge erwirbt der Anleger jedoch *kein Eigentum*; er erwirbt im Umfang seines Guthabens lediglich einen Lieferanspruch (auf Gold) gegenüber der Bank. Dieser Anspruch auf Lieferung kann vom Anleger jederzeit gestellt werden. Da jedoch die kontoführende Bank nicht verpflichtet ist, das vom Anleger gekaufte Gold ins Depot zu nehmen, ist hier hinsichtlich der Realisierung dieses Anspruches ein gewisses *Sicherheitsrisiko* nicht zu übersehen. Goldkonten sollten deshalb – wenn überhaupt – nur bei ersten Bankadressen geführt werden.

Für Goldkonten werden regelmäßig Kontoführungsgebühren von 1 bis 2 Promille vom durchschnittlichen Jahresguthaben erhoben. Hinzu kommen An- und Verkaufsspesen von 0,5 bis 1,5 Prozent. Insgesamt recht teuer!

Metalldepots: Ähnlich wie bei Goldkonten kauft und verkauft der Anleger über eine Bank Gold oder andere Edelmetalle. Während es jedoch bei Goldkonten der kontoführenden Bank freisteht, das Gold ins Depot zu nehmen, ist diese bei Metalldepots dazu verpflichtet. Das Gold/Edelmetall wird von der Bank in Einzel- oder Sammeldepots gehalten. Der Anleger erwirbt daran direktes Eigentum.

Goldminenaktien: Über den Erwerb von Goldminenaktien bietet sich dem Anleger die Möglichkeit, sich als Gesellschafter (Aktionär) an Goldminen zu beteiligen. Wie bei anderen Aktien auch, gebiert sich der Ertrag dieser Beteiligung aus der (jährlichen) Dividende wie auch dem Kursanstieg des Papiers. Beide sind an den wirtschaftlichen Erfolg des Unternehmens geknüpft.

Neben dem wirtschaftlichen Erfolg des Unternehmens ist für Goldminenaktien die Entwicklung des Goldpreises von Bedeutung. Zieht der Goldpreis an oder hält er sich auf hohem Niveau, so spiegelt sich dies auch im Kurs von Goldminenaktien wider. Der Aktionär kann dann entsprechende Kursgewinne realisieren. Umgekehrt führen Goldpreiseinbrüche zu entsprechenden Kursverlusten. Goldminenaktien sind für Kleinanleger nicht zu empfehlen. Dafür sind sie *zu risikoträchtig!*

Goldfonds: Die punktuelle (d. h. auf ein Unternehmen konzentrierte) Risikohäufung bei Goldminenaktien wird bei Goldfonds umgangen. Hier werden (dem Gedanken der Investmentfonds folgend) Aktien ausgewählter Goldminen gepoolt. Darüber hinaus werden in den Fonds – je nach Anlagephilosophie des Fondsmanagements – auch sogenannte Goldkontrakte (d. s. Goldtermin- u. Goldoptionsgeschäfte) eingebracht. Das *Anlagerisiko* wird damit (breiter) gestreut, aber keineswegs aufgehoben! Auch bei Goldfonds schlagen die Schwankungen des Goldpreises durch. Goldfondsanteilen ist deshalb mit Zurückhaltung zu begegnen!

Goldtermingeschäfte: Goldtermingeschäfte sind ein hochspekulatives Anlageobjekt. Mit dem Kauf/Verkauf eines Terminkontraktes auf Gold verpflichtet sich der Käufer/Verkäufer, zu einem genau festgelegten Zeitpunkt (Termin) zu einem bestimmten Preis eine bestimmte Menge Gold zu kaufen/verkaufen. Steigt der Goldpreis bis zu diesem Termin über den vertraglich vereinbarten (Kauf-/Verkaufs-) Preis, dann ist der Käufer im Vorteil (denn er kauft ja günstiger als zum aktuellen Marktpreis!) und der Verkäufer im Nachteil (denn er verkauft ja unter dem aktuellen Marktpreis!). Da Terminkontrakte an der Börse gehandelt werden, kann der Anleger (in solchen) seinen Kontrakt vor dessen Fälligkeit (Termin) entweder (an der Börse) verkaufen oder durch ein kompensierendes Gegengeschäft „glattstellen". Die positive Differenz zwischen Terminkontraktpreis und Börsenkurs respektive Erlös aus Gegengeschäft ist der Gewinn des Anlegers (Spekulanten); die negative Differenz sein Verlust! Eine tatsächliche (d. h. materielle) Lieferung von Gold erfolgt im Rahmen von Terminkontrakten nur höchst selten.

Goldtermingeschäfte sollten als Geldanlage allenfalls von Profis in Erwägung gezogen werden! (Siehe hierzu auch unter V.)

Goldoptionen: Goldoptionen beinhalten das Recht, eine bestimmte, vertraglich festgelegte Goldmenge gegen Zahlung einer bestimmten Optionsprämie zu einem vereinbarten Basispreis vom sogenannten Stillhalter (d. i. der Verkäufer von Kauf- oder Verkaufsoptionen) kaufen oder an ihn verkaufen zu können. Sie (die Goldoptionen) werden einerseits börsenmäßig auf der Basis standardisierter Kontrakte gehandelt, andererseits auch als Freiverkehrsoptionen von Banken erworben und an Kunden verkauft.

Goldoptionen sind gleichsam Wetten auf steigende oder fallende Goldmarktpreise. Das damit in Kauf genommene *Risiko* ist meist nur in geringem Maße kalkulierbar. Wer den Kitzel des Risikos sucht und den Verlust seines Kapitaleinsatzes (leicht) verschmerzen kann, dem sei dieses Vergnügen vergönnt; wen der Verlust (seines Kapitaleinsatzes) schmerzen würde, sollte sich vor dieser Geldanlage hüten! (Siehe hierzu auch unter V, 1.)

IV
GEMISCHTE ANLAGEN

1 Gemischte Fonds (Mischfonds)

Bei gemischten Fonds hat das Fondsmanagement die Möglichkeit, das Anlage-kapital nach der Marktlage (d. h. nach der Börsen- u. Konjunkturentwicklung) zu plazieren und umzuschichten. So wird es in Zeiten instabiler und rückläufiger Kurse verstärkt in Anleihen und bei boomender Börse verstärkt in Aktien gehen. Mit geringen Geldbeträgen (Sparpläne ab 50 Euro monatlich) kann der Anleger Anteile an einem im Zeitverlauf sich verändernden Fondsvermögen aus Aktien und Anleihen verschiedenster Währungen erwerben. Dies mag für wenig erfahrene Anleger als eine bequeme und beruhigende Lösung erscheinen. Dieser Schein kann aber trügen! Wie die Erfahrung zeigt, wurde die in diesen Fonds potentiell angelegte Flexibilität in der Vergangenheit meist nur sehr zurückhaltend ausgenutzt.

Der Fondssparer selbst kann derlei Ergebnisse kaum beurteilen, da er nie weiß, wie sich das Fondsvermögen gerade zusammensetzt beziehungsweise in der Vergangenheit zusammengesetzt hat.

Einen hilfreichen Anhaltspunkt über die jeweilige Fondsstrategie bietet sich für den Anleger zuweilen in den Fondsbezeichnungen: Balanced Fonds, Growth-Fonds, Rendite-Fonds und Vermögensverwaltungsfonds.

Bei **Balanced Fonds** kann das Fondsmanagement entsprechend der jeweiligen Börsennachrichten frei entscheiden, in welcher Zusammensetzung das Fondsvermögen gehalten werden soll. Auf jeden Fall *ausgewogen* (balanced) hinsichtlich Chance-Risiko. Wie dies auch immer interpretiert werden mag! Zur Disposition stehen dabei neben Aktien und Anleihen auch Geldmarktpapiere sowie Futures (siehe V, 3) und Finanzinnovationen. Die optimale Mischung aus diesen Anlageobjekten wird meist nach hochkomplizierten finanzmathematischen Berechnungsmethoden (der Portfolio-Selection-Theorie) ermittelt und fortlaufend überwacht und korrigiert.

Growth-Fonds (Wachstumsfonds) ziehen grundsätzlich die gleichen Anlageobjekte wie die Balanced-Fonds in Betracht, jedoch in einem im vorhinein festgelegten Verhältnis. Der auf langfristiges Wachstum abstellende Anlageschwerpunkt sind Aktien.

Auch **Rendite-Fonds** umfassen die gleichen Anlageobjekte wie die vorgenannten Fonds. Sie setzen auf hohe Ausschüttungen und investieren deshalb schwerpunktmäßig in Anleihen.

Den größten Spielraum in der Zusammensetzung des Fondsvermögens hat das Fondsmanagment bei den **Vermögensverwaltungsfonds**. Hier kann im Extremfall total auf Aktien gesetzt werden. Die Unsicherheit des Anlegers hinsichtlich des jeweils gerade realisierten Fondsmix ist hier besonders ausgeprägt.

Die vorausgegangenen Darlegungen lassen es für den Anleger angeraten erscheinen, sich vor Einstieg in gemischte Fonds eingehend über deren jeweilige Anlagestrategie zu erkundigen. Nur so kann vermieden werden, ungewollt in einen verkappten Renten- oder Aktienfonds zu investieren.

Die Dauer der Anlage sollte nicht kurzfristig sein, sondern mindestens 4 bis 5 Jahre betragen.

Der Ausgabeaufschlag ist in der Regel verhandelbar. Er liegt normalerweise zwischen 3 und 5 Prozent.

Schließlich sollte nicht übersehen werden, daß internationale Fonds ein *Währungs-risiko* einschließen.

Wer mit den marktgängigen Mischfonds nicht vorlieb nehmen möchte, kann sich auch einen eigenen Mix aus Aktien- und Rentenfonds zusammenstellen. Ein solch selbst gemischtes Depot sollte jedoch mindestens einmal jährlich hinsichtlich seiner Zusammensetzung geprüft und gegebenenfalls soweit erforderlich umgeschichtet werden.

2 Garantiefonds

Garantiefonds sind Aktien- oder Mischfonds mit eingeschränktem Risiko, insbesondere hinsichtlich des Kursrisikos der in ihnen gepoolten Aktien. Die Garantiezusage kann sich auf den Rücknahmepreis, die Höhe der Ausschüttung oder den Kapitalerhalt beziehen. Das Fondsmanagement versucht dieser jeweiligen Garantiezusage durch entsprechende Anlage-, Termin- und Absicherungsgeschäfte zu entsprechen. Durchweg sind diese Absicherungsgeschäfte für die Fonds mit erheblichen Kosten (Kurssicherungskosten, Umschichtungskosten) verbunden, so daß sie sich in der Regel mit kaum mehr als 50–70 Prozent des Anlagekapitals an der Wertentwicklung der jeweiligen Aktienmärkte beteiligen können. Diese aufgezwungene Zurückhaltung verhindert zwangsläufig eine spekulative Anlagestrategie.

3 Umbrellafonds

Anleger mit einschlägigem Fachwissen und der erforderlichen Zeit können bei den sogenannten Umbrellafonds ihr Depot selbst managen. Diese Fonds vereinen unter ihrem Dach (umbrella, engl. Schirm) verschiedene (gegen 20 und mehr) eigene Einzelfonds mit unterschiedlichem Anlageschwerpunkt (Geldmarktfonds, Rentenfonds, Aktienfonds, Immobilienfonds, gemischte Fonds, Länder-, Branchen-, Spezialitätenfonds u. a.). Sie bieten dem Anleger die Möglichkeit, mit seinem Anlagekapital oder mit Teilen desselben je nach Marktsituation und Einschätzung derselben beliebig oft von einem Fonds zu einem anderen zu wechseln. Dieses sogenannte *Switchen* ist kostenfrei oder allenfalls mit einer geringen Gebühr (Switchgebühr) belegt. Ein Ausgabeaufschlag wird nur einmalig beim Einstieg in den Fonds auf das gekaufte Fondspaket erhoben.

Für einen engagierten, aktiven Anleger sind diese individuellen Gestaltungsmöglichkeiten sicherlich interessant. Dennoch sollte auch hier nicht vorschnell gehandelt werden. Die marktgängigen Umbrellafonds sind nämlich hinsichtlich ihrer Bonität recht unterschiedlich. Vor einem Einstieg in einen solchen Fonds sollten deshalb folgende Fragen geklärt werden:

- Wieviele Unterfonds hat der Umbrella,
- werden die wesentlichen Anlagemärkte durch die verschiedenen Einzelfonds abgedeckt,
- sind die Anlageschwerpunkte ausreichend breit gefächert,
- wie gestaltet sich die Performance der einzelnen Fonds,
- sind die einzelnen Fonds ergebniskonstant,

– was zeigt der Vergleich der Einzelfonds mit entsprechenden Konkurrenzfonds,
– bietet der Fonds eine hinreichende Beratungsqualität?

Nur wenn diese Fragen insgesamt zufriedenstellend beantwortet werden können,
ist ein Einstieg in einen Umbrellafonds in Erwägung zu ziehen!

Nicht außer acht zu lassen ist die Abrechnungswährung des Fonds. Internationale
Fonds rechnen häufig in US-Dollar ab. Hier ist das zusätzliche *Währungsrisiko*
zu beachten.

4 Dachfonds (Funds of Funds)

Dachfonds legen die ihnen von den Anlegern zufließenden Mittel ausschließlich
in Zertifikaten anderer Investmentfonds an. Die Entscheidung darüber, in welche
Fonds investiert wird und welche Umschichtungen vorgenommen werden, obliegt
dem Management des Dachfonds. Sein Ermessensspielraum ist – ähnlich den Vermögensverwaltungsfonds (siehe unter IV, 1) – faktisch unbegrenzt. Diese Tatsache
erhöht das *Anlagerisiko!*

Dachfonds sind in der unterschiedlichsten Zusammensetzung anzutreffen. Vom
bunt gestreuten internationalen Fondsvermögen über branchen-, regionen- und
länderorientierte bis hin zu ausschließlich in hauseigenen Fonds angelegte. Auf
Grund des großen, teilweise recht dubiosen Wildwuchses in dieser Investment-
fondssparte waren diese Anlageobjekte in Deutschland bis 1998 verboten. Auch
heute noch ist ihnen gegenüber (äußerste) Vorsicht geboten!

5 Fonds-Picking

Fonds-Picking ist eine aus dem anglo-amerikanischen Raum kommende Form
der Vermögensverwaltung. Unter der Devise „Vermögensverwaltung mit Fonds
statt durch Fonds" wird Anlegern anstelle einer Vermögensverwaltung mittels eines
einzelnen Fonds eine solche (Vermögensverwaltung) ausschließlich mit Fonds angeboten. Die Anleger bringen ihr Geld nicht in einen oder ein paar ausgewählte
Fonds ein, sondern – zusammen mit anderen Anlegern – in einen Pool von An-
lagegeldern. Der Verwalter des Pools – das sind Banken, Investmentgesellschaften
oder Vermögensverwaltungsgesellschaften – legt die ihm anvertrauten Gelder in
verschiedenen von ihm ausgewählten Investmentfonds (Aktienfonds, Rentenfonds,
Immobilienfonds, Geldmarktfonds, gemischten Fonds, Spezialitätenfonds, Fu-
turesfonds u. a.) an. Diese Fondsauswahl (das sogenannte Fonds-Picking) wie auch
die Fondsumschichtungen trifft der Verwalter (d. i. der Fonds-Picker) nach eigener
Einschätzung der einschlägigen (Börsen-)Situation unter Heranziehung des ihm
dafür notwendig erscheinenden Datenmaterials (Konjunkturdaten, Branchen-,
Markt-, Fondsanalysen). Er gelangt damit zu den unterschiedlichsten Gewichtun-
gen hinsichtlich der Anlageobjekte, Länder, Regionen, Branchen und Währungen,
die vielfach noch zusätzlich nach speziellen Sicherheits-/Risikokategorien (konservativ, ausgeglichen, spekulativ) differenziert werden. Soweit die Poolverwalter gezwungen sind, auf das konzerneigene Fondsangebot zurückzugreifen, kann diese
Freiheit der Auswahl jedoch mehr oder weniger stark eingeschränkt sein.

Mit Ausnahme von Fonds-Picking-Modellen in Form eines Investmentfonds oder einer Lebensversicherung unterliegen die einschlägigen Angebote von Nichtbanken nicht der staatlichen Aufsicht. Dieses Manko verlangt vom Anleger erhöhte Vorsicht! Sie ist insbesondere dann angezeigt, wenn die Fondsverwaltung im Ausland residiert oder die fondsgebundene Vermögensverwaltung in der Rechtsform der Gesellschaft des bürgerlichen Rechts gehalten ist, die eine solidarische Haftung ihrer Gesellschafter vorsieht. Dem Beteiligungspool in der Rechtsform der Gesellschaft des bürgerlichen Rechts ist zweifelsohne die Einzelkontenverwaltung der Anlage, wie sie von einigen großen unabhängigen Vermögensverwaltern und Banken angeboten wird, vorzuziehen. Sie ermöglicht eine strenge Abgrenzung der Anlegerrechte und -pflichten.

Die Anlagesumme in einem Fonds-Picking-Pool wird vom Poolverwalter häufig nach unten limitiert. Die mit einer solchen Limitierung geforderten Mindesteinlagen reichen von 5 Millionen Euro bis 20 000 Euro und darunter. Je geringer die geforderte Mindesteinlage, desto höher sind in der Regel die vom Poolverwalter verlangten Gebührensätze. Sie sind generell recht hoch. Normalerweise wird eine Einstiegsgebühr zwischen 5 und 15 Prozent der Anlagesumme in Rechnung gestellt. Hinzu kommt eine Verwaltungsgebühr in Höhe von 0,5 bis 5 Prozent. Depot- und Treuhändergebühren sowie teilweise noch eine Gewinnbeteiligung des Fonds-Pikkers runden schließlich die Belastungen für den Anleger ab. In welchen Abrechnungspositionen die mitunter überhöht erscheinenden Pickerhonorare und zusätzliche Spesen erfaßt werden, wird dem Anleger häufig nicht offengelegt.

Falls das Fonds-Picking-Modell Sparpläne mit regelmäßigen Einzahlungen vorsieht, wird die Gebührenkalkulation meist noch vertrackter. Die Einstiegsgebühren für die einzelnen Einzahlungen werden insgesamt durchweg höher veranschlagt als für eine Einmalanlage. Wenn dann schließlich noch diese Einstiegsgebühren für die gesamten (zukünftigen) Sparleistungen gleich zu Beginn (der Sparzeit) in Rechnung gestellt oder mit den ersten Monatsraten verrechnet werden, wird der Anleger eindeutig übervorteilt. Nicht nur, daß bei einem vorzeitigen Ausstieg aus dem Sparvertrag die Einstiegsgebühren für die nicht mehr zu erbringenden Sparleistungen bereits belastet sind und nicht mehr rückvergütet werden, auch ein Teil der Zinseszinsen entfällt, wenn über die ersten Einzahlungen die gesamten Einstiegsgebühren verrechnet werden.

Um unliebsamen Überraschungen in den vorangedeuteten Richtungen zu entgehen, empfiehlt es sich vor Eingehung eines Fonds-Picking-Vertrages diesbezügliche Fragen möglichst umfassend zu klären:

- Welche Rechtsform hat der Fonds;
- aus welchem Angebot von Investmentfonds kann der Fonds-Picker auswählen; muß er sich auf das konzerneigene Angebot beschränken;
- nach welchen Kriterien trifft der Fonds-Picker seine Auswahl;
- woher bezieht der Fonds-Picker das zur Fundierung seiner Auswahlentscheidungen notwendige Datenmaterial;
- werden die deklarierten Sicherheits-/Risikokategorien bei der Fondsauswahl ausreichend berücksichtigt;
- wer kontrolliert die zweckgebundene Verwendung der Anlagegelder;
- welche (zusätzlichen) Gebühren sind in den einzelnen Abrechnungsposten erfaßt;
- werden Umschichtungsgebühren erhoben;
- wie ist der potentiellen Gefahr vorzubeugen, daß das Poolmanagement nicht unnötig (nämlich nur der Gebühren wegen!) umschichtet;

– wird eine Gewinnbeteiligung in Rechnung gestellt; wenn ja, von welcher Bezugsgröße (Brutto- oder Nettovermögenszuwachs) wird sie berechnet;
– werden bei Sparplänen die Einstiegsgebühren mit den jeweiligen Einzahlungen (u. nicht für das gesamte Sparprogramm zu Beginn der Sparzeit) verrechnet;
– wie wird die Information der Anleger über die Wertentwicklung des Pools gehandhabt;
– wie ist die steuerliche Behandlung von Erträgen geregelt, wenn der Pool Gelder im Ausland anlegt oder dort seinen Sitz hat;
– zu welchen Bedingungen kann der Poolanteil vorzeitig gekündigt und damit liquidiert werden?

Können die vorgenannten Fragen zufriedenstellend beantwortet werden, kann sich die Anlage in Picking-Fonds durchaus empfehlen, bietet sie doch – insbesondere für den weniger erfahrenen Anleger – eine Reihe attraktiver Besonderheiten:

– Die Anlage schließt eine umfassende Vermögensverwaltung (Auswahl und Umschichtung der Anlageobjekte) ein und enthebt damit den Anleger einschlägiger Beobachtungen, Recherchen und Entscheidungen;
– dem Sicherheits-/Risikobedürfnis des Anlegers kann in der Regel über eine entsprechende Mischung seines Depots entsprochen werden;
– mit der Anlage in verschiedenen Fonds wird das Vermögen (des Anlegers) über die verschiedensten Anlageobjekte breit gestreut und damit das Risiko weit gesplittet;
– als Großnachfrager können die Fonds-Picker bei den anbietenden (Investment-) Fondsgesellschaften Preisvorteile (so insbesondere durch verminderte Ausgabeaufschläge) erlangen, die sie dann an ihre Klienten (Anleger) ganz oder teilweise weitergeben (können).

Fonds-Picking ist eine mittel- bis langfristige Geldanlage und sollte auch unter diesem Zeitaspekt angesteuert werden.

6 Futures-Fonds

Die aus dem anglo-amerikanischen Raum kommenden Futures-Fonds plazieren ihre Gelder an den Termin- und Optionsmärkten in sogenannten Futures (siehe unter V, 3). Futures als Sammelbezeichnung für Termingeschäfte (Terminkontrakte) umfassen Aktien, Zinsen, Indizes, Währungen, Edelmetalle, Waren, Rohstoffe. Der hochspekulative Charakter der Termingeschäfte wird durch die Streuung und Diversifizierung der Fondsanlage (Fondsgelder) sicherlich etwas abgemildert, bleibt aber im wesentlichen doch erhalten. Futures-Fonds sollten deshalb von privaten Anlegern allenfalls in einem verschmerzbaren Umfang erworben werden.

Anders die **Guaranteed Futures Funds**. Bei ihnen garantiert der Fonds dem Anleger nach Ende der (Fonds-)Laufzeit zumindest die Rückzahlung des angelegten Kapitals (ohne Zinsen). Hier bleibt der mögliche Verlust auf die Zinsen beschränkt.

Die den Anlegern von Fondsgesellschaften in Rechnung gestellten Gebühren sind durchweg recht hoch!

Auch bei den Futures-Fonds kommt der Seriosität von Anbietern und Management vorrangige Bedeutung zu. Diese (einigermaßen verläßlich) zu beurteilen, ist allerdings nicht leicht. Eine eingehende Information in kritischen Fachzeitschriften (so insbesondere in: Finanztest, hrsgg. von Stiftung Warentest, Berlin) kann hier hilfreich sein!

7 Optionsscheinfonds

Die ebenfalls aus dem anglo-amerikanischen Raum kommenden Optionsschein-fonds investieren in Optionen (siehe unter V, 1), die dem Inhaber (d. i. der Fonds) das Recht verbriefen, bestimmte Wertpapiere (Aktien, Anleihen), Währungsbeträ-ge oder Rohstoffe zu festen Terminen oder während bestimmter Fristen zu einem festgelegten Kurs zu kaufen oder zu verkaufen. – Außer auf bestimmte Wertpapiere, Währungsbeträge oder Rohstoffe kann der Fonds mit Optionsscheinen auch auf die Entwicklung bestimmter Aktienindizes (z. B. den DAX) und damit eine Vielzahl von Aktien setzen.

Wie die Futures-Fonds sind auch die Optionsscheinfonds hochspekulativ. Sie sind eher eine Einrichtung für Spieler als für Anleger!

8 Hedge-Fonds

Ähnlich wie jeder aktiv gemanagte Investmentfonds folgen die Hedge-Fonds dem allgemeinen Grundprinzip, Wertpapiere, die als unterbewertet eingeschätzt wer-den, gegenüber dem Vergleichsindex höher zu gewichten, und solche, die als über-bewertet angesehen werden, diesem gegenüber unterzugewichten. Der gravierende Unterschied zu einem normalen Investmentfonds besteht jedoch darin, daß dieser die Gewichtung bestimmter Papiere im Extremfall allenfalls auf Null reduzieren kann, während der Hedge-Fonds zur Risikoabsicherung (Hedging) auf den Ter-minmärkten auch die Möglichkeit des Leerverkaufs (short selling) in Betracht zieht. Diese Managementstrategie ist insbesodere unter Einbezug von Derivaten (Futu-res, Optionen, Swaps) äußerst riskant, zumal die große Hebelwirkung (Leverage) der derivaten Produkte schnell und mächtig in Erscheinung treten kann.

In differenzierender Betrachtungsweise lassen sich nachfolgende Hedge-Fonds-Strategien ausmachen:

Convertible Arbitrage: Ausnutzung der Angleichung von Preisunterschieden bei Wandelanleihen.

Dedicated Short Bias: Schwerpunkt auf Leerverkäufen. Das Portfolio setzt netto auf fallende Kurse.

Emerging Markets: Konzentration auf Aktien und Anleihen in Schwellenländern.

Equity Market Neutral: Aktienstrategie mit marktneutralem Risiko. Identische Positionen auf der Long-(Kauf-) und Short-(Verkaufs-)Seite.

Event-Driven: Ausnutzen von Preisineffizienzen bei Fusionen, Restrukturierungen und anderen Ereignissen.

Fixed Income Arbitrage: Zins-Arbitrage, die auf unterschiedliche Preise bei fest-verzinslichen Wertpapieren setzt. Große Hebelwirkung auf Grund von Krediten üblich.

Global Macro: Versuch, weltweite Marktentwicklungen unter Einbezug von Kassa- und Terminpositionen auszunutzen.

Long/Short Equity: Kauf unterbewerteter und Leerverkauf überbewerteter Aktien.

Managed Futures: Einsatz von Terminkontrakten in verschiedenen Asset-Katego-rien.

Privaten Anlegern ist gegenüber Hedge-Fonds (insbesondere von sogenannten Offshore-Inseln [so insbesondere Cayman-Islands, Bermudas]) äußerste Vorsicht geboten. Nicht nur das beschriebene *Risiko*, sondern auch die hohen Mindesteinsätze sowie beträchtliche Verwaltungsgebühren (15–20 Prozent des realisierten Gewinnes) lassen große Zurückhaltung geraten erscheinen.

Dachfonds, die in Hedge-Fonds investieren (Hedge-Dachfonds) folgen – wie alle Dachfonds (siehe IV, 4) – dem Grundsatz der Risikostreuung. Sie sind in Deutschland seit 2004 zugelassen.

9 Börsengehandelte Fondsanteile

Seit April 2000 hat die EUWAX (Börse Stuttgart) ein spezielles Handelssegment für Fondsanteile eingerichtet. Im **XTF** (Exchange Traded Funds) werden solche fortlaufend gehandelt. Generelle Voraussetzung für die Zulassung zum Handel ist, daß der jeweilige Fonds zum öffentlichen Vertrieb in Deutschland zugelassen ist und bei Aufnahme des Handels ein Mindestvolumen von 50 Millionen Euro hat. Speziell wird die Zulassung davon abhängig gemacht, daß es sich um einen reinen, einem international bekannten Index nachgebildeten (Index-)Fonds handelt oder der Fonds aktiv gemanagt wird und das Fondsmanagement die (Fonds-)Zusammensetzung laufend an einer international gebräuchlichen Benchmark ausrichtet und somit durch die Referenzmarke einen Vergleich der Qualität des Managements jederzeit ermöglicht. Die Euwax veröffentlicht für alle in den Handel einbezogenen Fonds börsentäglich minütlich die Inventarwerte auf der Basis der aktuellen Kurse.

Seit Mai 2006 hat die Deutsche Börse AG in Frankfurt a. M. den Handel mit Publikumsfonds (Handelssegment: Börse Frankfurt Fonds) aufgenommen.

V
(FINANZ-)TERMINGESCHÄFTE
(FINANZ-)DERIVATE

(Finanz-)Termingeschäfte sind dadurch charakterisiert, daß ihr Abschluß und ihre Erfüllung (i. G. zu den Kassageschäften, bei denen Abschluß u. Erfüllung zeitlich zusammenfallen) zeitlich auseinanderfallen. Die häufigsten Formen von Termingeschäften sind Optionen, Futures und Zertifikate. Sie werden auch den Derivaten zugerechnet. Diese Anlagespezies umfaßt Finanzinstrumente, deren Preise (Kurse) von den Preisen (Kursen) anderer Objekte abgeleitet (lat. derivare = ableiten) werden.

Erträge aus Derivaten, d. s. Zinsen und realisierte Kursgewinne, sind einkommensteuerpflichtig. Kursgewinne dürfen mit Kursverlusten vergangener Jahre verrechnet werden.

1 Optionen

Im Gegensatz zu den Optionsscheinen (siehe unter II, 2.16.3), die als eigenständige Wertpapiere an der Wertpapierbörse gehandelt werden, sind Optionen spezielle *Finanzinstrumente*, die an den sogenannten Terminbörsen gehandelt werden.

Mit dem Kauf einer Option erwirbt der *Käufer* das Recht – nicht aber die Pflicht –, eine bestimmte Menge eines Anlageobjektes (z. B. Aktien, Anleihen, Währungen, Indizes, Rohstoffe)* innerhalb einer bestimmten Frist zu einem im voraus vereinbarten Preis (Basispreis) zu kaufen oder zu verkaufen. Die Option räumt somit ihrem Käufer ein Wahlrecht ein, einen bestimmten Kauf respektive Verkauf zu tätigen oder nicht. Der *Verkäufer* einer Option hat abzuwarten, das heißt stillzuhalten, wie sich der Käufer entscheidet, ob er von seinem Wahlrecht Gebrauch macht oder nicht. Er wird deshalb auch *Stillhalter* genannt. Ob der Käufer von seinem Wahlrecht Gebrauch macht oder nicht, wird davon abhängen, wie die Kursentwicklung des zur Wahl stehenden Anlageobjektes verläuft. Wenn diese so verläuft, wie er (der Käufer) es erwartet hat, das heißt den erhofften Gewinn bringt, wird er es wahrnehmen. Bringt die Kursentwicklung nicht den erhofften Gewinn, wird er von seinem Wahlrecht Abstand nehmen. Die einzige Einbuße, die mit diesem Verzicht verbunden ist, ist, daß der vom Käufer für die Option gezahlte Preis (Optionspreis, Optionsprämie)[1] nicht mit einem (Kurs-)Gewinn verrechnet werden kann. Diese Optionsprämie erhält der Verkäufer der Option als Gegenleistung für sein Stillhalten und die mit diesem verbundene Risikoübernahme. Der Stillhalter setzt ja (i. G. zum Käufer) auf eine Kursentwicklung, bei der der Käufer sein Wahlrecht nicht wahrnehmen wird!

Normalerweise sollte der Stillhalter die Aktien, über die er eine Option verkaufte, besitzen (= *gedeckte* [covered] Option). Dies muß aber nicht so sein. Er kann auch eine *ungedeckte* (incovered) Option schreiben (d. h. verkaufen). Dies ist für ihn allerdings äußerst riskant. Denn, wenn der Optionskäufer es verlangt, muß er (der Stillhalter) zum vereinbarten Preis liefern, egal was er am Markt selbst für das Anlageobjekt bezahlen muß! Zuweilen versuchen gewiefte Stillhalter wiederum ihrerseits dieses Risiko durch den Kauf einer entsprechenden Option (d. h. durch

---

* Nachfolgend soll vereinfachend allgemein von Aktien ausgegangen werden!

[1] Die Optionsprämie richtet sich grundsätzlich nach Angebot und Nachfrage entsprechender Optionen. Darüber hinaus hängt sie von der Laufzeit der Option, dem vereinbarten Basispreis (d. i. der im Optionskontrakt festgelegte Kurs des Anlageobjektes) und der Volatilität desselben ab. Generell führen längere Laufzeiten zu höheren Optionsprämien.

ein entsprechendes Gegengeschäft) glattzustellen. Doch auch solche Kniffe können das hohe Verlustrisiko nicht bannen!

Der Käufer einer Kauf- oder Verkaufsoption kann diese innerhalb ihrer Laufzeit an jedem Börsentag verkaufen. Ein solcher Verkauf führt zu einem Wechsel des Optionsberechtigten. Die Position des Optionsverpflichteten (d. h. des Stillhalters) wird dadurch nicht tangiert.

Börsennotierte Optionen, wie sie an der Eurex (European Exchange)* oder anderen internationalen Terminbörsen gehandelt werden, sind weitgehend standardisiert. Außer dem zwischen den Kontraktparteien auszuhandelnden Preis sind alle weiteren Bedingungen normiert. So geht ein Optionskontrakt immer über ein ganzes Paket von Wertpapieren und eine bestimmte Laufzeit von in der Regel 1 bis 6 Monaten. Auch der Basispreis ist nur auf bestimmten Niveaus verhandelbar.

Bezüglich der Kauf- und Verkaufsposition gilt es folgende Grundgeschäfte zu unterscheiden:

Kauf einer Kaufoption (Long Call): Eine Kaufoption wird in der Regel dann erworben, wenn der Anleger (Käufer) auf steigenden Aktienkurs setzt, aber hinsichtlich einer solchen Entwicklung doch etwas skeptisch ist. Durch den Kauf einer Kaufoption sichert sich der Anleger dann das Recht, eine bestimmte Anzahl Aktien

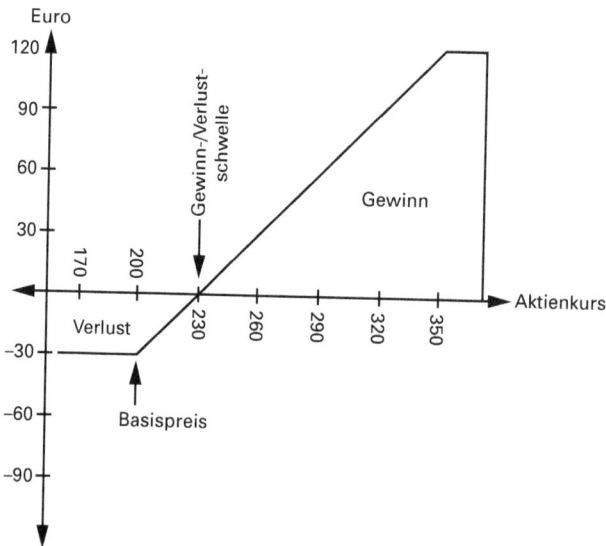

Long Call – Kauf einer Kaufoption

Schaubild V, 1

---

* Durch Fusion der DTB Deutsche Terminbörse und der SOFFEX (Swiss Options and Financal Futures Exchange) 1998 gegründet. Außerhalb Deutschlands (Eurex Frankfurt AG) und der Schweiz (Eurex Zürich AG) befinden sich sogenannte Access Points (Zugänge) in London, Madrid, New York, Tokio, Hongkong, Amsterdam, Chicago, Helsinki und Sydney. Die Eurex ist die größte elektronische Handelsplattform (Börse) für Optionen und Futures weltweit.

in der Zukunft zum (niedrigeren) vereinbarten Basispreis von heute kaufen zu können. Steigt der Aktienkurs tatsächlich, so kann er diese (Aktien) am Erfüllungstag mit Gewinn an der Börse weiterverkaufen. Sein Investment hat sich – allerdings erst, wenn der (Aktien-)Kurs am Erfüllungstag den Basispreis zuzüglich Optionsprämie übersteigt – gelohnt! Bestätigt sich seine Erwartung (eines steigenden Aktienkurses) nicht (weil der Kurs stehenblieb oder fiel), so wird er die Option nicht wahrnehmen. Er hat nichts verloren außer der Optionsprämie. (Siehe Schaubild V, 1.)

Verkauf einer Kaufoption (Short Call): Der Verkäufer (Stillhalter) einer Option rechnet mit stabilem bis sinkendem Aktienkurs. Er möchte den daraus für ihn gegebenenfalls erwachsenden Gewinnausfall bis Verlust durch Verkauf zum vereinbarten Basiskurs vermeiden oder aber – bei Verzicht des Optionskäufers auf sein Wahlrecht – seinen Einnahmeausfall/Verlust um die Optionsprämie mindern.

Steigt jedoch entgegen den Erwartungen des Verkäufers der Aktienkurs, bleibt der Gewinn des Stillhalters auf die erhaltene Optionsprämie beschränkt. (Siehe Schaubild V, 2.)

Short Call – Verkauf einer Kaufoption

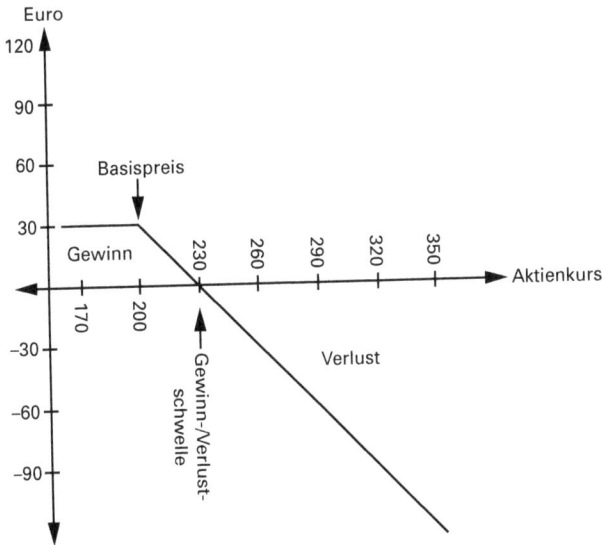

Schaubild V, 2

Kauf einer Verkaufsoption (Long Put): Der Kauf einer Verkaufsoption kann für einen Aktienbesitzer dann sinnvoll sein, wenn er ein Fallen des Aktienkurses erwartet. Mit dem Kauf einer Verkaufsoption sichert sich der Anleger den Basispreis für die Dauer der Option. Er wird die Option wahrnehmen, wenn der Börsenkurs den Basispreis unterschreitet. Einen Gewinn wird er allerdings erst dann realisieren, wenn der Kurs um mehr als die Optionsprämie unter den Basispreis sinkt.

Der Kauf einer Verkaufsoption kann sich für Anleger empfehlen, die ihr Aktienportefeuille gegen Kursverluste absichern wollen. Fallen die Kurse, kann der Käu-

Long Put – Kauf einer Verkaufsoption

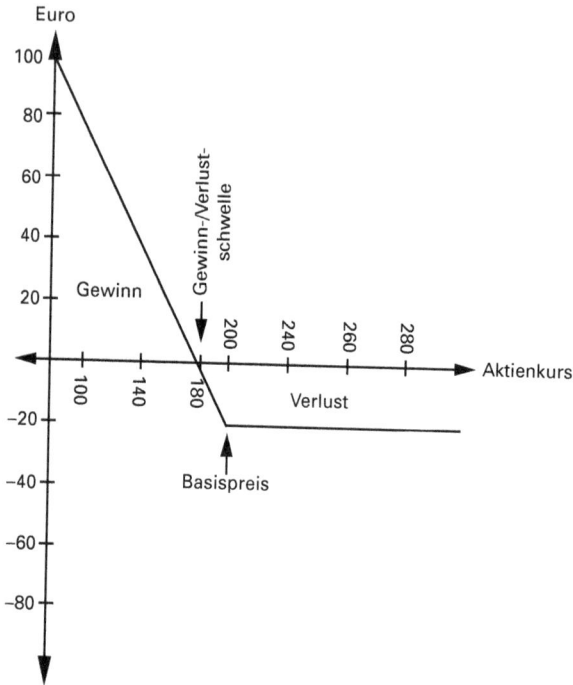

Schaubild V, 3

fer seine Wertpapiere zum höheren Basispreis verkaufen. Steigen die Kurse, läßt er seine Option verfallen. (Siehe Schaubild V, 3.)

Verkauf einer Verkaufsoption (Short Put): Wer mit stabilen oder steigenden Kursen rechnet, kann – ohne selbst Wertpapiere zu besitzen – über den Verkauf einer Verkaufsoption dann einen Gewinn realisieren, wenn sich seine Erwartungen bestätigen. Allerdings beschränkt sich dieser Gewinn auf die erhaltene Optionsprämie. Bestätigen sich die Erwartungen (stabiler oder steigender Kurse) nicht, so macht der Käufer (der sogenannte Stillhalter in Geld), soweit der Kurs der Papiere um mehr als die Opitonsprämie unter den Basispreis sinkt, Verluste. Short Puts sind äußerst riskant! (Siehe Schaubild V, 4.)

Die bekanntesten an der Eurex Frankfurt AG gehandelten Kontrakte sind Aktienoptionen auf deutsche Standardaktien, Indexoptionen auf den DAX, TecDAX, STOXX 50, EURO STOXX 50 und Optionen auf den Euro Bund Future* und den Euro Bobl** Future.

Die Spesen für den Ankauf/Verkauf von Optionen liegen je nach Ordervolumen zwischen 40 und 108 Euro.

---

*   Basiswert für Bund-Futures ist eine idealtypische Bundesanleihe
** Bobl = Bundesobligationen

Short Put – Verkauf einer Verkaufsoption

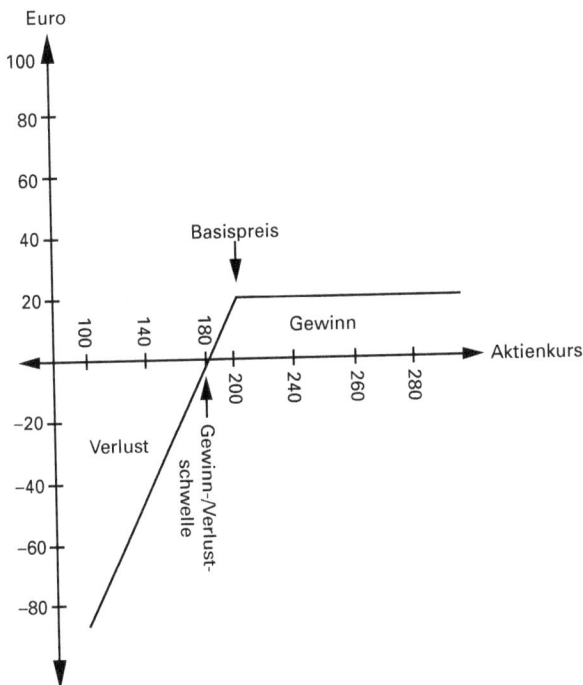

Euro
100
80
60
40 Basispreis
20 Gewinn
100 140 180 Aktienkurs
200 240 260 280
-20 Verlust
-40 Gewinn-/Verlust-schwelle
-60
-80

Schaubild V, 4

2 Aktienanleihen*

Aktienanleihen, auch Anleihen mit Aktien-Andienungsrecht des Emittenten, Reverse Convertible Bonds oder Equity-Linked Notes genannt, bestehen aus einer normalen Anleihe verbunden mit dem Recht des Emittenten, diese Anleihe am Ende ihrer Laufzeit entweder zum Nennwert oder in Form einer vereinbarten Anzahl von Aktien eines bestimmten Unternehmens zurückzuzahlen. Im letzteren Fall werden Aktien zu einem bereits zum Zeitpunkt der Emission festgelegten Preis (Basispreis, Ausübungspreis) angedient. Der Nennwert der (Aktien-)Anleihe entspricht dem Basiswert der Aktien multipliziert mit deren Stückzahl. Maßgeblich für die Entscheidung des Emittenten über die Art der Tilgung ist der Schlußkurs der Aktien zum Ende der Laufzeit am sogenannten Ausübungstag (d. i. ein festgelegter Termin einige Tage [i. d. R. 5 Tage] vor Ende der Laufzeit).

Der Emittent wird sein Andienungsrecht wahrnehmen und die Aktien liefern, wenn am Ausübungstag der Kurs der Aktie *unter* den festgelegten Basispreis gesunken ist. Der Anleger erhält dann anstatt des Nennwertes der Anleihe die vereinbarte

---

* Die Einordnung der Aktienanleihen unter (Finanz-)Termingeschäften statt unter Schuldverschreibungen (Anleihen) ist strittig.

Anzahl Aktien zum Basispreis. Der rechnerische Verlust, der ihm damit entsteht, ergibt sich aus der Differenz zwischen dem Nennbetrag der Anleihe und dem Betrag, der sich aus der Anzahl der zu liefernden Aktien multipliziert mit deren am Ausübungstag geltenden Kurs errechnet. Dieser Verlust kann im Extremfall ein totaler sein, dann nämlich, wenn der Kurs der Aktien auf Null fällt!

Der Anleger ist nun jedoch nicht gezwungen, den rechnerischen Verlust durch Verkauf der Aktien über die Börse zu realisieren. Er hat die Möglichkeit, steigende Kurse abzuwarten und dann gegebenenfalls einen Gewinn zu erwirken. Diese Entwicklung muß sich jedoch nicht einstellen. Im Gegenteil, die Kurse können noch weiter fallen und damit ein Gewinn in weite Ferne rücken!

Um das nicht unerhebliche *Verlustrisiko* der Aktien zu kompensieren, sind Aktienanleihen in der Regel mit einem bedeutend höheren Zinssatz (teilweise bis 15 Prozent) und damit einer bedeutend höheren *Rendite* ausgestattet als gewöhnliche Anleihen.

Aktienanleihen werden an der EUWAX* gehandelt. Bei Kauf oder Verkauf während der Laufzeit berechnen die Kreditinstitute die für Anleihen üblichen Spesen: 0,5 % Provision vom Kurswert und 0,75‰ Maklergebühr vom Nennwert. Im Gegensatz zu normalen Anleihen muß jedoch bei Aktienanleihen aufgrund ihrer speziellen Konstruktion mit größeren Spannen zwischen An- und Verkaufspreis gerechnet werden. Damit ist ihre *Liquidität* nur entsprechend eingeschränkt gewährleistet.

Abschließend läßt sich feststellen: Aktienanleihen können für Anleger interessant sein, die hohe, garantierte laufende Zinseinnahmen wünschen und sicher zu sein glauben, daß die zur Ablösung der Anleihe in Betracht gezogene Aktie sich mittelfristig eher seitwärts bewegt beziehungsweise keine extremen Kurszuwächse eintreten. Gleichzeitig sollten sie (die Anleger) bereit sein, im Falle einer fallenden Kursentwicklung die Lieferung der Aktien zum Basispreis als einen günstigen Einstieg in das Papier zu sehen. – Ein fester Boden, auf dem sich eine solide Vermögensbildung inszenieren ließe, ist hier wahrlich nicht auszumachen! Im Gegenteil, wer in Aktienanleihen geht, begibt sich auf ein recht gefährliches Terrain, vor dem Anlegerschützer ausdrücklich warnen. „Der Anleger trägt gegen eine bescheidene Prämie und bei vollem Kapitaleinsatz das gesamte Risiko aus der Aktienspekulation, ohne an deren Chancen teilzuhaben" (Jürgen Machunsky, Vorstandsmitglied des Bundesverbandes privater Kapitalanleger, Bonn). Die Aktienanleihe, als ein sogenanntes „strukturiertes Produkt", verbindet eine normale Anleihe mit einer Aktienoption. Der Emittent ist faktisch Inhaber einer Verkaufsoption, die ihm der Anleger gegen den erhöhten Zins, der einer Optionsprämie gleichkommt, verkauft hat. Der Anleger ist quasi der Stillhalter in Geld. Trotz dieser technisch-organisatorischen Besonderheiten sind Aktienanleihen nach einer Entscheidung des Bundesgerichtshofes v. 12.3.2002 (Az XI ZR 258/01) formal-rechtlich nicht (wohl aber faktisch!) den Finanztermingeschäften zuzuordnen.

---

* Siehe Fußnote zu II, 2.16.3 auf S. 66.

3 Futures

Ähnlich wie Optionen sind auch Futures „Wetten auf die Zukunft". Wie diese (Optionen) ermöglichen sie dem Anleger, bestimmte nach Menge, Qualität und Liefertermin standardisierte Basiswerte (Kontraktgegenstände) zu einem bestimmten Preis (Termin- oder Future-Preis) zu kaufen oder zu verkaufen. Der entscheidende Unterschied zu Optionen besteht darin, daß Futures kein Wahlrecht beinhalten. Käufer und Verkäufer gehen eine bindende Liefer-/Abnahmeverpflichtung ein. Der Käufer eines Future-Kontraktes erwirbt das Kaufrecht der per Termin gehandelten Werte (Long Position). Der Verkäufer eines Future-Kontraktes übernimmt dagegen die Pflicht, die per Termin gehandelten Werte zu liefern (Short Position).

Es lassen sich zwei Gruppen von Futures-Geschäften unterscheiden: Die **Finanz-Futures** (Aktientermingeschäfte, Aktienindextermingeschäfte, Devisentermingeschäfte, Zinstermingeschäfte) und die **Warentermingeschäfte** (Termingeschäfte auf Metalle, landwirtschaftliche Produkte sowie Welthandelswaren [Kaffee, Zucker, Kakao u. a.]).*

Finanz-Futures (Financal Futures) werden an Futures-Börsen (Terminbörsen) gehandelt und notiert.

Futures-Kontrakte können auf drei verschiedene Weisen erfüllt werden:
– durch tatsächliche Erfüllung des Kontraktes,
– durch ein kompensierendes Gegengeschäft (d. h. durch Glattstellung der Position) oder
– durch Cash Settlement, das heißt durch Ausgleich der Kursdifferenz in Geld (Barausgleich).

Eine effektive Lieferung und Abnahme des Basiswertes erfolgt in der Praxis nur selten. Meist wird die eingegangene Verpflichtung durch ein Gegengeschäft glattgestellt (d. h. vor Fälligkeit werden *gekaufte Kontrakte* durch *Verkauf* und *verkaufte Kontrakte* durch *Rückkauf* gleicher Kontrakte ausgeglichen).

Die Grundpositionen von Finanz-Futures, die Long Position und die Short Position, lassen sich wie folgt skizzieren:

Kauf eines Futures (Long Position): Durch den Kauf eines Future-Kontraktes verpflichtet sich der Käufer gegenüber dem Verkäufer, am Fälligkeitstag den Basiswert zu einem im voraus vereinbarten Preis (Einstandspreis) zu übernehmen. Der Käufer läßt sich dabei von der Erwartung leiten, daß der Kurs des Basiswertes während der Laufzeit des Kontraktes steigt.

Die Höhe des aus der Long Position erwachsenden Gewinnes hängt davon ab, wie weit der Kontrakt zum Zeitpunkt der Glattstellung beziehungsweise bei Fälligkeit *über* dem Einstandspreis notiert. Der Gewinn wird umso höher sein, je höher der Preis (Kurs) des Futures über den Einstandspreis steigt. Umgekehrt wird der Verlust umso höher sein, je niedriger der Kontrakt zum Zeitpunkt der Glattstellung beziehungsweise bei Fälligkeit *unter* dem Einstandspreis notiert. Der (theoretisch) unbegrenzten Gewinnmöglichkeit steht ein unbegrenztes Verlustpotential gegenüber. (Siehe Schaubild V, 5.)

---

* Nachfolgend soll aus Vereinfachungsgründen von Finanz-Futures, und zwar von Termingeschäften auf Aktien, ausgegangen werden.

Future Long Position – Kauf eines Futures

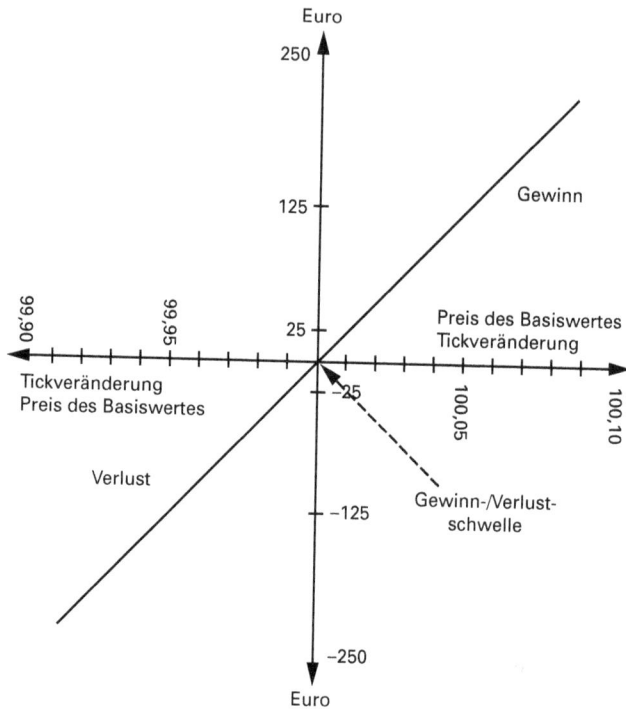

Schaubild V, 5

Verkauf eines Futures (Short Position): Durch den Verkauf eines Future-Kontraktes verpflichtet sich der Verkäufer gegenüber dem Käufer, am Liefer- beziehungsweise Erfüllungstag den Basiswert zu einem im voraus vereinbarten Preis (Einstandspreis) zu liefern. Der Verkäufer läßt sich dabei von der Erwartung leiten, daß der Kurs des Basiswertes während der Laufzeit des Kontraktes fällt.

Die Höhe des aus der Short Position erwachsenden Gewinnes hängt davon ab, wie weit der Kontrakt zum Zeitpunkt der Glattstellung beziehungsweise Fälligkeit *unter* dem Einstandspreis notiert. Der Gewinn wird umso höher sein, je tiefer der Preis (Kurs) des Futures unter den Einstandspreis fällt. Umgekehrt wird der Verlust umso größer sein, je höher der Kontrakt zum Zeitpunkt der Glattstellung beziehungsweise bei Fälligkeit *über* dem Einstandspreis notiert. Der (theoretisch) nahezu unbegrenzten Gewinnmöglichkeit steht ein unbegrenztes Verlustpotential gegenüber. (Siehe Schaubild V, 6.)

Die ursprünglich der Absicht entsprungenen Futures, Anlegern in Wertpapieren eine Kurssicherungsmöglichkeit zu bieten, gewannen sehr rasch das Interesse von Spekulanten und sind mittlerweile zu einem Lieblingskind derselben geworden. Der Grund hierfür ist nicht nur in der Tatsache zu sehen, daß Future-Kontrakte (neben dem unbegrenzten Verlustpotential!) ein unbegrenztes Gewinnpotential haben, sondern auch in dem simplen Umstand, daß mit der Eingehung eines Future-Kontraktes (nicht wie bei Optionen eine Prämie fällig wird!) lediglich ein verhältnismäßig geringer (in Abhängigkeit vom Kontrakt und der Bonität des Anlegers

Future Short Position – Verkauf eines Futures

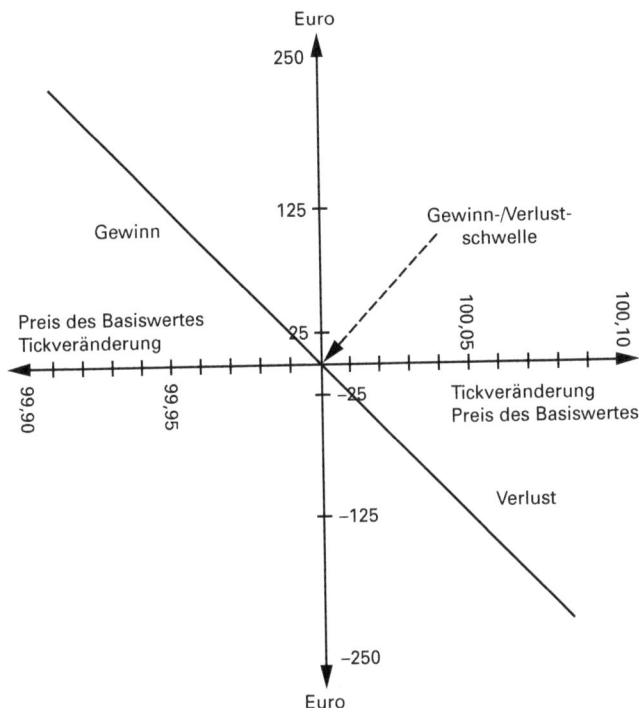

Schaubild V, 6

veranschlagter) Bruchteil des Kontraktwertes, die sogenannte *Margin* (Initial-Margin), als Sicherheit(sleistung) in Rechnung gestellt wird. Diese verführerische „Eingangskondition" sollte allerdings nicht übersehen lassen, daß bei ungünstiger Kursentwicklung die eingangs geforderte Margin dem von Banken und Terminbörse fixierten Sicherheitswert zuweilen nicht mehr zu genügen vermag und deshalb der Anleger zu einem Nachschuß (Variation-Margin) zur Kasse gebeten werden kann. Ist er zu einem solchen Nachschuß nicht bereit, wird der Kontrakt aufgehoben! Private Kleinanleger sollten sich deshalb von Futures zurückhalten!

Die bekanntesten an der Eurex* gehandelten Kontrakte sind: Futures auf den Dow Jones EURO STOXX 50, Futures auf den Dow Jones STOXX 50, Futures auf den DAX, MDAX und TecDAX, Euro-Schatz-Futures (Basiswert Bundesschatzanweisungen mit einer Restlaufzeit zwischen 1,75 u. 2,25 Jahren), Euro-Bobl-Futures (Basiswert Bundesobligationen mit einer Restlaufzeit zwischen 4,5 u. 5,5 Jahren), Euro-Bund-Futures (Basiswert Bundesanleihen mit einer Restlaufzeit zwischen 8,5 u. 10,5 Jahren; siehe hierzu die Übersichten V, 7 u, V, 8), Euro-Buxl-Futures (Basiswert Bundesanleihen mit einer Restlaufzeit zwischen 24 u. 35 Jahren).

Die Spesen für den Ankauf/Verkauf von Futures richten sich nach der Anzahl der Kontrakte. Bei 1 Kontrakt 75 Euro, bei 2 Kontrakten 45 Euro je Einheit, bei

---

* Siehe Fußnote zu V, 1 auf S. 138.

BUND FUTURE 200903 / 001550.EDT / EUR / (mtl.) 15.1.09
Schluss 126,08 / Hoch 126,08 (15.1.09) / Tief 92,01 (31.1.00)

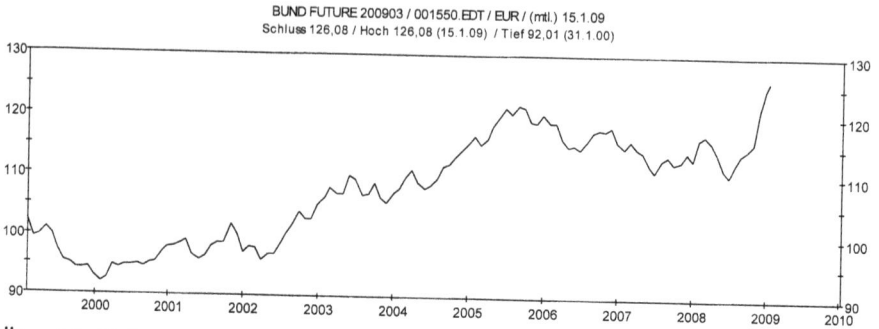

Übersicht V, 7

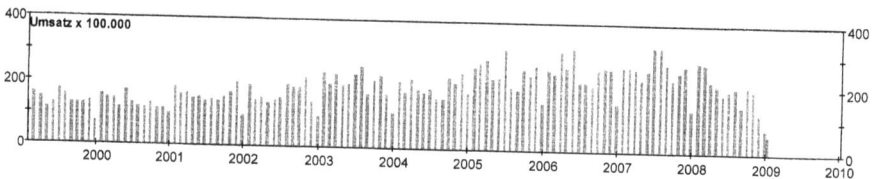

(c) Copyright DZ BANK AG

Übersicht V, 8

3 Kontrakten 35 Euro je Einheit, bei 4 Kontrakten 30 Euro je Einheit, bei 5 und mehr Kontrakten 25 Euro je Einheit.

4 Zertifikate

Zertifikate verbinden als sogenannte strukturierte Produkte zwei oder mehrere Finanzinstrumente, meist eine Schuldverschreibung mit einem Derivat, insbesondere einer Option oder einem Future. Sie bleiben damit Schuldverschreibungen, die ihren Besitzern das Recht verbriefen, an der Kursentwicklung bestimmter Basiswerte (Aktien, Aktienkörbe, Indizes, Rohstoffe) teilzuhaben. Anleger in Zertifikate investieren somit nicht direkt in die betreffenden Basiswerte, sondern indirekt. – Die Laufzeit der Zertifikate kann begrenzt oder unbegrenzt sein.

Dank ihrer ausgeklügelten Strukturen ist das *Verlustrisiko* von Zertifikaten meist wesentlich geringer und die *Renditechancen* durchweg höher als beim jeweiligen Basiswert.

Die Preise der Zertifikate werden durch die sie emittierenden Banken fortlaufend berechnet.

Die Zertifikate stehen und fallen mit ihren Emissionsbanken. Das von den Anlegern in diese (Zertifikate) investierte Kapital ist eng mit der Bonität dieser Einrichtungen verknüpft, da es nicht wie bei Fonds als Sondervermögen ausgewiesen und geschützt ist. (Siehe hierzu auch unter I, 6.)

In Deutschland gehandelte Zertifikate können über jede Bank, einen Onlinebroker oder eine einschlägige Börse gekauft oder verkauft werden. Befristete Produkte werden am Ende ihrer Laufzeit von der jeweiligen Depotbank liquidiert und dem Anlegerkonto gutgeschrieben.

Sparpläne für Zertifikate ab 50 Euro monatlich werden von allen großen Direktbanken angeboten.

Die Spesen bei An- und Verkauf von Zertifikaten betragen in der Regel – wie bei Aktien – 1 Prozent vom Kurswert (Transaktionspreis) zuzüglich Courtage (soweit die Abwicklung über die Börse erfolgt) und eventueller Bankspesen. – Bei Zertifikaten, deren Charakter mehr einer Anleihe entspricht, werden lediglich 0,5 Prozent Spesen vom Kurswert berechnet zuzüglich Courtage und Bankspesen.

Zur Produktgruppe der verbrieften Derivate gehörend, werden Zertifikate marktmäßig vorzugsweise über die Börse Stuttgart mit ihrem Handelssegment EUWAX gehandelt.

4.1 Index-Zertifikate

Index-Zertifikate repräsentieren wohl den unkompliziertesten und damit transparentesten Typ von Zertifikaten und werden deshalb gerne als Einstiegspapier in die Welt der Zertifikate gewählt. Als Schuldverschreibungen mit (Call-)Option bilden sie die Kursentwicklung eines Börsenbarometers, wie beispielsweise des DAX, EURO STOXX 50, Dow Jones, Nikkei oder MDAX ab, und ermöglichen so dem Anleger die Entwicklung seines Investments über die Beobachtung des entsprechenden Index zu verfolgen.

Um den Preis des einzelnen Papieres marktgängig zu halten, verbriefen die einzelnen Zertifikate in der Regel nur einen Bruchteil des Indexwertes. Ist dieses sogenannte Bezugsverhältnis zum Beispiel 1:100, so bedeutet dies, daß bei einem DAX-Stand von 5000 Punkten der Anleger für ein Zertifikat 50 Euro zahlt.

Ob die Dividenden der im Index vertretenen Unternehmen in denselben (Index) eingerechnet werden oder nicht, ist an dessen näherer Bezeichnung zu erkennen. Bei einem *Performance*-Index (wie beispielsweise dem DAX) werden die Dividendenzahlungen in die Berechnung des Index einbezogen. Ein *Kurs*- oder *Preis*index (wie beispielsweise der Dow Jones) zeichnet dagegen die reine Kursentwicklung der Aktien und damit auch die nach Dividendenzahlungen üblichen Kursabschläge nach. Der Renditevorsprung eines Performance-Index gegenüber einem Kursindex beträgt in der Regel 2–3 Prozent. Den Preis für diesen Renditevorsprung zahlen die Anleger über einen höheren Spread, das heißt über eine entsprechende Differenz zwischen An- und Verkaufkurs des jeweiligen Zertifikats.

Die meisten Index-Zertifikate werden heute als Open-end-Zertifikate, das heißt ohne Begrenzung ihrer Laufzeit aufgelegt. Diese Regelung bringt dem Anleger den Vorteil, daß er langfristig investieren und die für eine eventuelle Verkaufsentscheidung bedeutsamen Kursschwankungen abwarten kann. – Wer dennoch in Zertifikate mit begrenzter Laufzeit investiert, sollte die Dauer deren Restlaufzeit nicht außer Acht lassen, um gegebenenfalls nicht gezwungen zu sein, trotz vergleichsweise schlechter Kurse verkaufen zu müssen.

Im Gegensatz zu Garantie-, Bonus- oder Express-Zertifikaten verfügen Index-Zertifikate nicht über einen eingebauten Kapitalschutz (Risikopuffer), so daß den Anleger Kursverluste in vollem Umfang treffen. Die Investition in Index-Zertifikate empfiehlt sich deshalb vorzugsweise in Phasen ansteigender Aktienkurse!

Soweit es sich um einen Index auf Auslandswährung handelt, sollte das Währungs*risiko* berücksichtigt werden.

4.2 Aktienkorb-Zertifikate

Aktienkorb-Zertifikate (auch Partizipationsscheine, Themenzertifikate oder Basketzertifikate genannt) sind – *rechtlich gesehen* – durch Aktien (genauer: einen Korb von Aktien[1]) gedeckte *Schuldverschreibungen*. Der Emittent solcher Schuldverschreibungen verpflichtet sich gegenüber dem Käufer seiner Papiere (der Zertifikate), zu einem im vorhinein festgelegten Termin einen Geldbetrag zurückzuzahlen, dessen Höhe sich nach dem Wert der Aktien bestimmt, die diesen (Zertifikaten) zugrunde liegen. Steigen die Kurse dieser Aktien, so steigt auch der Wert der Zertifikate. Aktienkorb-Zertifikate repräsentieren *ihrem Wesen nach* Finanz-Futures (G. Eilenberger). Die Zertifikate sind zum amtlichen Börsenhandel zugelassen.

Die durchweg von Banken angebotenen Aktienkorb-Zertifikate sind recht unterschiedlich ausgestattet. Drei wesentliche Ausstattungsmerkmale verdienen die besondere Aufmerksamkeit des Anlegers: das sogenannte Underlying, die Laufzeit sowie die Verrechnung der dem Emittenten entstehenden Kosten.

Als *Underlying* werden die Aktien bezeichnet, die den Aktienkorb bilden. Bezüglich dieser hat der Anleger ein Auswahlrecht. So kann er Zertifikate aus einzelnen Marktsegmenten, aus bestimmten Regionen oder aus bestimmten Branchen auswählen. Nicht selten werden mit der Auswahl von Zertifikaten Börsen- oder Branchenindizes (Index-orientierte Zertifikate, Indexzertifikate) nachgebildet. Meist jedoch wird die Zusammensetzung des Aktienkorbes von den Emittenten nach eigenen Vorstellungen (individuell zusammengesetzte Aktienkörbe) gestaltet.

Was das Management des Aktienkorbes anbelangt, läßt sich zwischen passivem und semi-passivem unterscheiden. Bei passivem Management ist die Zusammensetzung des Korbes bei der Emission festgelegt und wird lediglich bei Übernahmen, Liquidationen und Zusammenschlüssen einschlägiger Unternehmen verändert. Bei semi-passivem Management wird die Zusammensetzung des Korbes im Hinblick auf die sich verändernden Marktdaten in regelmäßigen Zeitabständen überprüft und gegebenenfalls entsprechend modifiziert.

Die *Laufzeit* der Zertifikate beträgt in der Regel 3 bis 5 Jahre; sie kann aber auch unbefristet sein. Die Zertifikate können jedoch jederzeit (und damit auch vor Ablauf der Laufzeit) an der Börse oder aber auch an die sie emittierende Bank wieder verkauft werden. Damit ist eine hinreichende *Liquidität* der Papiere gewährleistet.

Verschiedene Emittenten halten den Anlegern die Möglichkeit offen, die Laufzeit der Zertifikate am Ende derselben zu verlängern.

Der An- und Verkauf der Zertifikate wird in der Regel mit den üblichen *Provisionen* für Wertpapiergeschäfte belastet. Normalerweise werden die Papiere ohne Ausgabeaufschlag angeboten. Zuweilen wird jedoch eine *Managementgebühr* in Rechnung gestellt, oder der Emittent behält die (auf die Aktien anfallenden) Dividenden ein und verrechnet diese auf seine erbrachten Dienstleistungen.

Die Einbehaltung der Dividenden kann aber auch ihre Entsprechung in einem Abschlag auf den Verkaufspreis (beim Erwerb des Zertifikates durch den Anleger) erfahren, der – entsprechend der noch zu erwartenden Dividenden – mit fortschreitender Laufzeit (des Papiers) abnimmt. Diese Regelung dürfte wohl noch am ehesten den Interessen der Anleger entsprechen.

---

[1] Siehe hierzu das illustrierte Beispiel (Schaubild V, 9) am Ende des Kapitels.

Falls der Anleger seine Zertifikate vorzeitig liquidieren möchte, können die Dienstleistungen der Bank gegebenenfalls auch aus der Differenz zwischen Verkaufs- und Rückkaufpreis gedeckt werden.

Vereinzelt sind Aktienkorb-Zertifikate auch mit einer Gewinnbegrenzung nach oben ausgestattet, für die der Anleger als kompensierendes Äquivalent meist einen Nachlaß auf den Verkaufspreis oder auf die Gebühren erhält.

Im Vergleich zu Fonds sind Aktienkörbe relativ transparent. Der Anleger in Aktienkorb-Zertifikaten kann sich leicht einen Überblick über das Underlying verschaffen. Dieser Überblick ist bei einem Fonds in der Regel nur eingeschränkt möglich. Außerdem hat hier (bei den Fonds) das Fondsmanagement die Möglichkeit, einen Teil der Einzahlungen in bar zu halten. – Als Vorteil eines Fonds gegenüber einem Aktienkorb müßte allerdings der größere Bewegungsspielraum des (Fonds-)Managements in seinen Anlageentscheidungen gesehen werden. Es kann damit (im Gegensatz zum Management des Aktienkorbes) schneller auf Marktentwicklungen reagieren und ein größeres Anlagespektrum zur Auswahl halten.

Das *(Kurs-)Risiko* bei Aktienkorb-Zertifikaten liegt infolge der Streuung des Underlying in der Regel unter dem von Aktien (einzelner Unternehmen). Allerdings darf auch hier (bei den Aktienkorb-Zertifikaten) nicht außer acht gelassen werden, in welcher Währung das jeweilige Zertifikat aufgelegt wird. Auch mit ihr ist stets ein mehr oder weniger großes *(Währungs-)Risiko* verknüpft.

Beispiel für einen Aktienkorb

Aktienkorb: GlobalTrendSTARS
Emittent: DZ Bank AG
Underlying: 20 internationale Aktien
Endfälligkeit: 19. April 2010

Prozentuale Zusammensetzung des Korbes:

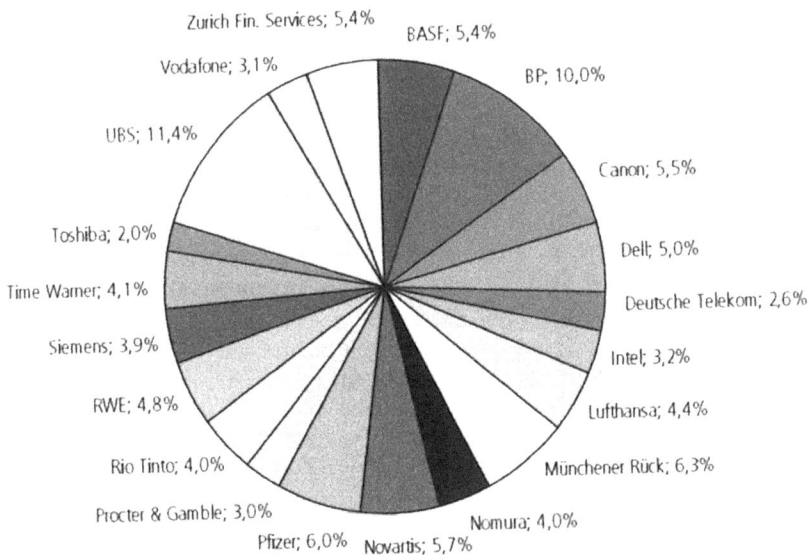

Zurich Fin. Services; 5,4%
BASF; 5,4%
Vodafone; 3,1%
BP; 10,0%
UBS; 11,4%
Canon; 5,5%
Toshiba; 2,0%
Dell; 5,0%
Time Warner; 4,1%
Deutsche Telekom; 2,6%
Siemens; 3,9%
Intel; 3,2%
RWE; 4,8%
Lufthansa; 4,4%
Rio Tinto; 4,0%
Münchener Rück; 6,3%
Procter & Gamble; 3,0%
Nomura; 4,0%
Pfizer; 6,0%　Novartis; 5,7%

Schaubild V, 9　　　　　　　　　　　　Quelle: DZ BANK (Prospekt)

4.3 Garantie-Zertifikate

Garantie-Zertifikate verbinden das Investment in eine Schuldverschreibung mit dem in eine Option (auf Aktien, Aktienkörbe, Indizes, Rohstoffe). Während die Schuldverschreibung mit ihrem Anstieg auf 100 Prozent zum Ende ihrer Laufzeit dem Anleger den Kapitalerhalt garantiert, kann ihm die Option möglicherweise einen zusätzlichen Gewinn bringen. Die sogenannte Partizipationsrate gibt an, wie sich dieser Gewinn zum Anstieg des Basiswertes verhält. Bei Garantie-Zertifikaten mit vollem, d. h. 100prozentigem, Kapitalschutz liegt die Partizipationsrate üblicherweise zwischen 50 und 60 Prozent. Je höher die zugesicherte Garantieleistung, desto niedriger die Partizipationsrate. Papiere mit eingeschränktem Kapitalschutz (sog. Teilschutz-Papiere) bieten die Chance auf entsprechend höhere *Renditen*! – Wie immer sich auch das Börsengeschehen entwickelt, der Anleger bekommt am Ende der Laufzeit seines Papieres seinen vollen Kapitaleinsatz – vermindert um die Verkaufsspesen wie den Ausgabeaufschlag – zurück. (Wer während der Laufzeit verkaufen möchte, muß gegebenenfalls Verluste hinnehmen!) Es gilt aber wohl zu sehen, daß sich die Rückzahlungsgarantie lediglich auf den Ausgabepreis des Zertifikats erstreckt, nicht aber auf den jeweiligen Kurs desselben zum Zeitpunkt des Erwerbs, der seit der Emission des Papieres möglicherweise gestiegen sein kann.

4.4 Discount-Zertifikate

Mit dem Kauf von Discount-Zertifikaten erwirbt der Käufer das Anrecht auf eine bestimmte Aktie. Er erhält diese Aktie zu einem vorher vereinbarten Termin oder deren Kurswert, wenn dieser unter einer im vorhinein fixierten Obergrenze notiert. Liegt der Börsenkurs dieser Aktie über der fixierten Obergrenze, so erhält der Anleger statt des Gegenwertes der Aktie lediglich die der fixierten Obergrenze (Cap) entsprechende Geldsumme ausgezahlt. Die Gewinnchancen von Discount-Zertifikaten sind somit nach oben klar begrenzt. Dieses Manko wird jedoch durch die Tatsache kompensiert, daß die Papiere zu einem Kurs erstanden werden können, der unterhalb ihres aktuellen Börsenkurses liegt (Discount). Wenn die Kurse von Discount-Zertifikaten leicht fallen, konstant bleiben oder aber nur leicht zulegen, kann ein Anleger mit solchen Papieren bessere Gewinne realisieren als mit Aktien.

Der Wert und die Gewinnchancen eines Discount-Zertifikates richten sich nach dem Kurs und der Volatilität der diesem zugrunde liegenden Aktie, seiner Laufzeit und der Höhe der während dieser Laufzeit erwarteten (Aktien-)Dividende. Der Discount auf den aktuellen Aktienkurs fällt umso höher aus, je niedriger die vereinbarte (Kurs-)Obergrenze, je länger die Laufzeit des Zertifikates und je höher die Kursschwankungen der dem Zertifikat zugrunde liegenden Aktie sind.

Discount-Zertifikate bieten sich für Anleger an, die eine bestimmte Aktie positiv einschätzen, ihr aber für die nächste Zeit nur ein begrenztes Kurspotential nach oben zutrauen. – Zurückhaltenden (konservativen) Anlegern bietet sich die Möglichkeit, in Discount-Zertifikate auf Indizes, wie beispielsweise den Deutschen Aktienindex (DAX), zu investieren. Eine solche Anlage ist wegen der Gewinnbegrenzung nach oben defensiver als ein reines Index-Zertifikat.

Discount-Zertifikate werden börsentäglich gehandelt und mit 1 Prozent vom Kurswert abgerechnet. Ein Ausgabeaufschlag wird in der Regel nicht erhoben.

Eine Weiterentwicklung der klassischen Discount-Zertifikate begegnet uns in den **Rolling-Discount-Zertifikaten**. Der Discount (Preisabschlag) ist bei dieser Produktvariante höher, da bei ihr regelmäßig (beispielsweise einmal im Monat) in kurz-laufende Discounter mit höheren Preisabschlägen reinvestiert wird. (Beispiel: Bei einem herkömmlichen Discount-Zertifikat auf den EURO STOXX 50 mit einem Cap nahe dem aktuellen Indexstand und einer einjährigen Restlaufzeit betrage der Preisabschlag 13 Prozent je Jahr; bei Kurzläufern hingegen läge der Discount bei 2,5 Prozent je Monat, das sind 30 Prozent im Jahr. Diese Differenz erlaubt bei rollierenden Discountern einen entsprechend höheren Abschlag.)

4.5 Bonus-Zertifikate

Bonus-Zertifikate sind Schuldverschreibungen (derivativer Ausrichtung), mit de-nen der Anleger einerseits in vollem Umfang und unbegrenzt an den Kurssteige-rungen einer (eines) dem Zertifikat zugrunde liegenden Aktie (Indexes) partizipie-ren, andererseits aber auch bei gleichbleibenden oder moderat fallenden Kursen – durch einen im Produkt enthaltenen Risikopuffer – interessante Renditen erzielen kann. Diese Möglichkeiten sind wie folgt basiert: Am Emissionstag des Zertifikates werden zwei Kursgrenzen definiert, die Bonusgrenze, die *über* dem Emissionskurs liegt, und die Kursgrenze, die in einem bestimmten Abstand *unter* dem Emissions-kurs (Sicherheitsschwelle) liegt. Falls während der Laufzeit des Papieres keiner der täglichen Schlußkurse der Aktie die Kursgrenze berührt oder unterschreitet und der Aktienkurs am Bewertungstag unter der Bonusgrenze liegt, bekommt der Anleger bei Fälligkeit die Aktie und zusätzlich eine Bonuszahlung. Die Bonus-zahlung und der Wert der Aktie zusammen entsprechen dem Wert der Bonusgrenze. Übersteigt der Kurs der Aktie am Bewertungstag die Bonusgrenze, partizipiert der Anleger von diesem Kursanstieg in vollem Umfang durch die Lieferung der Aktie. – Fällt der jeweilige Schlußkurs der Aktie während der Laufzeit einmal auf oder unter die festgelegte Kursgrenze, erhält der Anleger bei Fälligkeit für sein Zertifikat die Aktie angedient. Zwar geht ihm in diesem Fall der Bonus verloren, das Bonus-Zertifikat auf Ablauf entwickelt sich jedoch niemals schlechter als die zugrundeliegende Aktie.

Ein nicht unbedeutendes *Risiko* darf jedoch nicht übersehen werden: Wenn der Kurs der Aktie unter die Sicherheitsschwelle abfällt und sich nicht wieder erholt, hat der Anleger einen bleibenden Verlust erlitten. Dieses typische Aktienrisiko kann auch durch die interessante Konstruktion der Bonus-Zertifikate nicht aus-geschlossen werden.

4.6 Expreß-Zertifikate

Expreß-Zertifikate sind Schuldverschreibungen kombiniert mit einer (Call-)Option auf eine Aktie oder einen Aktienindex. Sie folgen diesem Basiswert nahezu punkt-genau. Das Bezugsverhältnis des Zertifikats zum Basiswert kann 1:1 oder ein Bruchteil dieses Verhältnisses sein.

Die Laufzeit der Zertifikate liegt in der Regel zwischen 4 und 6 Jahren.

Erreicht oder überschreitet der Basiswert an bestimmten (im vorhinein festgelegten) Stichtagen (meist einmal jährlich) eine im voraus fixierte Schwelle, so erhält der Anleger sein Kapital plus der vereinbarten Verzinsung zurück. Wird diese Schwelle nicht erreicht, so läuft das Zertifikat automatisch bis zum nächsten Stichtag weiter. Wird nunmehr die (Rückzahlungs-)Schwelle erreicht oder überschritten, erhält der Anleger sein Kapital mit der (im Vergleich zur ersten Periode) doppelten Verzinsung zurück. Mit zunehmender Laufzeit des Papieres erhöht sich somit die Verzinsung um das entsprechend Mehrfache des Ausgangszinssatzes. – Erreicht das Zertifikat auch bis zum Ende seiner Laufzeit nicht die fixierte Rückzahlungsschwelle, so erhält der Anleger sein Kapital ohne Verzinsung zurück. – Liegt der Kurs am Ende der Laufzeit unterhalb der Schwelle und der ebenfalls im vorhinein vereinbarten (Sicherheits-)Pufferzone, erhält der Anleger in der Regel nur den zu diesem Zeitpunkt notierten Börsenkurs seines Basiswertes zurück. Das heißt, er trägt die Wertverluste des Basiswertes – soweit diese nicht in die allgemeinen großzügig bemessene (25-50 Prozent) Pufferzone fallen – mit.

Expreß-Zertifikate werden in zahlreichen Varianten, so insbesondere hinsichtlich der Rückzahlungsschwellen, angeboten. Bei manchen Papieren sinken dieselben mit der Laufzeit, so daß der zugrunde liegende Basiswert eine weniger hohe Hürde überwinden muß und damit eine Rückzahlung des Kapitals wahrscheinlicher wird. Die Rückzahlungsschwellen können sogar deutlich unter dem Einstandspreis liegen, so daß der Anleger auch von fallenden Kursen profitieren kann.

Neben der für Expreß-Zertifikate typischen Risikobegrenzung gilt es aber auch deren Gewinnbeschränkung zu sehen. Erfährt der Basiswert während der Laufzeit des Papieres einen rasanten Kursanstieg, so partizipiert der Anleger an diesem nicht, da die maximale Verzinsung seines investierten Kapitals im vorhinein festgelegt wurde.

Expreß-Zertifikate sind für Anleger interessant, die für den Basiswert seitwärts verlaufende oder auch leicht steigende Kursentwicklungen erwarten.

4.7 Sprint-Zertifikate

Sprint-Zertifikate (auch Speed- oder Kickstart-Zertifikate genannt) verbinden eine Schuldverschreibung mit einer (Call-)Option auf eine Aktie oder einen Aktienindex. Ihre Laufzeit ist relativ kurz, sie beträgt 1-2 Jahre.

Notiert der Basiswert am Fälligkeitstag des Papieres innerhalb einer im vorhinein festgelegten Kursgewinnspanne, dann erhält der Anleger den doppelten Kursgewinn gutgeschrieben. Dieser Gewinn ist allerdings nach oben begrenzt (Gewinnobergrenze, Cap).

Weist der Basiswert am Fälligkeitstag einen Verlust aus, wird der Anleger an dessen Werteinbuße im Verhältnis 1:1 beteiligt.

Die aufgezeigten Gewinn-Verlust-Möglichkeiten lassen eine Investition in Sprint-Zertifikate dann für angeraten erscheinen, wenn für den Basiswert mit leichtem Kursanstieg (idealerweise bis zum Cap) zu rechnen ist. In Hausse-Zeiten steht die Gewinnbegrenzung einer entsprechenden *Profitabilität* dieses Papieres im Wege.

Das Verlust*risiko* eines Sprint-Zertifikates ist genauso hoch wie eine Direktinvestition in den Basiswert. Im äußersten Fall droht ein Totalverlust.

4.8 Hedgefonds-Zertifikate

Hedgefonds-Zertifikate zeichnen die Wertentwicklung eines Hedgefonds-Indexes (siehe Hedge-Fonds unter IV, 8), das ist gleichsam ein Index auf einen Hedgefonds-Korb, nach. (Welche Fonds in den Korb kommen, legt der Herausgeber des Indexes fest.) Die meisten Körbe mischen unter dem Gesichtspunkt der Risikostreuung Fonds mit verschiedenen (Anlage-)Strategien. Rechtlich gesehen sind Hedgefonds-Zertifikate Schuldverschreibungen; faktisch jedoch (soweit sie derivate Elemente beinhalten) sind sie Finanztermingeschäfte. Sie werden nach Ablauf der Zeichnungsfrist in der Regel an der EUWAX (Börse Stuttgart) gehandelt. Anleger können entweder zeichnen und bekommen das Papier direkt von der Bank oder es über die Börse kaufen. Für den Kauf oder Verkauf über die Börse berechnen die Banken zwischen 0,5 und 1 Prozent Provision vom Kurswert. Beim direkten Bezug des Zertifikats von der Bank berechnet diese einen Ausgabeaufschlag oder den Spread (d.i. die Differenz zwischen Kauf- u. Verkaufskurs) in Höhe von 2–3 Prozent.

Da der Markt für Hedgefonds-Zertifikate (noch) weitgehend brach liegt, müssen diese weitgehend als illiquid eingestuft werden.

Hedgefonds-Zertifikate gelten gemeinhin als Zocker-Papiere. Dennoch sind sie nicht uninteressant. Sie können auch in schlechten Börsenzeiten einen Gewinn abwerfen, da sie sich anders entwickeln als Aktien oder Anleihen. Als Beimischung für ein bereits gut gestreutes Depot in Betracht zu ziehen!

4.9 Turbo-Zertifikate

Turbo-Zertifikate (auch Hebelzertifikate oder Knock-Out-Zertifikate genannt) repräsentieren eine Wertpapiergattung, die die Vorteile von Futures und Optionsscheinen verbindet. Gleich Futures bilden sie die wertmäßige Veränderung eines Basiswertes (Aktien, Indizes, Währungen) annähernd vollständig ab. Verändert sich der zugrunde liegende Basiswert, vollzieht das Zertifikat diese Bewegung unter Berücksichtigung des Bezugsverhältnisses (d.i. der Bruchteil des Basiswertes, den das Zertifikat verbrieft; bei Index-Zertifikaten meist 1:100, bei Aktien meist 1:1) nahezu exakt nach. – Wie Optionsscheine haben die Turbo-Zertifikate einen Basispreis (d.i. der fiktive Kurs des Basiswertes, auf den sich das Zertifikat bezieht), der ihren Preis maßgeblich bestimmt. Der vereinbarte Basispreis definiert das Papier und ist die Grundlage des Geschäfts. Der Anleger kauft die Differenz zwischen Basispreis und aktuellem Kurs des Basiswertes. Die Power des Zertifikats ist im sogenannten *Hebel* angelegt. Der Hebel gibt an, wieviel mal stärker als der Basiswert (z.B. der DAX) sich das Zertifikat selbst bewegt. (Ein Hebel von 10 bedeutet, daß das Index-Zertifikat zehn Cent gewinnt, wenn der Index um 1 Cent steigt u. vice versa das Zertifikat 10 Cent an Wert verliert, wenn der Index um 1 Cent fällt.) Das Risiko eines Zertifikates steigt und fällt analog zu seinem Hebel. Dieser kann moderat, mächtig aber auch kolossal sein. Je näher der Basispreis am aktuellen Indexstand liegt, desto größer ist der Hebel; je ferner der Basispreis vom aktuellen Indexstand liegt, desto kleiner ist der Hebel. (Wer den Turbo einschalten möchte, wählt zweckmäßigerweise Basispreise mit 20 bis 30 Prozent Abstand zum aktuellen Indexstand und Laufzeiten ab 6 Monaten!) Im Gegensatz zum Optionsschein bleibt der Hebel für den Käufer während der gesamten Laufzeit des Papiers konstant!

Für die Möglichkeit, die fiktive Differenz zwischen dem aktuellen Kurs des Basiswertes und dem vereinbarten Basispreis zu kaufen, zahlt der Anleger einen Aufpreis.

Den Turbo-Zertifikaten ist eine sogenannte Knock-out-Barriere eingebaut. (Sie deckt sich mit dem Kurs des Basiswertes, bei dem das Zertifikat jeglichen Wert einbüßt.) Wird sie durchbrochen, ist das eingesetzte Kapital verloren! – Um diesen Totalverlust zu vermeiden, definieren einige Emittenten in einem gewissen Abstand zum Knock-out-Punkt eine Stopp-Loss-Marke. Ein hier ausgestopptes Zertifikat können die Anleger dann in der Regel zum Restwert an der Börse verkaufen oder der Emittent schreibt ihnen denselben gut.

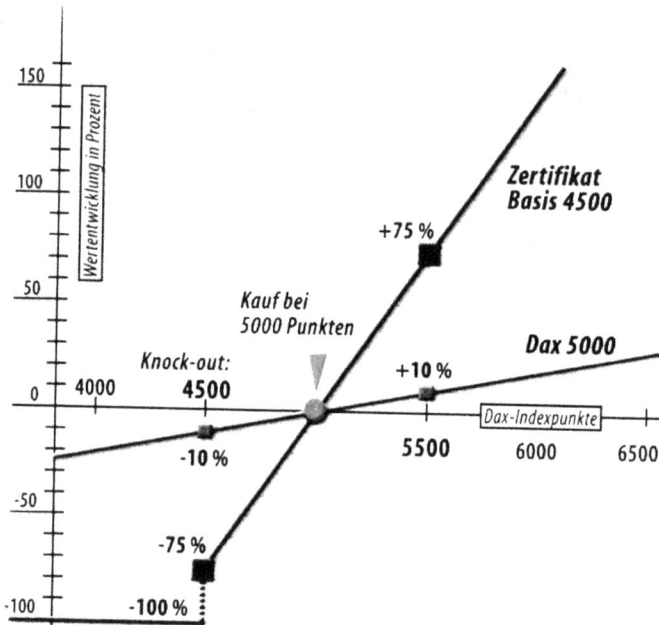

Schaubild V, 10

Quelle: Geldidee

Ein **Beipsiel** möge die getroffenen Darlegungen verdeutlichen:

Notiert der DAX bei 5000 Punkten, kostet bei einem Bezugsverhältnis von 1:100 ein *normales* Index-Zertifikat 50 Euro. Steigt der DAX um 10 Prozent auf 5500 Punkte, gewinnt auch das Zertifikat 10 Prozent und steigt auf einen Wert von 55 Euro. – Ein Turbo-Zertifikat mit einem Basispreis von 4500 Punkten kostet bei einem DAX von 5000 Punkten dagegen nur 5 Euro (5000–4500 = 500; 500:100 = 5). Steigt der DAX auf 5500 Punkte, hat das Zertifikat schon um 100 Prozent gewonnen und kostet bereits 10 Euro (55–45 = 10). Es steigt in seinem Wert zehnmal stärker als der Basiswert; hat also einen zehnfachen Hebel. – Kostet das Zertifikat unter Einbezug des Aufpreises nicht – die rein rechnerische Differenz von – 5 Euro, sondern 7,50 Euro, beträgt der Hebel nur noch 7,5. (Siehe hierzu Schaubild V, 10).

Turbo-Zertifikate erlauben dem Anleger sowohl auf steigende Kurse (Long, Bull oder Call), wie auch auf fallende (Short, Bear oder Put) zu setzen. Die Short-Position funktioniert umgekehrt wie die Long-Position.

4.10 Outperformance-Zertifikate

Outperformance-Zertifikate verbinden eine Schuldverschreibung mit einer (Call-) Option auf Aktien oder Indizes, das heißt mit einem Basiswert. Diesem Basiswert des jeweiligen Zertifikates werden ein Basispreis, eine Partizipationsrate sowie ein Bezugsverhältnis und eine Laufzeit zugeordnet.

Der Basispreis wird bei der Emission des Zertifikates – in der Regel auf der Höhe des aktuellen Kurses des Basiswertes – festgelegt; ebenso die Partizipationsrate, das ist das Teilhabeverhältnis am Ende der Laufzeit an einer gegebenenfalls positiven Kursentwicklung des Basiswertes. So wird beispielsweise einer Basiswertaktie mit einem zum Emissionszeitpunkt aktuellen Wert von 100 Euro ein Basispreis von 100 Euro (Bezugsverhältnis 1:1) und eine Partizipationsrate von 1,5 zugeordnet. Das bedeutet, daß ein Aktienkurs oberhalb von 100 Euro am Laufzeitende mit 1,5 gewichtet wird.

Am Laufzeitende eines Outperformance-Zertifikates lassen sich zwei mögliche Szenarien ausmachen:

(1) Der Basiswert notiert über dem Basispreis. In diesem Fall erhält der Anleger die Differenz zwischen dem aktuellen Kurs des Basiswertes und dem Basispreis, gewichtet mit der Partizipationsrate, zusammen mit dem Basispreis ausgezahlt.

Notiert beispielsweise eine zu einem Basispreis von 100 Euro erworbene Basiswertaktie am Ende der Laufzeit bei 140 Euro, so beziffert sich der Auszahlungsbetrag auf 160 Euro ($140 - 100 = 40$; $40 \cdot 1,5 = 60$; $100 + 60 = 160$).

Peformance-Zertifikat: $+60\%$
Basiswertaktie: $+40\%$

(2) Der Basiswert notiert unter dem Basispreis. In diesem Fall wird dem Anleger unter Berücksichtigung des Bezugsverhältnisses der Basiswert (bei Indizes der Kurswert) zurückgezahlt.

Notiert beispielsweise eine zu einem Basispreis von 100 Euro erworbene Basiswertaktie am Ende der Laufzeit bei 85 Euro, so beziffert sich der Auszahlungsbetrag auf 85 Euro.

Performance-Zertifikat: -15%
Basiswertaktie: -15%

Outperformance-Zertifikate eignen sich als Anlagealternative für den klassischen Aktieninvestor, der keine erhöhten Risiken eingehen, aber dennoch seine Gewinnchancen steigern möchte. Es gilt aber auch zu sehen, daß dieser mit der Entscheidung für eine solche Anlage auf die beim direkten Aktienkauf (typischerweise) zu erwartenden Dividendenzahlungen verzichtet. Um diesen Verzicht kompensieren zu können, sollte der Anleger solche Zertifikate bevorzugen, deren Preis nicht beziehungsweise kaum über dem Aktienpreis liegt, damit im Verlustfall die *Risikoparität* zum Basiswert gewahrt bleibt.

Grundvoraussetzung für die Anlage in Outperformance-Zertifikate ist die Wahrscheinlichkeit einer positiven Kursentwicklung der zugrunde liegenden Basiswerte.

4.11 Rohstoffzertifikate

Rohstoffzertifikate verbinden Schuldverschreibungen mit Futures über Rohstoffe*. Sie spiegeln damit nicht die Entwicklung deren aktueller Preise (Spotpreise) wider, sondern die Kursentwicklung dieser Terminkontrakte, die sich von den tatsächlichen Spotpreisen deutlich unterscheiden kann.

Die den Rohstoffzertifikaten zugrunde liegenden Futures haben häufig nur Restlaufzeiten von drei Monaten. Für Zertifikate mit längeren Laufzeiten und ohne Laufzeitbegrenzung hat dies zur Folge, daß die sie emittierenden Banken diese

---

* Agrarstoffe wie Sojabohnen, Weizen, Mais, Baumwolle; Edelmetalle wie Gold, Silber, Platin, Palladium; Industriemetalle wie Kupfer, Nickel, Aluminium; Energie wie Öl, Erdgas, Gasöl, Heizöl u. a.

Futures rechtzeitig vor ihrem Auslaufen abstoßen und den Erlös in neuen (Terminkontrakten) unterbringen müssen. Dieses sogenannte „Rollen" ist nicht unproblematisch! Da die Preise der Anschluß-Futures von den Erlösen der auslaufenden Futures positiv oder negativ abweichen können, muß diese Differenz im jeweiligen Zertifikat ausgeglichen werden. Wenn die auslaufenden Kontrakte teurer sind als die Anschlußkontrakte (Backwardation), kann die Bank für den Anleger beim Rollen mehr neue Kontrakte kaufen. Damit erhöht sich für den Anleger die Partizipation seines Zertifikates, das heißt seine Teilhabe am Anstieg des Basiswertes. – Sind die Anschlußkontrakte teurer als die auslaufenden (Contago), kann die Bank für den Anleger beim Rollen weniger Neukontrakte kaufen.

Das mit der Anlage in einzelne Rohstoffe stark erhöhte *Risiko* kann durch einen Basiswert auf Rohstoffgruppen oder Rohstoffindizes (Reuters Jefferis Commodity Research Bureau Index [CRB-Index], Goldman Sachs Commodity Index [GSC-Index], Rogers International Commodity Index [RCI] u. a.) gemildert werden.

Da die meisten Rohstoffe auf Dollar-Basis gehandelt werden, darf das damit verbundene Währungs*risiko* nicht übersehen werden. Eine Absicherung des Zertifikates hiergegen ist in der Regel durch die emittierende Bank gegen eine Gebühr von 3 Prozent des Ankaufpreises möglich.

5 Verhaltenspflichten von Wertpapierdienstleistungsunternehmen gegenüber Kunden

Nach dem Wertpapierhandelsgesetz (WpHG) in der Fassung von 1998, zuletzt geändert durch Gesetz vom 12. 8. 2008, muß nach § 31 Abs. 4 und 5 ein Wertpapierdienstleistungsunternehmen, das Anlageberatung und Finanzportfolioverwaltung anbietet, von seinen Kunden alle Informationen über deren Kenntnisse und Erfahrungen bezüglich Geschäfte mit bestimmten Arten von Finanzinstrumenten* oder Wertpapierdienstleistungen, über deren Anlageziele und über deren – im vorgenannten Kontext – erforderliche finanzielle Möglichkeiten einholen und danach deren Geeignetheit für die gewünschten Dienstleistungen prüfen.

Die Geeignetheit des Kunden ist danach zu beurteilen, ob das konkrete Geschäft dessen Anlagezielen entspricht und die aus diesem erwachsenden Anlagerisiken von ihm selbst erkannt und – wirtschaftlich zumutbar – übernommen werden können.

Gelangt das Wertpapierdienstleistungsunternehmen auf Grund der vom Kunden erhaltenen Informationen zur Auffassung, daß die gewünschte Leistung für diesen nicht angemessen sei, so hat es ihm darauf hinzuweisen.

Erlangt das Wertpapierdienstleistungsunternehmen die erforderlichen Informationen nicht, so darf es im Zusammenhang mit einer Anlageberatung kein Finanzinstrument empfehlen oder im Zusammenhang mit einer Portfolioverwaltung keine Empfehlung abgeben.

Der Wertpapierdienstleister kann die vom Kunden gewünschten Informationen in standardisierter Form abfragen und erfassen. Siehe *beispielhaft* nachfolgende Kopie eines derartigen Protokolls!

---

* Nach § 2 WpHG umfassen die Finanzinstrumente (1) Wertpapiere; (2) Forderungen, die keine Wertpapiere sind, aber gehandelt werden; (3) Termingeschäfte; (4) Rechte auf Zeichnung von Wertpapieren; (5) sonstige Instrumente, die auf einem organisierten Markt im Inland oder der Europäischen Union zugelassen sind.

Depotinhaber: **Depot-Nr.:**

Dokumentation der Kundenangaben	Zur bankinternen Bearbeitung Nr.

Persönliche Angaben
Name(n), Vorname(n)

☐ Kontoinhaber
☐ Bevollmächtigter
☐ gesetzliche(r) Vertreter

Hinweis an den Kunden: Wir benötigen gemäß § 31 Absatz 4 und 5 Wertpapierhandelsgesetz Angaben über Ihre Erfahrungen und Kenntnisse in Wertpapierdienstleistungen (z. B. Kauf oder Verkauf von Wertpapieren) sowie über die von Ihnen mit diesen Geschäften verfolgten Ziele und Ihre finanziellen Verhältnisse.
Die Angaben sind freiwillig, dienen aber einer sachgerechten Aufklärung bzw. Beratung und liegen daher in Ihrem Interesse. Eventuelle Änderungen teilen Sie uns daher bitte zeitnah mit.

1   Anlageziele der/des Kontoinhaber(s)

	Wie soll das Ziel erreicht werden? Anlagehorizont in Jahren				Einmal-anlage / Ansparen		Sonstiges (z. B. Verfügbarkeit, Ausschüttung, steuerliche Aspekte, staatliche Förderung)
	<1	1-5	5-10	>10			
Liquidität bilden	☐	☐	☐	☐	☐	☐	
Liquidität sichern							
-					☐	☐	
-					☐	☐	
Zielsparen							
-	☐	☐	☐	☐	☐	☐	
-	☐	☐	☐	☐	☐	☐	
Ausbildung finanzieren	☐	☐	☐	☐	☐	☐	
Familie absichern	☐	☐	☐	☐	☐	☐	
Altersvorsorge	☐	☐	☐	☐	☐	☐	
Vermögensaufbau					☐	☐	
Spekulation					☐	☐	
Sonstige Ziele							
-	☐	☐	☐	☐	☐	☐	
-	☐	☐	☐	☐	☐	☐	
Kein vorrangiges Ziel	☐	☐	☐	☐			

2   Kenntnisse/Erfahrungen der/des Kontoinhaber(s) oder Vertreter(s) in der Durchführung von Anlagegeschäften
2.1 Art, Umfang, Häufigkeit und Zeitraum zurückliegender Geschäfte

Anlageformen	Wie oft? einmalig/wiederholt		Ungefähr wann zuletzt? (Tag/Monat/Jahr)[1]	Ungefährer Umsatz p. a. (in TEUR)	Ungefährer Bestand zurzeit (in TEUR)
☐ Schuldverschreibungen	☐	☐			
☐ Aktien	☐	☐			
☐ Optionsscheine	☐	☐			
☐ Investmentanteile	☐	☐			
☐ Zertifikate	☐	☐			
☐ Genussscheine	☐	☐			
☐ Termingeschäfte	☐	☐			
(Eurex, ausländische Terminbörsen, außerbörsliche Devisentermingeschäfte)					
☐ Sonstiges (z. B. Finanzinnovationen, geschlossene Fonds)					
-	☐	☐			
-	☐	☐			

Hat der Kunde bereits Erfahrungen in Fremdwährungsanlagen?   ☐ Ja   ☐ Nein

2.2 Ausbildung sowie gegenwärtige/relevante frühere berufliche Tätigkeiten der/des Kontoinhaber(s) oder Vertreter(s)

3 Finanzielle Verhältnisse der/des Kontoinhaber(s)

a) Monatliches regelmäßiges Einkommen (netto)
Grundlage und Höhe des Einkommens:
- aus unselbstständiger Arbeit
- aus selbstständiger Arbeit   EUR
- Sonstiges regelmäßiges Einkommen   EUR

                         EUR

    abzüglich monatliche finanzielle Verpflichtungen   ./. EUR
    Gesamt (= verfügbares Einkommen)   = EUR

b) Vermögenswerte:
- Bankguthaben
- Wertpapiere   EUR
- selbst genutzte Immobilien   EUR
- fremd genutzte Immobilien   EUR
- Sonstiges   EUR

                        EUR
    abzüglich Verbindlichkeiten   ./. EUR

4 Risikobereitschaft der/des Kontoinhaber(s)[1]

☐ Konservativ   Hohe Sicherheits- und Liquiditätsbedürfnisse mit nur kurzfristiger Renditeerwartung, Stabilität und kontinuierliche Entwicklung der Anlage, Substanzerhaltung.

☐ Risikoscheu   Sicherheitsbedürfnisse überwiegen Liquiditätsbedarf und Renditeerwartung, Kursstabilität, höhere Erträge als mit ausschließlich kursstabilen Anlagen.

☐ Risikobereit   Sicherheit und Liquidität werden höherer Renditeerwartung untergeordnet, teilweise Toleranz gegenüber Kursschwankungen bei vorrangiger Substanzerhaltung. Langfristig rendite-/kursgewinnorientiert, kleiner Teil auch in Anlagen mit hohen Wertschwankungen.

☐ Spekulativ   Streben nach kurzfristig hohem Gewinn, Suche nach Renditechancen überwiegt Sicherheits- und Liquiditätsaspekte. Kursschwankungen erwünscht, Inkaufnahme von teilweisen Kapitalverlusten, kurzfristig stark rendite-/kursgewinnorientiert.

☐ Hochspekulativ   Ausschließliches Anlagemotiv ist die Nutzung höchster Renditechancen bei hohem Risiko (Totalverlust einkalkuliert).

5 Bemerkungen

Der Auftraggeber wurde vor Erteilung des Auftrages anhand der "Basisinformationen über die Vermögensanlagen in Wertpapieren" über die Funktionsweise, Möglichkeiten und Risiken folgender Anlageformen / Wertpapiere informiert und aufgeklärt:
-
-

Kundenunterschrift:

Datum, gegebenenfalls Uhrzeit

Bearbeitungsvermerk der Bank

1 Kundenkategorie[1]:

☒ Privatkunde

☐ Professioneller Kunde kraft Gesetzes

    Der Kunde ist am Anfang der Geschäftsbeziehung darauf hingewiesen worden, dass er als professioneller Kunde eingestuft wurde und dass er die Möglichkeit besitzt, sich durch eine entsprechende schriftliche Vereinbarung mit der Bank als Privatkunde einstufen zu lassen.

☐ Geeignete Gegenpartei kraft Gesetzes

Sonstiges

2 **Warnhinweis an den Kontoinhaber/Vertreter, wenn dieser sich weigert, Angaben zu Art, Umfang, Häufigkeit und Zeitraum zurückliegender Geschäfte (vgl. Ziffer 2.1) zu machen:**

☐ Der Kontoinhaber/Vertreter ist darauf hingewiesen worden, dass der Bank aufgrund seiner Weigerung, Angaben zu Art, Umfang, Häufigkeit und/oder Zeitraum zurückliegender Geschäfte zu machen, eine Beurteilung der Angemessenheit seiner Anlagewünsche nicht möglich ist.

3 **Folgende Unterlagen wurden dem/den Kontoinhaber(n) bzw. Vertreter(n) zur Verfügung gestellt:**

☐ Basisinformationen über die Vermögensanlagen in Wertpapieren[1]

☐ Basisinformationen über Termingeschäfte[1]

☐ Information über die Bank und ihre Dienstleistungen

☐ Information über die Kosten und Nebenkosten

☐ Information über die Interessenkonfliktgrundsätze der Bank

☐ Information über die Ausführungsgrundsätze der Bank

☐ Information zu Zuwendungen

☒ Starterpaket, das folgende Bestandteile enthält:
- Basisinformationen über die Vermögensanlagen in Wertpapieren
- Information über die Bank und ihre Dienstleistungen
- Information über die Kosten und Nebenkosten
- Information über die Interessenkonfliktgrundsätze der Bank
- Information über die Ausführungsgrundsätze der Bank
- Information zu Zuwendungen

☐

4 **OTC-Zustimmung**

☐ Der Kunde hat **generell** seine ausdrückliche Einwilligung zur außerbörslichen Auftragsausführung erteilt.[1]

Datum, gegebenenfalls Uhrzeit	Name des Kundenberaters
Unterschrift des Kundenberaters, gegebenenfalls Stempel der Bank/des Verbundunternehmens	

[1] Bitte diese Angabe in das System einpflegen.

VI
VERMÖGENSWIRKSAME ANLAGE NACH DEM FÜNFTEN VERMÖGENSBILDUNGSGESETZ

Nach dem Fünften Gesetz zur Förderung der Vermögensbildung der Arbeitnehmer (Fünftes Vermögensbildungsgesetz – 5. VermBG) in der Fassung vom 4.3.1994 zuletzt geändert durch das Gesetz zur steuerlichen Förderung der Mitarbeiterkapitalbeteiligung vom 7.3.2009 erhalten beschäftigte Arbeitnehmer mit geringen und mittleren Einkommen eine staatliche Sparzulage für die Anlage vermögenswirksamer Leistungen. Als vermögenswirksame Leistungen gelten Geldleistungen des Arbeitgebers, die dem Arbeitnehmer aufgrund eines Tarifvertrages oder eines Einzelarbeitsvertrages zustehen, sowie Teile des Arbeitsentgeltes, die der Arbeitgeber für den Arbeitnehmer nach den Vorschriften des Vermögensbildungsgesetzes anlegt. Die Anlage muß in Beteiligungen oder in anderen geförderten Anlageformen erfolgen. Zu letzteren gehören das Bausparen, aber auch die Entschuldung von Wohneigentum (§ 2 Abs. 1 Nr. 4 und 5 5. VermBG). Beteiligungen bis 400 Euro werden mit einer Sparzulage von 20 Prozent, Bausparen bis 470 Euro mit 9 Prozent gefördert. Damit können bis zu 870 Euro (400 Euro + 470 Euro) Förderung in Anspruch genommen werden. Den vollen Betrag von 870 Euro *nur* für Beteiligungen oder Bausparen zu nutzen, ist *nicht* möglich. Wer die Förderung voll nutzen möchte, muß sowohl in Bausparen als auch in Beteiligungen anlegen! Die Einkommensgrenzen für den Anspruch auf die Arbeitnehmer-Sparzulage für Kapitalbeteiligungen am Unternehmen des Arbeitgebers oder an anderen Unternehmen (§ 2 Abs. 1. Nr. 1 bis 3, Abs. 2 bis 4 5. VermBG) sind auf ein zu versteuerndes Jahreseinkommen von 20 000 Euro für Alleinstehende und 40 000 Euro für Verheiratete festgelegt. Die Einkommensgrenzen für die Sparzulage beim Bausparen betragen (weiterhin) 17 900 Euro für Alleinstehende und 35 800 Euro für Verheiratete. Ein Arbeitnehmer, der die Einkommensgrenzen nicht überschreitet und beide Förderkörbe voll in Anspruch nimmt, bekommt damit insgesamt 122,30 Euro Sparzulage.

Der Arbeitgeber hat nach § 3 Abs. 2 Satz 1 5. VermBG die vermögenswirksamen Leistungen (d. s. Geldleistungen) für den Arbeitnehmer unmittelbar an das Unternehmen oder Institut zu überweisen, bei dem sie angelegt werden sollen.

Vermögenswirksame Leistungen können nach § 2 5. VermBG in folgenden Formen angelegt werden (**Anlageformen**):

„(1) Vermögenswirksame Leistungen sind Geldleistungen, die der Arbeitgeber für den Arbeitnehmer anlegt

1. als Sparbeiträge des Arbeitnehmers auf Grund eines Sparvertrages über Wertpapiere oder andere Vermögensbeteiligungen (§ 4)

   a) zum Erwerb von Aktien, die vom Arbeitgeber ausgegeben werden oder an einer deutschen Börse zum regulierten Markt zugelassen oder in den Freiverkehr einbezogen sind,

   b) zum Erwerb von Wandelschuldverschreibungen, die vom Arbeitgeber ausgegeben werden oder an einer deutschen Börse zum regulierten Markt zugelassen oder in den Freiverkehr einbezogen sind, sowie von Gewinnschuldverschreibungen, die vom Arbeitgeber ausgegeben werden, zum Erwerb von Namensschuldverschreibungen des Arbeitgebers jedoch nur dann, wenn auf dessen Kosten die Ansprüche des Arbeitnehmers aus der Schuldverschreibung durch ein Kreditinstitut verbürgt oder durch ein Versicherungsunternehmen privatrechtlich gesichert sind und das Kreditinstitut oder Versicherungsunternehmen im Geltungsbereich dieses Gesetzes zum Geschäftsbetrieb befugt ist,

c) zum Erwerb von Anteilen an Sondervermögen nach den §§ 46 bis 65 und 83 bis 86 des Investmentgesetzes sowie von ausländischen Investmentanteilen, die nach dem Investmentgesetz öffentlich vertrieben werden dürfen, wenn nach dem Jahresbericht für das vorletzte Geschäftsjahr, das dem Kalenderjahr des Abschlusses des Vertrags im Sinne des § 4 oder des § 5 vorausgeht, der Wert der Aktien in diesem Sondervermögen 60 vom Hundert des Werts dieses Sondervermögens nicht unterschreitet; für neu aufgelegte Sondervermögen ist für das erste und zweite Geschäftsjahr der erste Jahresbericht oder der erste Halbjahresbericht nach Auflegung des Sondervermögens maßgebend.

d) zum Erwerb von Anteilen an einem Mitarbeiterbeteiligung-Sondervermögen nach Abschnitt 7a des Investmentgesetzes vom 15. Dezember 2003, zuletzt geändert durch Artikel 3 des Gesetzes vom 7. März 2009, in der jeweils geltenden Fassung.

e) *(aufgehoben)*

f) zum Erwerb von Genußscheinen, die vom Arbeitgeber als Wertpapiere ausgegeben werden oder an einer deutschen Börse zum regulierten Markt zugelassen oder in den Freiverkehr einbezogen sind und von Unternehmen mit Sitz und Geschäftsleitung im Geltungsbereich dieses Gesetzes, die keine Kreditinstitute sind, ausgegeben werden, wenn mit den Genußscheinen das Recht am Gewinn eines Unternehmens verbunden ist und der Arbeitnehmer nicht als Mitunternehmer im Sinne des § 15 Abs. 1 Nr. 2 des Einkommensteuergesetzes anzusehen ist,

g) zur Begründung oder zum Erwerb eines Geschäftsguthabens bei einer Genossenschaft mit Sitz und Geschäftsleitung im Geltungsbereich dieses Gesetzes; ist die Genossenschaft nicht der Arbeitgeber, so setzt die Anlage vermögenswirksamer Leistungen voraus, daß die Genossenschaft entweder ein Kreditinstitut oder eine Bau- oder Wohnungsgenossenschaft im Sinne des § 2 Abs. 1 Nr. 2 des Wohnungsbau-Prämiengesetzes ist, die zum Zeitpunkt der Begründung oder des Erwerbs des Geschäftsguthabens seit mindestens drei Jahren im Genossenschaftsregister ohne wesentliche Änderung ihres Unternehmensgegenstandes eingetragen und nicht aufgelöst ist oder Sitz und Geschäftsleitung in dem in Artikel 3 des Einigungsvertrages genannten Gebiet hat und dort entweder am 1. Juli 1990 als Arbeiterwohnungsbaugenossenschaft, Gemeinnützige Wohnungsbaugenossenschaft oder sonstige Wohnungsbaugenossenschaft bestanden oder einen nicht unwesentlichen Teil von Wohnungen aus dem Bestand einer solchen Bau- oder Wohnungsgenossenschaft erworben hat,

h) zur Übernahme einer Stammeinlage oder zum Erwerb eines Geschäftsanteils an einer Gesellschaft mit beschränkter Haftung mit Sitz und Geschäftsleitung im Geltungsbereich dieses Gesetzes, wenn die Gesellschaft das Unternehmen des Arbeitgebers ist,

i) zur Begründung oder zum Erwerb einer Beteiligung als stiller Gesellschafter im Sinne des § 230 des Handelsgesetzbuchs am Unternehmen des Arbeitgebers mit Sitz und Geschäftsleitung im Geltungsbereich dieses Gesetzes, wenn der Arbeitnehmer nicht als Mitunternehmer im Sinne des § 15 Abs. 1 Nr. 2 des Einkommensteuergesetzes anzusehen ist,

k) zur Begründung oder zum Erwerb einer Darlehensforderung gegen den Arbeitgeber, wenn auf dessen Kosten die Ansprüche des Arbeitnehmers aus dem Darlehensvertrag durch ein Kreditinstitut verbürgt oder durch ein Versicherungsunternehmen privatrechtlich gesichert sind und das Kreditinstitut oder Versicherungsunternehmen im Geltungsbereich dieses Gesetzes zum Geschäftsbetrieb befugt ist,

l) zur Begründung oder zum Erwerb eines Genußrechts am Unternehmen des Arbeitgebers mit Sitz und Geschäftsleitung im Geltungsbereich dieses Gesetzes, wenn damit das Recht am Gewinn dieses Unternehmens verbunden ist, der Arbeitnehmer nicht als Mitunternehmer im Sinne des § 15 Abs. 1 Nr. 2 des Einkommensteuergesetzes anzusehen ist und über das Genußrecht kein Genußschein im Sinne des Buchstaben f ausgegeben wird,

2. als Aufwendungen des Arbeitnehmers auf Grund eines Wertpapier-Kaufvertrags (§ 5),

3. als Aufwendungen des Arbeitnehmers auf Grund eines Beteiligungs-Vertrags (§ 6) oder eines Beteiligungs-Kaufvertrags (§ 7),

4. als Aufwendungen des Arbeitnehmers nach den Vorschriften des Wohnungsbau-Prämiengesetzes; die Voraussetzungen für die Gewährung einer Prämie nach dem Wohnungsbau-Prämiengesetz brauchen nicht vorzuliegen; die Anlage vermögenswirksamer Leistungen als Aufwendungen nach § 2 Abs. 1 Nr. 2 des Wohnungsbau-Prämiengesetzes für den ersten Erwerb von Anteilen an Bau- und Wohnungsgenossenschaften setzt voraus, daß die Voraussetzungen der Nummer 1 Buchstabe g zweiter Halbsatz erfüllt sind,

5. als Aufwendungen des Arbeitnehmers

   a) zum Bau, zum Erwerb, zum Ausbau oder zur Erweiterung eines im Inland belegenen Wohngebäudes oder einer im Inland belegenen Eigentumswohnung,

   b) zum Erwerb eines Dauerwohnrechts im Sinne des Wohnungseigentumsgesetzes an einer im Inland belegenen Wohnung,

   c) zum Erwerb eines im Inland belegenen Grundstücks zum Zwecke des Wohnungsbaus oder

   d) zur Erfüllung von Verpflichtungen, die im Zusammenhang mit den in den Buchstaben a bis c bezeichneten Vorhaben eingegangen sind;

   die Förderung der Aufwendungen nach den Buchstaben a bis c setzt voraus, daß sie unmittelbar für die dort bezeichneten Vorhaben verwendet werden,

6. als Sparbeiträge des Arbeitnehmers auf Grund eines Sparvertrags (§ 8),

7. als Beiträge des Arbeitnehmers auf Grund eines Kapitalversicherungsvertrags (§ 9),

8. als Aufwendungen des Arbeitnehmers, der nach § 18 Abs. 2 oder 3 die Mitgliedschaft in einer Genossenschaft oder Gesellschaft mit beschränkter Haftung gekündigt hat, zur Erfüllung von Verpflichtungen aus der Mitgliedschaft, die nach dem 31. Dezember 1994 fortbestehen oder entstehen.

(2) Aktien, Wandelschuldverschreibungen, Gewinnschuldverschreibungen oder Genußscheine eines Unternehmens, das im Sinne des § 18 Abs. 1 des Aktiengesetzes als herrschendes Unternehmen mit dem Unternehmen des Arbeitgebers verbunden ist, stehen Aktien, Wandelschuldverschreibungen, Gewinnschuldverschreibungen oder Genußscheinen im Sinne des Absatzes 1 Nr. 1 Buchstabe a, b oder f gleich, die vom Arbeitgeber ausgegeben werden. Ein Geschäftsguthaben bei einer Genos-

senschaft mit Sitz und Geschäftsleitung im Geltungsbereich dieses Gesetzes, die im Sinne des § 18 Abs. 1 des Aktiengesetzes als herrschendes Unternehmen mit dem Unternehmen des Arbeitgebers verbunden ist, steht einem Geschäftsguthaben im Sinne des Absatzes 1 Nr. 1 Buchstabe g bei einer Genossenschaft, die das Unternehmen des Arbeitgebers ist, gleich. Eine Stammeinlage oder ein Geschäftsanteil an einer Gesellschaft mit beschränkter Haftung mit Sitz und Geschäftsleitung im Geltungsbereich dieses Gesetzes, die im Sinne des § 18 Abs. 1 des Aktiengesetzes als herrschendes Unternehmen mit dem Unternehmen des Arbeitgebers verbunden ist, stehen einer Stammeinlage oder einem Geschäftsanteil im Sinne des Absatzes 1 Nr. 1 Buchstabe h an einer Gesellschaft, die das Unternehmen des Arbeitgebers ist, gleich. Eine Beteiligung als stiller Gesellschafter an einem Unternehmen mit Sitz und Geschäftsleitung im Geltungsbereich dieses Gesetzes, das im Sinne des § 18 Abs. 1 des Aktiengesetzes als herrschendes Unternehmen mit dem Unternehmen des Arbeitgebers verbunden ist oder das auf Grund eines Vertrags mit dem Arbeitgeber an dessen Unternehmen gesellschaftsrechtlich beteiligt ist, steht einer Beteiligung als stiller Gesellschafter im Sinne des Absatzes 1 Nr. 1 Buchstabe i gleich. Eine Darlehensforderung gegen ein Unternehmen mit Sitz und Geschäftsleitung im Geltungsbereich dieses Gesetzes, das im Sinne des § 18 Abs. 1 des Aktiengesetzes als herrschendes Unternehmen mit dem Unternehmen des Arbeitgebers verbunden ist, oder ein Genußrecht an einem solchen Unternehmen stehen einer Darlehensforderung oder einem Genußrecht im Sinne des Absatzes 1 Nr. 1 Buchstabe k oder l gleich.

(3) Die Anlage vermögenswirksamer Leistungen in Gewinnschuldverschreibungen im Sinne des Absatzes 1 Nr. 1 Buchstabe b und des Absatzes 2 Satz 1, in denen neben der gewinnabhängigen Verzinsung eine gewinnunabhängige Mindestverzinsung zugesagt ist, setzt voraus, daß

1. der Aussteller in der Gewinnschuldverschreibung erklärt, die gewinnunabhängige Mindestverzinsung werde im Regelfall die Hälfte der Gesamtverzinsung nicht überschreiten, oder

2. die gewinnunabhängige Mindestverzinsung zum Zeitpunkt der Ausgabe der Gewinnschuldverschreibung die Hälfte der Emissionsrendite festverzinslicher Wertpapiere nicht überschreitet, die in den Monatsberichten der Deutschen Bundesbank für den viertletzten Kalendermonat ausgewiesen wird, der dem Kalendermonat der Ausgabe vorausgeht.

(4) Die Anlage vermögenswirksamer Leistungen in Genußscheinen und Genußrechten im Sinne des Absatzes 1 Nr. 1 Buchstabe f und l und des Absatzes 2 Satz 1 und 5 setzt voraus, daß eine Rückzahlung zum Nennwert nicht zugesagt ist; ist neben dem Recht am Gewinn eine gewinnunabhängige Mindestverzinsung zugesagt, gilt Absatz 3 entsprechend.

(5) Der Anlage vermögenswirksamer Leistungen nach Absatz 1 Nr. 1 Buchstabe f, i bis l, Absatz 2 Satz 1, 4 und 5 sowie Absatz 4 in einer Genossenschaft mit Sitz und Geschäftsleitung im Geltungsbereich dieses Gesetzes stehen § 19 und eine Festsetzung durch Statut gemäß § 20 des Gesetzes betreffend die Erwerbs- und Wirtschaftsgenossenschaften nicht entgegen.

(5a) Der Arbeitgeber hat vor der Anlage vermögenswirksamer Leistungen im eigenen Unternehmen in Zusammenarbeit mit dem Arbeitnehmer Vorkehrungen zu treffen, die der Absicherung der angelegten vermögenswirksamen Leistungen bei einer während der Dauer der Sperrfrist eintretenden Zahlungsunfähigkeit des Arbeitgebers dienen.

(6) Vermögenswirksame Leistungen sind steuerpflichtige Einnahmen im Sinne des Einkommensteuergesetzes und Einkommen, Verdienst oder Entgelt (Arbeitsentgelt) im Sinne der Sozialversicherung und des Dritten Buches Sozialgesetzbuch. Reicht der nach Abzug der vermögenswirksamen Leistung verbleibende Arbeitslohn zur Deckung der einzuhaltenden Steuern, Sozialversicherungsbeiträge und Beiträge zur Bundesagentur für Arbeit nicht aus, so hat der Arbeitnehmer dem Arbeitgeber den zur Deckung erforderlichen Betrag zu zahlen.

(7) Vermögenswirksame Leistungen sind arbeitsrechtlich Bestandteil des Lohns oder Gehalts. Der Anspruch auf die vermögenswirksame Leistung ist nicht übertragbar."

Ein Sparvertrag über Wertpapiere oder andere Vermögensbeteiligungen im Sinne des § 2 Abs. 1 Nr. 1 5. VermBG beinhaltet die Verpflichtung des Arbeitnehmers gegenüber einem Kreditinstitut als Sparbeiträge zum Erwerb von Wertpapieren (im Sinne des § 2 Abs. 1 Nr. 1 Buchstabe a bis f, Abs. 2 Satz 1, Abs. 3 und 4) oder zur Begründung oder zum Erwerb von Rechten (im Sinne des § 2 Abs. 1 Nr. 1 Buchstabe g bis l, Abs. 2 Satz 2 bis 5 und Abs. 4) einmalig oder für die Dauer von sechs Jahren seit Vertragsabschluß laufend vermögenswirksame Leistungen einzahlen zu lassen oder andere Beträge einzuzahlen (§ 4 Abs. 1 5. VermBG). Die mit den Leistungen erworbenen Wertpapiere müssen unverzüglich nach ihrem Erwerb bis zum Ablauf einer Frist von sieben Jahren (*Sperrfrist*) festgelegt werden. Über die Wertpapiere oder die mit den Leistungen begründeten oder erworbenen Rechte darf bis zum Ablauf dieser Frist nicht durch Rückzahlung, Abtretung, Beleihung oder in anderer Weise verfügt werden (§ 4 Abs. 2 Nr. 2 5. VermBG). Die Sperrfrist gilt für alle aufgrund des Vertrages angelegten vermögenswirksamen Leistungen und beginnt am 1. Januar des Kalenderjahres, in dem der Vertrag abgeschlossen wurde (§ 4 Abs. 2 Satz 2 5. VermBG). Eine vorzeitige Verfügung über die Anlage ist nach § 4 Abs. 4 5. VermBG abweichend von § 4 Abs. 2 Ziff. 2 unschädlich, wenn

„1. der Arbeitnehmer oder sein von ihm nicht dauernd getrennt lebender Ehegatte (§ 26 Abs. 1 Satz 1 des Einkommensteuergesetzes) nach Vertragsabschluß gestorben oder völlig erwerbsunfähig geworden ist,

2. der Arbeitnehmer nach Vertragsabschluß, aber vor der vorzeitigen Verfügung geheiratet hat und im Zeitpunkt der vorzeitigen Verfügung mindestens zwei Jahre seit Beginn der Sperrfrist vergangen sind,

3. der Arbeitnehmer nach Vertragsabschluß arbeitslos geworden ist und die Arbeitslosigkeit mindestens ein Jahr lang ununterbrochen bestanden hat und im Zeitpunkt der vorzeitigen Verfügung noch besteht,

4. (weggefallen)

5. der Arbeitnehmer nach Vertragsabschluß unter Aufgabe der nichtselbständigen Arbeit eine Erwerbstätigkeit, die nach § 138 Abs. 1 der Abgabenordnung der Gemeinde mitzuteilen ist, aufgenommen hat oder

6. festgelegte Wertpapiere veräußert werden und der Erlös bis zum Ablauf des Kalendermonats, der dem Kalendermonat der Veräußerung folgt, zum Erwerb von in Absatz 1 bezeichneten Wertpapieren wiederverwendet wird; der bis zum Ablauf des der Veräußerung folgenden Kalendermonats nicht wiederverwendete Erlös gilt als rechtzeitig wiederverwendet, wenn er am Ende eines Kalendermonats insgesamt 150 Euro nicht übersteigt."

Unschädlich ist eine vorzeitige Verfügung auch, wenn in die Rechte und Pflichten des Kreditinstituts aus dem Sparvertrag an seine Stelle ein anderes Kreditinstitut während der Laufzeit des Vertrages durch Rechtsgeschäfte eintritt (§ 4 Abs. 5 5. VermBG).

Werden auf einen Vertrag über laufend einzuzahlende vermögenswirksame Leistungen oder andere Beträge in einem Kalenderjahr, das dem Kalenderjahr des Vertragsabschlusses folgt, weder vermögenswirksame Leistungen noch andere Beträge eingezahlt, so ist der Vertrag unterbrochen und kann nicht fortgeführt werden. Das gleiche gilt, wenn mindestens alle Einzahlungen eines Kalenderjahres rückgezahlt oder die Rückzahlungsansprüche aus dem Vertrag abgetreten oder beliehen werden (§ 4 Abs. 6 5. VermBG).

Den individuellen Wünschen und Anlagezielen der Sparer hinsichtlich *Sicherheit, Rentabilität, Liquidität* et cetera kann durch entsprechende Auswahl und Gewichtung der Anlageformen entsprochen werden.

Der Arbeitgeber hat auf schriftliches Verlangen des Arbeitnehmers einen Vertrag über die vermögenswirksame Anlage von Teilen des Arbeitslohnes abzuschließen (§ 11 Abs. 1 5. VermBG). Zum Abschluß eines solchen Vertrages, wonach Lohnteile nicht zusammen mit anderen vermögenswirksamen Leistungen (für den Arbeitnehmer) angelegt und überwiesen werden sollen, ist der Arbeitgeber dem Arbeitnehmer allerdings nur dann verpflichtet, wenn der gleichbleibende monatliche Betrag mindestens 13 Euro oder der gleichbleibende vierteljährliche Betrag mindestens 39 Euro beträgt; erfolgt die Zahlung nur einmal im Jahr, müssen dabei mindestens 39 Euro angelegt werden (§ 11 Abs. 3 5. VermBG).

Arbeitnehmer, die Einkünfte aus nichtselbständiger Arbeit beziehen, haben Anspruch auf Sparzulage, wenn ihr Einkommen die Einkommensgrenze nicht überschreitet. Diese beträgt 20 000 Euro für Alleinstehende beziehungsweise 40 000 Euro für zusammenveranlagte Ehegatten. Die Sparzulage beträgt 20 Prozent der nach § 2 Abs. 1 Nr. 1 bis 3 u. Abs. 2 bis 4 5. VermBG angelegten vermögenswirksamen Leistungen, soweit sie 400 Euro im Kalenderjahr nicht übersteigen, und 9 Prozent der nach § 2 Abs. 1 Nr. 4 und 5 5. VermBG angelegten vermögenswirksamen Leistungen, soweit sie 470 Euro im Kalenderjahr nicht übersteigen (Einkommensgrenzen 17 900 Euro für Alleinstehende und 35 800 Euro für Verheiratete).

Die Arbeitnehmer-Sparzulage gilt weder als steuerpflichtige Einnahme im Sinne des Einkommensteuergesetzes noch als Einkommen, Verdienst oder Entgelt (Arbeitsentgelt) im Sinne der Sozialversicherung und des Dritten Buches Sozialgesetzbuch; sie gilt arbeitsrechtlich nicht als Bestandteil des Lohnes oder Gehalts (§ 13 Abs. 3 5. VermBG). Der Anspruch auf Arbeitnehmer-Sparzulage entsteht mit Ablauf des Kalenderjahres, in dem die vermögenswirksamen Leistungen angelegt worden sind (§ 13 Abs. 4 5. VermBG); er ist nicht übertragbar (§ 13 Abs. 3 5. VermBG).

Nach § 12 5. VermBG besteht für die Arbeitnehmer grundsätzlich Wahlfreiheit zwischen allen Anlageformen. Einer Förderung steht jedoch nicht entgegen, daß durch Tarifvertrag die Anlage auf die Formen des § 2 Abs. 1 Nr. 1 bis 5, Abs. 2 bis 4 5. VermBG (d. s. Bausparen u. Beteiligungen) beschränkt wird. Eine Anlage im Unternehmen des Arbeitgebers nach § 2 Abs. 1 Nr. 1 Buchstabe g bis l u. Abs. 4 ist nur mit Zustimmung des Arbeitgebers zulässig (§ 12 Satz 3 5. VermBG).

Der Insolvenzschutz für Mitarbeiterbeteiligungen nach § 2 Abs. 5a 5. VermBG kann Bankbürgschaften oder Absicherungen durch Versicherungsunternehmen umfassen, wie sie auch für Mitarbeiterdarlehen vorgesehen sind (§ 2 Abs. 1 Nr. 1

Buchstabe k 5. VermBG). In Betracht kommen aber auch staatliche Bürgschaften. Die einschlägige Vorschrift überläßt es den Arbeitgebern und Arbeitnehmern zu entscheiden, welche Vorkehrungen als sinnvoll angesehen werden.

Die neue Vorschrift über den Insolvenzschutz tritt neben die bereits bestehenden einschlägigen Regelungen und ersetzt diese nicht. Für Mitarbeiterdarlehen und Namensschuldverschreibungen ist der Arbeitgeber also auch weiterhin verpflichtet, eine Absicherung durch eine Bank oder ein Versicherungsunternehmen zu treffen (§ 2 Abs. 1 Nr. 1 Buchstaben b u. k 5. VermBG).

Die Vorschrift zum Insolvenzschutz gilt nur für Mitarbeiterbeteiligungen aus vermögenswirksamen Leistungen und zwar während der Sperrfrist. Sonstige Mitarbeiterbeteiligungen (z. B. nach § 19a Einkommensteuergesetz) fallen nicht unter diese Vorschrift.

Die Förderungsmöglichkeiten nach dem 5. VermBG sollen über vier Fallbeispiele[1] verdeutlicht werden:

Fall 1: *Ein Arbeitnehmer hat keinen Anspruch auf vermögenswirksame Leistungen des Arbeitgebers, weder aus einem Tarifvertrag noch aus seinem Arbeitsvertrag. Er möchte jedoch in den Genuß einer Sparzulage gelangen, da sein Einkommen unter den Einkommensgrenzen liegt.*

Dieser Arbeitnehmer kann Teile seines Lohnes anlegen lassen. Die nicht geförderten Anlageformen kommen für ihn nicht in Betracht, weil er ja gerade auf die Sparzulage abzielt. Will er 250 Euro jährlich sparen, so kann er diesen Betrag in einen Bausparvertrag mit 9 Prozent Zulage oder in Beteiligungen (z. B. Aktien-Investmentfonds) mit 20 Prozent Zulage anlegen. Er kann den Betrag aber auch aufteilen. – Ist der Arbeitnehmer bereit, 750 Euro zu sparen, sind die geförderten Höchstbeträge (470 Euro für Bausparen u. 400 Euro für Beteiligungen) zu beachten. Er kann deshalb zulagebegünstigt nur 470 Euro in Bausparen und die restlichen 280 Euro in Beteiligungen anlegen. Es geht aber auch umgekehrt: 400 Euro in Beteiligungen und die restlichen 350 Euro in Bausparen. Der Arbeitnehmer könnte auch mehr als 470 Euro in Bausparen oder mehr als 400 Euro in Beteiligungen anlegen. Dann erhält er jedoch für den diese Grenzen übersteigenden Betrag keine Sparzulage.

Fall 2: *Es besteht ein Tarifvertrag, nach dem der Arbeitgeber dem Arbeitnehmer neben dem Barlohn jährlich 250 Euro zur Anlage nach dem Vermögensbildungsgesetz zuwendet.*

In diesem Fall stehen dem Arbeitnehmer alle Anlageformen des 5. Vermögensbildungsgesetzes zur Wahl, die zulagenbegünstigten (Bausparen, Beteiligungen) wie die nicht zulagenbegünstigten (Kontensparen, Lebensversicherung) Formen. Er kann es dabei bewenden lassen, lediglich die 250 Euro aus dem Tarifvertrag anzulegen. Er kann diese aber auch aufstocken, um mehr Sparzulage zu erhalten. Für die Anlage mit Sparzulage gilt das zu Fall 1 Ausgeführte.

Fall 3: *Es besteht ein Tarifvertrag, der vorsieht, daß der Arbeitgeber dem Arbeitnehmer zusätzlich zum Barlohn jährlich 250 Euro zur Anlage in Bausparen oder Beteiligungen zuwendet.*

Der Arbeitnehmer kann nunmehr zwischen den beiden Anlageformen, Bausparen und Beteiligungen, wählen. Die nicht zulagebegünstigten Anlageformen des Kon-

---

[1] Siehe Bundesministerium für Arbeit und Sozialordnung (Hrsg.), ... bild Dir ein Vermögen! Der Staat legt zu, Bonn 2002, S. 10.

tensparens und der Lebensversicherung kommen für ihn nicht in Frage. Für die (möglicherweise aus dem Barlohn aufgestockte) Anlage gilt das zu Fall 1 Ausgeführte.

Fall 4: *Ein Tarifvertrag schränkt die Anlage dergestalt ein, daß nur eine Beteiligung oder Bausparen möglich ist.*

In solchen Fällen gibt es keine Sparzulage, da die Wahlfreiheit zwischen Beteiligungen und Bausparen nach dem Gesetz in jedem Fall bestehen muß.

Nach § 2 Abs. 6 5. VermBG sind vermögenswirksame Leistungen steuerpflichtige Einnahmen im Sinne des Einkommensteuergesetzes und Einkommen, Verdienst oder Entgelt (Arbeitsentgelt) im Sinne der Sozialversicherung und des Dritten Buches Sozialgesetzbuch. Reicht der nach Abzug der vermögenswirksamen Leistung verbleibende Arbeitslohn zur Deckung der einzubehaltenden Steuern, Sozialversicherungsbeiträge und Beiträge zur Bundesagentur für Arbeit nicht aus, so hat der Arbeitgeber den zur Deckung erforderlichen Beitrag zu zahlen.

Arbeitsrechtlich sind vermögenswirksame Leistungen nach § 2 Abs. 7 5. VermBG Bestandteil des Lohnes oder Gehaltes. Der Anspruch auf vermögenswirksame Leistung ist nicht übertragbar.

VII
ALTERSVORSORGE –
SONDERVERMÖGEN (AS-FONDS)

Mit dem Dritten Finanzmarktförderungsgesetz (das mit Wirkung ab 1. April 1998 in das Gesetz über Kapitalanlagegesellschaften [§§ 37h–37m] aufgenommen wurde) hat der Gesetzgeber einen rechtlichen Rahmen für Altersvorsorge-Sondervermögen (AS-Fonds) geschaffen. Diese Altersvorsorge-Sondervermögen sollen eine Ergänzung zu den traditionellen Möglichkeiten der privaten Zusatz-Altersvorsorge, den Lebensversicherungen und der Betriebsrente bieten oder diese gegebenenfalls partiell ersetzen. Für AS-Fonds gelten (zunächst) dieselben gesetzlichen Rahmenbedingungen wie für Investmentfonds allgemein. Darüber hinaus aber sind sie durch besondere, am Altersvorsorgeziel orientierte Anlagevorschriften normiert:

– Sie müssen mindestens 51 Prozent Substanzwerte (Aktien, Grundstücke, Beteiligungen an Grundstücksgesellschaften oder Anteile an Grundstückssondervermögen) und dürfen höchstens 49 Prozent Bankguthaben, Geldmarktpapiere und ausländische Investmentanteile beinhalten;
– ihr Anteil an Aktien und stillen Beteiligungen darf höchstens 75 Prozent betragen;
– ihr Anteil an stillen Beteiligungen ist auf maximal 10 Prozent begrenzt;
– ihr Anteil an Immobilien oder an öffentlichen Immobilien darf 30 Prozent nicht übersteigen;
– derivate Instrumente (d. s. Optionen, Futures, Swaps) dürfen nur zum Zwecke der Absicherung erworben werden;
– Anlagen mit ungesicherten Fremdwährungsrisiken sind auf maximal 30 Prozent des Fondsvermögens zu begrenzen;
– die Liquidität des Fonds darf 49 Prozent nicht übersteigen;
– Gewinne dürfen nicht ausgeschüttet, sondern müssen wieder angelegt (thesauriert) werden;
– dem Anleger muß ein Sparplan angeboten werden, nach dem regelmäßig Geld eingezahlt wird;
– die Laufzeit der Sparpläne muß mindestens 18 Jahre betragen oder bis zur Vollendung des 60. Lebensjahres (des Sparers) reichen;
– es darf (von der Fondsgesellschaft) kein bestimmter Mindestauszahlungsbetrag zu einem bestimmten Zeitpunkt zugesagt werden;
– der Anleger muß jederzeit ohne Vorbedingung kündigen dürfen;
– dem Anleger muß nach drei Vierteln der Laufzeit das Recht zustehen, eine kostenlose Vermögensumschichtung vorzunehmen;
– dem Anleger müssen Auszahlungspläne mit und ohne Kapitalverzehr angeboten werden.

Trotz der vom Gesetzgeber getroffenen Vorgaben sind die am Markt angebotenen Produkte recht unterschiedlich. So gibt es für jede Altersklasse und Anlegermentalität passende Sparpläne. Die einschlägige Differenzierung wird hauptsächlich über die *Sicherheit* der Anlage (d. h. über deren Risikobehaftetheit) reguliert. Je höher das Einstiegsalter, desto mehr wird auf Sicherheit gesetzt, das heißt desto geringer ist der Aktien- und desto höher der Renten- und/oder Immobilienanteil der Anlage.

Die meisten Anbieter von Sparplänen schlagen den Anlegern für das Ende der Sparphase und den Beginn der Auszahlungsphase einen Umtausch der Anlage in einen Rentenfonds (allenfalls mit einem geringen Aktienanteil) oder in einen Geldmarktfonds vor. Einige Investmentgesellschaften haben für diese Phase eine besondere Umtauschstrategie entwickelt, die verhindern soll, daß ein Teil der *Rendite* durch eine ungünstige Kapitalmarktentwicklung verzehrt wird. In praxi läuft dies auf eine Verteilung (Stückelung) des Umtausches auf verschiedene Stichtage (Termine) hinaus.

Altersvorsorge-Sondervermögen werden steuerrechtlich wie Anlagen in Investmentfonds behandelt. Abgesehen von der Beimischung steuerbegünstigter offener Immobilien- und Investmentfonds genießen sie keinerlei steuerliche Begünstigung!

Neben der mangelnden steuerlichen Begünstigung ist es das Fehlen einer garantierten Mindestauszahlung wie auch einer festen Leistungszusage, die AS-Fonds als Altersvorsorge nicht hinreichend empfehlen. (Dieserhalb haben wohl auch der Finanzausschuß des Deutschen Bundestages und das Plenum den Namenswunsch der Fondsanbieter „Pensions-Sondervermögen" abgelehnt!)

Eine vorwiegend in Substanzwerten vorgenommene Anlage erhöht zwar die Renditechancen, aber gleichzeitig auch das *Anlagerisiko* und gegebenenfalls (bei ausländischen Investments) das *Währungsrisiko*. Diese Risiken trägt allein der Anleger. Hinzu kommt, daß sie für den Anleger weitgehend uneinschätzbar sind, weil die sie (die Risiken) begründende Anlagepolitik (des jeweiligen Fondsanbieters) für den Anleger weitgehend intransparent ist. Der Anleger kann immer nur auf die geeignete Anlagepolitik hoffen respektive vertrauen. Ob dieses Vertrauen in das Fondsmanagement gerechtfertigt war, stellt sich jedoch immer erst im nachhinein heraus! Ein besonderer Anlegerschutz ist nicht gegeben!

Die *Liquidität* der Anlage ist durch die Vorgabe bestimmter Kündigungsfristen stark eingeschränkt.

Was schließlich die Kosten der Anlage anbelangt, besteht in der Regel kein Unterschied zu den Investmentfonds. Die Ausgabeaufschläge betragen meist zwischen 3 und 5 Prozent des Anlagebetrages. Für die Fondsbetreuung und -verwaltung werden normalerweise ein weiteres Prozent des Sparkapitals in Rechnung gestellt.

Nach den vorausgegangenen Darlegungen sollte vor einer voreiligen Anlage in AS-Fonds gewarnt werden. Wenn eine Anlage in solchen in Erwägung gezogen wird, sollten den einschlägigen Angeboten auf jeden Fall auch die bewährten Investmentfonds mit ihren langfristigen Renditeberechnungen gegenübergestellt werden.

Rückblickende Anmerkung: Mit der staatlichen Förderung der Riester-Produkte (siehe Kapitel VIII, Riester-Rente) gerieten die (nicht geförderten) AS-Fonds in den letzten Jahren deutlich ins Abseits. Der anfänglich hohe Mittelzufluß nahm bereits Mitte 2001 rapide ab und viele Anleger lösten ihre diesbezüglichen Sparguthaben auf, um sie anderen Anlageprogrammen zuzuführen. Dies hatte zur Folge, daß eine Reihe von AS-Fonds geschlossen wurde. (Die bislang spektakulärsten Fälle: Die Schließung der beiden AS-Fonds Activest Zukunftsvorsorge 2 u. 3 der Hypo-Vereinsbank. Activest bot – wie üblich – den betroffenen Sparern den kostenlosen Wechsel in einen anderen Fonds an!) Ein Ende dieses Auflösungsprozesses ist noch nicht abzusehen!

VIII
PRIVATE ALTERSVORSORGE

Mit der Rentenreform 2001 versucht der Staat den Veränderungen im Altersaufbau der Bevölkerung und deren Auswirkungen auf das Rentensystem Rechnung zu tragen. Zum Ausgleich dafür, daß die Renten künftig nur noch langsamer steigen können, soll die betriebliche (siehe Kapitel IX) und private Altersvorsorge gestärkt und gefördert werden.

1 Riester-Rente

Die (seit 2002 angebotene) private Altersvorsorge in Form der Riester-Rente (benannt nach dem seinerzeitigen Bundesminister für Arbeit und Sozialordnung Walter Riester) ist durch § 10 a i. Verb. mit Abschnitt XI (ab § 79) Einkommensteuergesetz (EStG) fundiert. Dieser Rechtsgrundlage zufolge können zu der gesetzlichen Rentenversicherung Pflichtversicherte wie auch Empfänger von Besoldung nach dem Bundesbesoldungsgesetz, Empfänger von Amtsbezügen aus einem Amtsverhältnis, die nach § 5 Abs. 1 Satz 1 Nr. 2 und 3 des Sechsten Buches Sozialgesetzbuch (SGB VI) versicherungsfrei Beschäftigten und die nach § 6 Abs. 1 Satz 1 Nr. 2 SGB VI von der Versicherungspflicht befreiten Beschäftigten ebenso wie Beamte, Richter, Berufssoldaten und Soldaten auf Zeit **Altervorsorgebeiträge** (§ 82 EStG) zuzüglich der dafür nach Abschnitt XI zustehenden Zulage im Unfang von bis zu Euro 2100 jährlich als **Sonderausgaben** von ihrem Einkommen in Abzug bringen.

In Abhängigkeit von den geleisteten Altersvorsorgebeiträgen wird eine staatliche **Zulage** gewährt, die sich aus einer Grundzulage (§ 84 EStG) und einer Kinderzulage (§ 85 EStG) zusammensetzt. Jeder Zulageberechtigte erhält eine **Grundzulage** im Umfang von Euro 154 jährlich. Die **Kinderzulage** beträgt für jedes Kind, für das dem Zulageberechtigten Kindergeld gewährt wird, Euro 185 jährlich; für ab 2008 geborene Kinder Euro 300. Die Zulage nach den §§ 84 und 85 EStG wird gekürzt, wenn der Zulageberechtigte nicht den **Mindesteigenbeitrag** nach § 86 EStG leistet. Dieser beträgt jährlich 4 vom Hundert der Summe der in dem dem Kalenderjahr vorausgegangenen Kalenderjahr erzielten beitragspflichtigen Einnahmen im Sinne des SGB VI respektive der bezogenen Besoldung oder Amtsbezüge und erzielten Einnahmen, die beitragspflichtig wären, wenn die Versicherungsfreiheit in der gesetzlichen Rentenversicherung nicht bestehen würde.

Die Riester-Rente kann über vier Produktgruppen aufgebaut werden: Banksparpläne, Fondssparpläne, Rentenversicherungen sowie selbstgenutzte Wohnimmobilien und zertifizierte Bausparverträge („Wohn-Riester", Eigenheimrente). Die Bundesanstalt für Finanzdienstleistungsaufsicht (BaFin) läßt über ihre Zertifizierungsstelle nur solche Verträge zu, die den gesetzlichen Mindestanforderungen genügen. Nach diesen ist der Anleger zu laufenden Eigenbeiträgen verpflichtet; die Rentenleistungen dürfen nicht vor Vollendung des 60. Lebensjahres, spätestens mit Beginn der gesetzlichen Rente erfolgen; der Anbieter muß zusagen, daß zu Beginn der Auszahlungsphase mindestens die eingezahlten Beiträge (vermehrt um die Zinsen und vermindert um die Verwaltungs- und sonstigen Kosten) zur Verfügung stehen und lebenslange gleichbleibende oder steigende monatliche Leistungen sichergestellt sind. – Das Zertifikat der BaFin über die Erfüllung der Mindestanforderungen an das jeweilige Produkt sagt nichts aus über die wirtschaftliche Bonität des Produktanbieters oder über die Qualität respektive Wirrtschaftlichkeit der einzelnen Produkte.

Banksparpläne können je nach Eintrittsalter des Sparers über 40 Jahre und mehr laufen. Unter *Rendite*aspekten sind sie durchweg wenig attraktiv. Die Verzinsung ist über die Laufzeit nicht festgeschrieben und kann jederzeit geändert werden. Nur vereinzelt ist die Verzinsung der angebotenen Banksparpläne an eine verbindliche Orientierungsgröße, wie etwa die Umlaufrendite von öffentlichen Anleihen, gekoppelt. Abschlußgebühren werden in der Regel nicht erhoben oder sind sehr gering.

Im Unterschied zu allen anderen Riester-Angeboten ist bei Banksparplänen der Kapitalerhalt nicht erst zum Rentenbeginn, sondern während der gesamten Laufzeit des Vertrages sichergestellt. Diese Gegebenheit ist für all die Anleger von großer Bedeutung, die möglicherweise irgendwann ohne Kapitalverlust in eine andere Anlageform wechseln wollen. Die Wechselkosten belaufen sich dann je nach Anlageform auf 25 bis 100 Euro.

Auch für Bausparer können Banksparpläne wegen der (später) jederzeit möglichen Eigenkapitalentnahme zur Immobilienfinanzierung von Interesse sein.

Für ältere Vorsorgesparer, die nichts mehr riskieren wollen, sind Banksparpläne (unter den Riester-Produkten) eine relativ problemlose (Geld-)Anlage.

Fondssparpläne leiten wie normale Investmentfondssparpläne die Sparbeiträge der Anleger in Investmentfonds. Die Eigenart der Riester-Fondssparpläne besteht darin, daß diese eine Laufzeit bis zum 60. Lebensjahr des jeweiligen (Vorsorge-)Sparers aufweisen müssen. Um den für diesen Zeitpunkt verlangten Kapitalerhalt gewährleisten zu können, richten sich die Fonds in ihrer Anlagestrategie am Alter des Vorsorgers bei Vertragsabschluß und an der jeweiligen Marktsituation aus und legen dessen Sparbeiträge entsprechend in Aktien-, Renten-, Immobilien- und Geldmarktfonds an. Analog dazu lassen sich offensive, ausgewogene und defensive Anlagestrategien unterscheiden. Offensive Fondspläne mit Aktienschwerpunkt werden vorzugsweise für jüngere Sparer mit weitem Anlagehorizont in Betracht gezogen, während für ältere Sparer verstärkt auf defensive Fondspläne gesetzt wird.

Rentenversicherungen bieten für die Riester-Rente im wesentlichen drei Vertragsvarianten an. Bei der klassischen Variante erhält der Einzahler eine garantierte Verzinsung auf seine Sparbeiträge. Bei der zweiten Variante werden die Überschüsse aus der Versicherung zu Gunsten der Anleger einem Fonds zugeleitet. Nach Variante drei – oft auch „Hybridversicherung" genannt – wird nur ein kleiner, für den vorgeschriebenen Kapitalerhalt notwendiger Teil der Sparbeiträge konservativ angelegt und der Rest in Fonds unterschiedlicher Ausrichtung investiert. Damit wird dem (Vorsorge-)Sparer lediglich die Auszahlung seiner Beiträge plus eine (nicht näher quantifizierte) Zulage garantiert.

Rentenversicherungen können in jedem Lebensalter sinnvoll sein; vorausgesetzt, daß der gewählte Tarif kostengünstig ist und eine attraktive *Rendite* erwarten läßt. Auch hier gilt wie bei den Fondssparplänen: Jüngere Sparer können das spekulative, mit aktienorientierten Fondsanlagen verbundene höhere Risiko in der Regel eher eingehen als ältere Anleger.

Auf der Grundlage des rückwirkend zum 1.1.2008 in Kraft getretenen Eigenheimrentengesetzes werden nunmehr auch **selbstgenutzte Wohnimmobilien** (Wohnungen im eigenen Haus, Eigentumswohnungen, Genossenschaftswohnungen) nebst zertifizierten Bausparverträgen und Entschuldungen von Wohnungen und Häusern in die staatlich geförderte (Riester-)Altersvorsorge einbezogen. – Das mietfreie Wohnen im Alter wird quasi mit einer Rente gleichgesetzt (Eigenheimrente)!

Um eine künftige Eigenheimrente aufbauen zu können, müssen die betreffenden Riester-Verträge, soweit sie vor dem 1. 1. 2008 abgeschlossen wurden (sog. Altverträge), ein Mindestkapital von Euro 10 000 akkumuliert haben. Ab dem Jahr 2010 entfällt diese Einschränkung! Sie (die Verträge) sind jährlich mit mindestens 4 Prozent des sozialversicherungspflichtigen Vorjahreseinkommens zu bedienen. – Die geförderte Höchstumme beträgt Euro 2100.

Nach dem Wohnungsbau-Prämiengesetz von 1997, zuletzt geändert durch Gesetz vom 29. 7. 2008, sind Beiträge an Bausparkassen zur Erlangung von Baudarlehen bei Neuverträgen (ab 1. 1. 2009) nur noch bei wohnungswirtschaftlicher Verwendung prämienbegünstigt. Diese Voraussetzung ist beim „Wohn-Riester" erfüllt.

Wie bei allen Produktgruppen der Riester-Rente unterliegt die in der Erwerbsphase des Vorsorgers steuerlich geförderte Kapitalbildung im (Renten-/Pensions-)Alter der Nachbesteuerung. Diese Steuerschuld wird für die „Wohn-Riester"-Rente mit Hilfe des Wohnförderungskontos ermittelt, das die entnommene Kapitalsumme, die Tilgungsleistungen und die gewährten Zulagen aufnimmt, und jährlich mit 2 Prozent verzinst. Bei Erreichen der Altersgrenze (Renten-/Pensionseintritt) kann dann zwischen einer kontinuierlichen Besteuerung bis zu 25 Jahre oder einer einmaligen Besteuerung gewählt werden. Bei letzterer werden lediglich 70 Prozent der auf dem Wohnförderungskonto aufgelaufenen Summe besteuert.

Berufseinsteiger bis zum Alter von 25 Jahren erhalten bei Abschluß eines Riester-Vertrages zur privaten Altersvorsorge einen einmaligen Zuschuß von Euro 200.

Abschließend kann festgestellt werden, daß es äußerst kompliziert ist, einigermaßen exakt zu ermitteln für wen sich die (Riester-)Förderung lohnt und für wen nicht.

2 Eichel-Rente

Die (seit 2002 angebotene) private Altersvorsorge in Form der Eichel-Rente (benannt nach dem seinerzeitigen Bundesfinanzminister Hans Eichel) wird durch eine Entgeltumwandlung im arbeitgebenden Unternehmen gespeist. Nach diesem (privaten) Vorsorge-Modell kann der Arbeitnehmer jährlich bis zu 4 Prozent seines Bruttogehaltes (bis zur Rentenbeitragsbemessungsgrenze; derzeit [2009] maximal 2592 Euro) über einen Betriebsrentensparvertrag der betrieblichen Altersvorsorge (siehe hierzu Kapitel IX insbesondere hinsichtlich der verschiedenen Anlagemöglichkeiten) zuleiten! Diese Beiträge sind steuer- und sozialabgabefrei. Seit 2005 können jährlich zusätzlich 1800 Euro steuerfrei eingezahlt werden; dieser Zusatzbetrag unterliegt allerdings der Sozialabgabepflicht.

Die steuerlichen Vergünstigungen stehen dem Sparer nur unter der Voraussetzung zu, daß das angesparte Kapital nach seiner Zurruhesetzung in Form einer (rest-) lebenslangen Rente ausgezahlt wird. – Ausnahmsweise zu dieser generellen Regelung können zu Beginn der Rentenzahlung jedoch einmalig 30 Prozent der Kapitalsumme an den Anspruchsberechtigten ausgezahlt werden.

Werden die Beiträge zur betrieblichen Altersvorsorge in eine Pensionskasse oder Direktversicherung eingezahlt, kann ein Kapitalwahlrecht und damit die Auszahlung der gesamten Kapitalsumme zu einem bestimmten Zeitpunkt vereinbart werden. Liegt dieser Zeitpunkt noch in der Ansparphase, so verliert der Sparer die Steuervorteile für die noch zu leistenden Beiträge.

Die Tatsache, daß sich die Eichel-Rente aus Teilen des Lohneinkommens speist, macht diese ausschließlich für Arbeitnehmer zugänglich.

Die Einkünfte aus der Eichel-Rente unterliegen in voller Höhe der Besteuerung.

3 Rürup-Rente

Die (seit 2004 angebotene) private Altersvorsorge in Form der Rürup-Rente (benannt nach dem Ökonomen Paul Rürup) ist eine private Rentenversicherung, die im Gegensatz zu deren klassischer Ausgestaltung oder zur Riester- wie auch der Eichel-Rente kein Kapitalwahlrecht kennt.

Die Beiträge zum Aufbau dieser Rente können im Rahmen der gesetzlichen Höchstbeträge unter folgenden Voraussetzungen einkommensteuerwirksam als Sonderausgaben (§ 10 Abs. 1 Ziff. 2b Einkommensteuergesetz) vom Gesamtbetrag der Einkünfte in Abzug gebracht werden: (1) Der Versicherungsvertrag darf ausschließlich die Zahlung einer lebenslangen monatlichen Leibrente vorsehen; (2) die Rente darf nicht vor Vollendung des 60. Lebensjahres gezahlt werden; (3) die Ansprüche aus dem Versicherungsvertrag dürfen nicht vererbt, beliehen, veräußert oder kapitalisiert werden; dem Begünstigten darf kein Anspruch auf vorzeitige Auszahlung eingeräumt werden.

Leistungen aus der Rürup-Rente unterliegen bis 2040 einer eingeschränkten Besteuerung. Ihr steuerfreier Anteil wird zu Beginn ihres Bezuges festgelegt und als fixer Betrag (rest-)lebenslang festgeschrieben.

Die Rürup-Rente wird von vielen Versicherungen in Verbindung (als sog. Kombi-Paket) mit Zusatzversicherungen für Hinterbliebenenschutz (Hinterbliebenenrente) und Berufsunfähigkeit (Berufsunfähigkeitsrente) angeboten. Mit deren Abschluß ergeben sich nicht nur veränderte steuerliche Tatbestände; es gilt auch zu beachten, daß der auf die Zusatzversicherung(en) entfallende Beitragsteil nicht rentenwirksam ist!

Der Abschluß eines Rürup-Rentenvertrages eignet sich in besonderer Weise für Selbständige mit einer relativ hohen Steuerbelastung, denen eine entsprechende Absicherung über die Riester-Rente oder eine betriebliche Altersvorsorge nicht offensteht.

IX
VERMÖGENSBILDUNG NACH DEM ALTERSVERMÖGENSGESETZ (BETRIEBLICHE ALTERSVORSORGE)

Nach dem am 1.1.2002 in Kraft getretenen Altersvermögensgesetz können gesetzlich rentenversicherte Arbeitnehmer einen Teil ihres Bruttogehaltes steuermindernd
über die sogenannte Entgeltumwandlung in einer betrieblichen Altersvorsorge anlegen. Dafür stehen fünf verschiedene Durchführungswege zur Auswahl: Direkt-
zusage, Unterstützungskasse, Direktversicherung, Pensionskasse und Pensions-
fonds. Unter Berücksichtigung des Alterseinkünftegesetzes vom 1. 1. 2005 sind Ein-
und Auszahlung in beziehungsweise aus den verschiedenen Anlagemöglichkeiten
wie folgt geregelt (siehe Übersicht IX, 1):

Besteuerung der Einzahlung in die betriebliche Altervorsorge

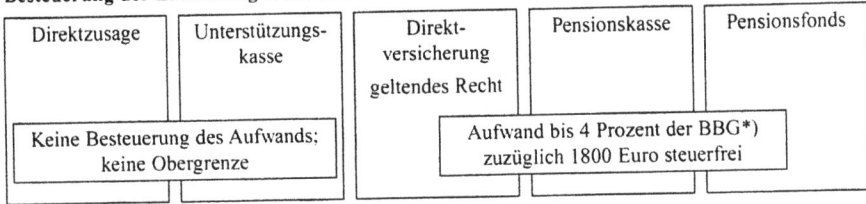

Direktzusage	Unterstützungs-kasse	Direkt-versicherung	Pensionskasse	Pensionsfonds
		geltendes Recht		
Keine Besteuerung des Aufwands; keine Obergrenze		Aufwand bis 4 Prozent der BBG*) zuzüglich 1800 Euro steuerfrei		

*) Beitragsbemessungsgrenze für die Rentenversicherung

Besteuerung der Auszahlung aus der betrieblichen Altervorsorge

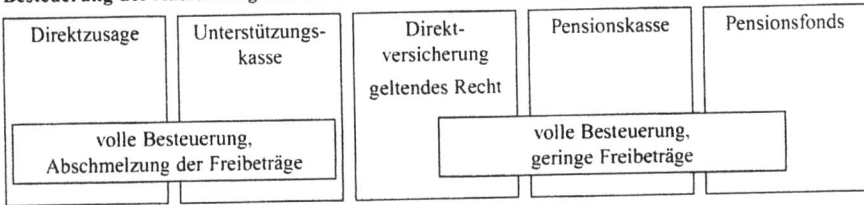

Direktzusage	Unterstützungs-kasse	Direkt-versicherung	Pensionskasse	Pensionsfonds
		geltendes Recht		
volle Besteuerung, Abschmelzung der Freibeträge		volle Besteuerung, geringe Freibeträge		

Übersicht IX, 1

Die Entgeltumwandlung gewinnt zusätzliches Interesse dadurch, daß mit ihr auch
die staatliche Förderung der zusätzlichen, privaten (kapitalgedeckten) Altersvorsorge, der Riester- wie auch der Eichel-Rente (siehe Kapitel VIII), in Anspruch
genommen werden kann. Allerdings setzt diese Förderungsfähigkeit der betrieblichen Altersvorsorge voraus, daß diese später als Altersrente ausgezahlt wird und
nicht als einmalige Kapitalleistung erfolgt. Wird der (Förderungs-)Anspruch erhoben, ist damit die Förderung für die private Altersvorsorge nicht mehr verfügbar!
Der Arbeitnehmer sollte sich deshalb reiflich überlegen, für welche der beiden
Vorsorgemöglichkeiten (betriebliche oder private) er sich entscheiden möchte. Sollte sich bei einer betrieblichen Altersvorsorge per Entgeltumwandlung der Arbeitgeber mit einem Finanzierungsanteil beteiligen, wäre im Regelfall die betriebliche
Vorsorgemöglichkeit der privaten vorzuziehen.

X
DIE BESTEUERUNG VON GELDANLAGEN

Die im Zusammenhang mit (privaten) Geldanlagen (Vermögen) anfallenden **Steuern** lassen sich wie folgt erfassen:

- Steuern auf Einkünfte aus Kapitalvermögen (Abgeltungsteuer),
- Steuern auf Gewinne aus privaten Veräußerungsgeschäften bei Grundstücken sowie grundstücksgleichen Rechten und „anderen Wirtschaftsgütern",
- Steuern auf Einkünfte aus Vermietung und Verpachtung,
- Umsatzsteuer,
- Grunderwerbsteuer,
- Erbschaft- und Schenkungsteuer,
- Vermögensteuer,
- Grundsteuer.

1 Steuern auf Einkünfte aus Kapitalvermögen – Abgeltungsteuer –

Seit 1. 1. 2009 ist im Rahmen der Unternehmensteuerreform 2008 die Abgeltungsteuer für Kapitalvermögen (§ 20 Einkommensteuergesetz, EStG) an die Stelle der bisherigen Kapitalertragsteuer getreten. Ihr (der Abgeltungsteuer) unterliegen nach § 20 Abs. 1 EStG Einkünfte aus Kapitalvermögen, wie

- Zinsen;
- Dividenden;
- Erträge aus Investmentfonds;
- Erträge aus Zertifikaten sowie
- Erträge aus sonstigen Kapitalforderungen jeder Art, wenn die Rückzahlung des Kapitalvermögens oder ein Entgelt für die Überlassung des Kapitalvermögens zur Nutzung zugesagt oder geleistet worden ist, auch wenn die Höhe der Rückzahlung oder des Entgelts von einem ungewissen Ereignis abhängt. Dies gilt unabhängig von der Bezeichnung und der zivilrechtlichen Ausgestaltung der Kapitalanlage (§ 20 Abs. 1 Ziff. 7 EStG);
- Stillhalteprämien, die für die Einräumung von Optionen bezogen werden (§ 20 Abs. 1 Ziff. 11 EStG);
- Gewinne aus der Veräußerung von Anteilen an Körperschaften (Aktien oder Geschäftsanteilen);
- Gewinne aus der Veräußerung von Dividendenscheinen und sonstigen Ansprüchen durch den Inhaber des entsprechenden Stammrechts;
- Gewinne aus der Veräußerung von Zinsscheinen und Zinsforderungen durch den Inhaber oder ehemaligen Inhaber der entsprechenden Schuldverschreibungen;
- Gewinne aus Termingeschäften;
- Gewinne aus der Veräußerung von Anteilen an einer stillen Gesellschaft oder eines partiarischen Darlehens;
- Gewinne aus der Rechtsübertragung bei Hypotheken, Grundschulden und Renten;
- Gewinne aus der Veräußerung von Kapitallebensversicherungen;
- Gewinne aus der Veräußerung von sonstigen Kapitalforderungen jeder Art im Sinne des § 20 Abs. 1 Ziff. 7 EStG oder einer Rechtsposition im Sinne des § 20 Abs. 1 Ziff. 9 EStG. – Die Einlösung der jeweiligen Kapitalforderung bei Endfälligkeit ist ebenfalls steuerpflichtig.

Gewinne aus der Veräußerung von Kapitalanlagen, die vor dem 31. 12. 2008 erworben wurden, bleiben auch in Zukunft steuerfrei, wenn die Spekulationsfrist von 1 Jahr eingehalten wurde.

Die Ermittlung der Einkünfte fügt sich nach § 20 Abs. 4 EStG folgendem Muster:

$$\begin{array}{l}
\text{Veräußerungs-/Einlösungspreis} \\
\text{/. Anschaffungskosten} \\
\underline{\text{/. Veräußerungskosten}} \\
\text{Veräußerungsgewinn/-verlust}
\end{array}$$

Bei unentgeltlichem Erwerb eines entsprechenden Wirtschaftsgutes sind nach § 20 Abs. 4 Satz 6 EStG dem Einzelrechtsnachfolger die Anschaffungswerte des Rechtvorgängers in Ansatz zu bringen.

Bei der Ermittlung der steuerpflichtigen Einkünfte können einschlägige Verluste berücksichtigt werden. Diesbezüglich werden von der depotführenden Bank nach § 20 Abs. 2 Ziff. 6 EStG zunächst positive Einkünfte (wie z. B. Zinsen aus Einlagen u. festverzinslichen Wertpapieren, Dividenden, Einkünfte aus der Endfälligkeit von Zertifikaten, aus Einlösungsgewinnen bei Finanzinnovationen, Gewinne aus Veräußerungsgeschäften) und Verluste verrechnet. Dabei dürfen Verluste aus Kapitalvermögen nicht mit Einkünften aus anderen Einkunftsarten ausgeglichen werden. So dürfen Verluste aus Aktienverkäufen grundsätzlich nur mit Gewinnen aus Aktienverkäufen verrechnet werden. Ein verbleibender Verlust wird von der Bank entweder auf das Nachfolgejahr vorgetragen oder bescheinigt und kann dann gegebenenfalls mit entsprechenden Kapitaleinkünften des laufenden Jahres bei anderen Banken oder solchen (Kapitaleinkünften) der Folgejahre verrechnet werden. Vor 2009 realisierte Verluste können im Rahmen einer Übergangsregelung bis 2013 mit Kapitaleinkünften nach neuem Recht verrechnet werden. Eine Verrechnung mit Zinsen oder Dividenden ist jedoch nicht zulässig.

Der Abgeltungsteuersatz beträgt 25 v. H. zuzüglich Solidaritätszuschlag (5,5 v. H.) und gegebenenfalls Kirchensteuer (8 oder 9 v. H.).

Die inländischen Banken/Sparkassen, bei denen die entsprechenden Geld-/Kapitalanlagen erfolgen oder Kupons eingelöst werden, sind verpflichtet, die Abgeltungsteuer in Abzug zu bringen und an das jeweilige Finanzamt abzuführen.

Wie bisher können Anleger auch weiterhin **Freistellungsaufträge** an ihre Bank erteilen. Der diesbezügliche **Sparer-Pauschbetrag** (dieser ersetzt den bisherigen Sparerfreibetrag) beziffert sich für Alleinstehende auf 801 Euro, für Ehegatten auf 1602 Euro. Im Umfang dieses Betrages können nach § 20 Abs. 2 Ziff. 9 EStG Werbungskosten in Ansatz gebracht werden; der Abzug der diesen Betrag übersteigenden tatsächlichen Werbungskosten ist ausgeschlossen.

Unter der Voraussetzung, daß der Anleger eine **Nichtveranlagungsbescheinigung** (NV-Bescheinigung) erbringt, werden ihm die Zins-/Kapitalerträge, die über seinem Freibetrag liegen, nicht besteuert. Die NV-Bescheinigung ist vom Steuerpflichtigen mit besonderem Vordruck beim Finanzamt seines Wohnsitzes zu beantragen. Sie wird von diesem (üblicherweise für die Dauer von höchstens drei Jahren) ausgestellt, wenn zu erwarten ist, daß für den (unbeschränkt steuerpflichtigen) Antragsteller eine Veranlagung zur Einkommensteuer nicht erfolgt (Grundfreibetrag ab 1. 1. 2009 für Alleinstehende 7834 Euro [ab 1. 1. 2010 8004 Euro], für zusammenveranlagte Ehegatten 15 668 Euro [ab 1. 1. 2010 16 008 Euro]; pro Kind 7834 Euro [ab 1. 1. 2010 8004 Euro] zusätzlich). Kreditinstitute, bei denen eine NV-Bescheinigung vorgelegt wird, sind von der Steuerabzugspflicht befreit. Es werden demzufolge dem betreffenden Anleger die Zins-/Kapitalerträge ohne Abzug von Abgeltungsteuer gutgeschrieben. Es empfiehlt sich deshalb dem jeweiligen Kreditinstitut rechtzeitig eine Ausfertigung der NV-Bescheinigung einzureichen.

Zins-/Kapitalerträge, von denen Abgeltungsteuer in Abzug gebracht wurden, müssen vom Steuerpflichtigen nicht mehr in der Einkommensteuererklärung aufgeführt werden (Abgeltungswirkung); es sei denn, daß in dessen Einkommensteuerveranlagung ein niedrigerer persönlicher Steuersatz als 25 v. H. in Ansatz kommt (Veranlagungswahlrecht).

Der Abgeltungsteuerpflicht unterliegen grundsätzlich auch Kapitalerträge, die im Ausland erzielt wurden. Allerdings unterhält die Bundesrepublik Deutschland mit einer Vielzahl von Staaten *Doppelbesteuerungsabkommen*, sodaß die tatsächliche (steuerliche) Belastung in Abhängigkeit von der (ganz oder teilweise anrechenbaren) ausländischen Besteuerung gesehen werden muß.

Geldanlagen, die ausschließlich der privaten Altersvorsorge dienen, das sind Riester-Fondsparen, Rürup-Rente und betriebliche Vorsorgepläne, unterliegen nicht der Abgeltungsteuer. Ebenso private Renten- und Kapitallebensversicherungen, sofern die diesbezüglichen Verträge vor dem 1.1.2005 abgeschlossen wurden und die Haltedauer mindestens 12 Jahre beträgt.

2 Steuern auf Gewinne aus privaten Veräußerungsgeschäften bei Grundstücken sowie grundstücksgleichen Rechten und „anderen Wirtschaftsgütern"

Die private Veräußerung von Grundstücken und grundstücksgleichen Rechten (z. B. Erbbaurecht, Mineralgewinnungsrecht) sowie „anderen Wirtschaftsgütern" (d. s. sämtliche vermögenswerten Vorteile des Privatvermögens, die selbständig bewertbar, längerfristig nutzbar u. keine Gegenstände des täglichen Gebrauchs sind, wie z. B. Schmuck, Gemälde, Briefmarken, Münzen, Gold) unterliegt nach § 23 Abs. 1 Ziff. 2 Satz 2 EStG der Besteuerung mit dem persönlichen Steuersatz (auf den sog. Spekulationsgewinn*), sofern eine Veräußerungsfrist (früher: Spekulationsfrist)

– bei Grundstücken und grundstücksgleichen Rechten von 10 Jahren und
– bei „anderen Wirtschaftsgüern" von 1 Jahr

eingehlaten wird. – Werden solche „anderen Wirtschaftsgüter" jedoch innerhalb von 10 Jahren nach Anschaffung als Einkunftsquelle genutzt, verlängert sich die Veräußerungsfrist auf 10 Jahre.

Gewinne aus den vorgenannten privaten Veräußerungsgeschäften bleiben nach § 23 Abs. 3 Satz 5 EStG steuerfrei, wenn der aus ihnen erzielte Gesamtgewinn im Kalenderjahr weniger als 6000 Euro (Freigrenze) betragen hat. – Verluste aus privaten Veräußerungsgeschäften dürfen nur bis zur Höhe des Gewinnes aus solchen, den der Steuerpflichtige im gleichen Kalenderjahr realisiert hat, ausgeglichen werden. Ein genereller Ausgleich wie ihn § 10 Abs. 1 EStG vorsieht, ist nich möglich!

---

* Als sogenannter Spekulationsgewinn gilt die aus einem privaten Veräußerungsgeschäft resultierende positive Wertdifferenz, die aus dem Verkauf eines Gutes nach Abzug der Einkaufskosten, Herstellungskosten und Werbekosten erzielt wird.

3 Steuern auf Einkünfte aus Vermietung und Verpachtung

Einkünfte aus Vermietung und Verpachtung umfassen neben Miet-/Pachteinnahmen auch die Umlagen für Heizung, Strom, Müllabfuhr und anderes in den betreffenden Objekten.

Die Einkünfte dürfen steuerrechtlich um die anfallenden **Werbungskosten** gekürzt werden. Solche Werbungskosten sind insbesondere Finanzierungskosten (Schuldzinsen, Geldbeschaffungskosten), Erhaltungsaufwand (Reparatur- u. Instandhaltungskosten), Abschreibungen (AfA, Absetzung für Abnutzung) sowie alle weiteren tatsächlich nachgewiesenen Kosten (wie Grundsteuer, Löhne für Hausmeister, Kosten für Schornsteinreinigung, Versicherungen u. a.).

Bezüglich der Abschreibungen gilt es zu unterscheiden zwischen gebraucht erworbenen Immobilien und Neubauten.

Gebraucht erworbene Immobilien: Nach § 7 Abs. 4 EStG können bei Gebäuden, die nach dem 31. Dezember 1924 fertiggestellt worden sind, 2 v. H. jährlich für 50 Jahre und bei Gebäuden, die vor dem 1. Januar 1925 fertiggestellt worden sind, 2,5 v. H. für 40 Jahre von den Anschaffungs- oder Herstellungskosten ohne Grundstück abgeschrieben (lineare AfA) und als Werbungskosten abgesetzt werden.

Neubauten: Nach § 7 Abs. 5 Ziff. 3c EStG können seit Inkrafttreten des Steueränderungsgesetzes am 1. 1. 2004 von vermieteten Neubauten in den ersten 10 Jahren 4 v. H., dann 8 Jahre lang 2,5 v. H. und danach 32 Jahre lang 1,25 v. H. von den Herstellungs- oder Anschaffungskosten ohne Grundstücke abgeschrieben und als Werbungskosten geltend gemacht werden. Diese degressive Abschreibung gilt nur noch für Mietwohngebäude, die bis zum 31. Dezember 2005 erworben wurden. Für nach diesem Zeitpunkt erworbene Neubauten gilt nach der Änderung des Einkommensteuergesetzes vom 22. Dezember 2005 nur noch der einheitliche Abschreibungssatz von jährlich 2 v. H. der Anschaffungs- oder Herstellungskosten.

Übersteigen die Werbungskosten die Einnahmen aus Vermietung und Verpachtung, ergibt sich ein Verlust. Verluste aus Vermietung und Verpachtung mindern den Gesamtbetrag der Einkünfte und damit das zu versteuernde Einkommen.

4 Umsatzsteuer

Die Umsatzsteuer (auf der Grundlage des Umsatzsteuergesetzes [UStG] in der Fassung vom 21. Februar 2005, zuletzt geändert durch Gesetz vom 20. 12. 2007) in Form der **Mehrwertsteuer** besteuert den Erwerb von Gütern und Dienstleistungen, sprich: Vermögenswerten. Der Mehrwertsteuersatz beträgt (seit 1. Januar 2007) 19 v. H.; der ermäßigte Steuersatz 7 v. H.

Leistungen von Kreditinstituten, insbesondere deren Einnahmen aus Verwahrung und Verwaltung von Wertpapieren (Depotgebühren), aus Vermögensverwaltungen, Vermietung von Schließfächern, Vermittlung von Immobilien und Reisen und anderem mehr, unterliegen – soweit vom Gesetz nicht ausdrücklich für steuerfrei erklärt – der Mehrwertsteuer.

Steuerpflichtig sind auch die Umsätze und deren Vermittlung in Edelmetallen sowie Münzen, soweit deren (Münz-)Preis über ihrem Metallwert liegt. – In Anbetracht der in Deutschland umsatzsteuerpflichtigen Umsätze in Edelmetallen und (metallüberwertigen) Münzen empfiehlt es sich, einschlägige Anlagen im Ausland vorzunehmen. Eine solche Anlage erfolgt zweckmäßigerweise über ein deutsches Kreditinstitut beispielsweise in der Schweiz, in Österreich, Luxemburg oder Liechtenstein. Sie wird dort mehrwertsteuerfrei durchgeführt. (Mehrwertsteuer fällt gegebenenfalls erst bei Transferierung der Anlage nach Deutschland an!) Depot- und Kontoführungsgebühren sowie Auslandsüberweisungskosten und Spesen werden allerdings auch im Ausland in Rechnung gestellt. – Das gleiche gilt für im Ausland (insbesondere in den vorgenannten Ländern) unterhaltene Metallkonten (auch Gewichtskonten) und Metallzertifikate.

Goldbarren, unverarbeitetes Gold sowie Goldmünzen, die gesetzliche Zahlungsmittel* sind, sind von der Umsatzsteuer befreit.

Umsatzsteuerfrei sind nach § 4 Abs. 1 Ziff. 8 ff. UStG allgemein: Die Kreditgewährungen, die Umsätze von Geldforderungen, Wertpapieren, Anteilen an Gesellschaften und anderen Vereinigungen, gesetzlichen Zahlungsmitteln und inländischen amtlichen Wertzeichen, die Übernahme von Verbindlichkeiten, Bürgschaften und ähnlichen Sicherheiten, die Vermittlung der Umsätze von Wertpapieren und gesetzlichen Zahlungsmitteln, die Verwaltung von Krediten, ... die Umsätze im Einlagengeschäft und Kontokorrentverkehr einschließlich Zahlungs- und Überweisungsverkehr, das Inkasso von Handelspapieren sowie die sonstigen Leistungen im Emissionsgeschäft, ... die Leistungen aus Versicherungsverträgen, ... die Verpachtung und Vermietung von Grundstücken.

5 Grunderwerbsteuer

Grunderwerbsteuer wird erhoben, wenn die rechtliche und wirtschaftliche Verfügungsmacht an einem inländischen Grundstück übergeht. Grundstücke umfassen: bebaute und unbebaute Grundstücke, Erbbaurechte und Gebäude auf fremdem Grund und Boden. Gesetzliche Grundlage ist das Grunderwerbsteuergesetz (GrEStG) in der Fassung vom 26. Februar 1997, zuletzt geändert durch Gesetz vom 20. 12. 2007.

Die Steuerpflicht entsteht in der Regel mit Abschluß des Kaufvertrages. Zur Vorbeugung gegen Steuerumgehung (d. i. der Mißbrauch von Formen und Gestaltungsmöglichkeiten des privaten Rechtsverkehrs zur Umgehung oder Minderung öffentlicher Abgaben) werden auch Abtretungsgeschäfte besteuert, die die rechtliche oder wirtschaftliche Verwertung von (inländischen) Grundstücken (über Ansprüche) ermöglichen.

Die Befreiungen von der Grunderwerbsteuer sind in § 3 Nr. 1 – 8 GrEStG geregelt. Im einzelnen werden genannt:

– Der Erwerb eines Grundstückes bei einer Gegenleistung von bis zu 2 500 Euro,
– Schenkungen und Erwerb von Todes wegen,
– Erwerb eines zum Nachlaß gehörenden Grundstückes,
– Erwerb durch den Ehegatten,

---

* Laut Finanznachrichten des Bundesministeriums der Finanzen 48/94 vom 11. August 1994 gelten folgende Goldmünzen als gesetzliche Zahlungsmittel: Nuggets, Kanguruh, Koala und Sovereign (Australien), ECU (Belgien) Yuan ohne 500er und 1000er (China), Colones (Costa Rica), Kronen (Dänemark), Francs (Frankreich), Pfund ab 1817 (Großbritannien), Maple Leaf (Kanada), Schilling ab 1988 (Österreich), Dollar ab 1795 (USA), Pfund, Rand, Krügerrand und Protea (Südafrika).

- Erwerb durch frühere Ehegatten im Rahmen der Vermögensauseinandersetzung durch Scheidung,
- Erwerb durch Verwandte in gerader Linie, Stiefkinder sowie deren Ehegatten,
- Erwerb eines zum Gesamtgut gehörenden Grundstückes durch Teilnehmer an einer fortgesetzten Gütergemeinschaft zur Teilung des Gesamtgutes,
- Rückerwerb eines Grundstückes durch Treugeber bei Auflösung des Treuhandverhältnisses.

Der Steuersatz beträgt einheitlich 3,5 v. H. (§ 11 GrEStG). Die Steuer bemißt sich nach dem Wert der Gegenleistung oder dem Wert des Grundstückes.

Aufgrund eines seit 1997 beim Bundesfinanzhof anhängigen Verfahrens bezüglich der Verfassungskonformität der Grunderwerbsteuer bei Eigennutzern müssen seither alle Grunderwerbsteuerbescheide einen Vorläufigkeitsvermerk tragen. Auf die tatsächliche Abgabe dieses Vorläufigkeitsvermerkes ist zu achten!

6 Erbschaft- und Schenkungsteuer

Die Erbschaft- beziehungsweise Schenkungsteuer belastet den Übergang von Vermögenswerten von Todes wegen respektive die freigebige Zuwendung und Schenkung unter Lebenden. Die rechtlichen Grundlagen bildet das Erbschaft- und Schenkungsteuergesetz (ErbStG) in der Fassung vom 1. 1. 2009 (Erbschaftsteuerreform 2008).

Unbeschränkt steuerpflichtig sind Inländer (natürliche Personen u. Vermögensmassen) im Inland und zwar für den gesamten Vermögensfall.

Beschränkte Steuerpflicht ist dann gegeben, wenn weder der Erblasser/Schenker noch der Erwerber Inländer ist; die Steuerpflicht erstreckt sich auf das Inlandsvermögen und auf das Nutzungsrecht an diesem (§ 2 ErbStG). Wurde im Ausland angefallenes Vermögen bereits dort mit (ausländischer) Erbschaft-/Schenkungsteuer belegt, so wird diese im Inland auf Antrag angerechnet, sofern nicht ein Doppelbesteuerungsabkommen Platz greift (§ 21 ErbStG).

Die Höhe der Erbschaft-/Schenkungsteuer richtet sich zum einen nach dem Wert des Erwerbs (bewertet nach Bewertungsgesetz), zum anderen nach dem persönlichen Verhältnis des Erwerbers zum Erblasser/Schenker. Bezüglich dieses Verhältnisses werden drei Steuerklassen unterschieden:

- Steuerklasse I: 1. der Ehegatte, der eingetragene Lebenspartner,
2. die Kinder und Stiefkinder,
3. die Abkömmlinge der unter 2. genannten Kinder und Stiefkinder (Enkel),
4. die Eltern und Voreltern bei Erwerb von Todes wegen.

- Steuerklasse II: 1. die Eltern und Voreltern, soweit sie nicht zur Steuerklasse I gehören,
2. die Geschwister,
3. die Abkömmlinge ersten Grades von Geschwistern (Neffen/Nichten),
4. die Stiefeltern,
5. die Schwiegerkinder,
6. die Schwiegereltern,
7. der geschiedene Ehegatte.

- Steuerklasse III: Alle übrigen Erwerber und die Zweckzuwendungen.

Die Steuerklassen I und II Nr. 1 bis 3 gelten auch dann, wenn die Verwandtschaft durch Annahme als Kind bürgerlich-rechtlich erloschen ist.

Die reformierten Eckwerte unter Einbezug der persönlichen Freibeträge zeigt die Übersicht X, 7.

	Steuerklasse I			II[1]	III[2]
	Ehe-/Lebens-partner	Kinder	Enkel		
Freibetrag in Euro	500 000	400 000	200 000	20 000	20 000
Nachlaßvolumen in Euro nach Abzug der Freibeträge	Steuersätze, in Prozent				
bis 75 000	7	7	7	30	30
bis 300 000	11	11	11	30	30
bis 600 000	15	15	15	30	30
bis 6 000 000	19	19	19	30	30
bis 13 000 000	23	23	23	50	50
bis 26 000 000	27	27	27	50	50
über 26 000 000	30	30	30	50	50

[1] Geschwister, Neffen und Nichten, Eltern, Großeltern, geschiedene Ehepartner, Schwiegereltern;
[2] Übrige Erben.

Übersicht X, 7

Ehegatten und Kinder haben darüber hinaus folgende **Versorgungsfreibeträge:** Ehegatten 256 000 Euro, Kinder bis 27 Jahre gestaffelt zwischen 52 000 Euro und 10 300 Euro. **Sachliche Befreiungen** gelten nach § 13 ErbStG für Hausrat (Steuerklasse I 41 000 Euro, Steuerklasse II und III 12 000 Euro), andere bewegliche Gegenstände, insbesondere Kunstgegenstände und anderes.

Das **gesetzliche Zusatzviertel** des überlebenden Ehegatten beziehungsweise dessen Anspruch auf **Zugewinnausgleich** bei Beendigung des gesetzlichen Güterstandes der Zugewinngemeinschaft unter Erben ist nach § 5 ErbStG von der Erbschaftsteuer freigestellt.

Die verschiedenen Vermögensarten werden hinsichtlich ihrer steuerlichen Erfassung durchweg mit ihrem **Verkehrswert*** in Ansatz gebracht.

Neuerungen ergeben sich durch die Erbschaftsteuerreform 2008 unter anderem in bezug auf die Vererbung von Wohneigentum und Familienbetriebe.

Wohneigentum: In unbegrenzter Höhe steuerfrei vererbbar ist selbstgenutztes Wohneigentum (vom Einfamilienhaus bis zur Eigentumswohnung), wenn dieses vom Ehepartner, eingetragenen Lebenspartner oder den Kindern (bei den Letzt-

---

* Der Verkehrswert (auch Marktwert) eines Vermögensobjektes wird durch den Preis bestimmt, der in dem Zeitpunkt, auf den sich die Ermittlung bezieht, im gewöhnlichen Geschäftsverkehr zu erzielen ist (§ 9 Bewertungsgesetz).

genannten gilt eine objektbezogene Kappungsgrenze der Wohnfläche von 200 Quadratmetern) mindestens 10 Jahre weiter bewohnt wird. – Die Vermietung, Verpachtung oder der Verkauf einer solchen Immobilie vor Ablauf dieses Zeitraumes hebt die Steuerfreiheit auf. Auch ihre Nutzung als gemeldeter Zweitwohnsitz reicht für die steuerliche Begünstigung nicht aus.

Familienbetriebe: Bei einer Unternehmensnachfolge sind Erben dann von der Erbschaftsteuer freigestellt, wenn sie die einschlägigen Arbeitsplätze über 10 Jahre sichern und die diesbezügliche Lohnsumme in diesem Zeitraum insgesamt 1000 Prozent ausmacht. (Die Lohnsumme kann während dieser Zeitspanne durchaus schwanken!)

Alternativ zur vorgenannten Möglichkeit ist eine Besteuerung des erworbenen Vermögens mit lediglich 15 Prozent vorgesehen, wenn vom Erwerber eine 7-jährige Haltefrist desselben zugesichert wird. Die Lohnsumme muß dann für diesen Zeitraum 650 Prozent betragen!

Die **Bewertung** von Immobilien im Sinne des Erbschaft- und Schenkungsteuerrechts bemißt sich seit 1. 1. 2009 nach dem 6. Abschnitt (§§ 157–203) des Bewertungsgesetzes (BewG).

Bei **unbebauten Grundstücken** (§ 179 BewG) bestimmt sich der Wert der Immobilie nach ihrer Fläche und dem korrespondierenden Bodenrichtwert. Die Bodenrichtwerte werden von den diesbezüglichen Gutachterausschüssen der Gemeinden nach dem Baugesetzbuch ermittelt und den Finanzämtern mitgeteilt. Sie variieren in Abhängigkeit von der Lage des Grundstückes recht erheblich. Ihre Obergrenze ist durch den jeweiligen Verkehrswert bestimmt. Kann der Steuerpflichtige nachweisen, daß der von der Gemeinde in Ansatz gebrachte Richtwert nicht den Marktgegebenheiten entspricht, muß das Finanzamt Korrekturen nach unten zulassen. Gründe für solche Korrekturen sind: unzureichende Erschließung des Grundstückes, ungünstige Verkehrsanbindung, bestehende Baubeschränkungen, Wegerechte oder sonstige Dienstbarkeiten zugunsten Dritter, ungünstiger Schnitt des Grundstückes, Bodenverunreinigungen (Altlasten) und andere.

Bei **bebauten Grundstücken** (§ 182 BewG) wird der Wert der Immobilien je nach Grundstücksart nach unterschiedlichen Verfahren ermittelt, dem

– *Vergleichsverfahren* (die Wertermittlung orientiert sich am Wert vergleichbarer Objekte),
– *Ertragswertverfahren* (die Wertermittlung orientiert sich an dem nachhaltig zu erwirtschaftenden Ertrag des Objekts) oder
– *Sachwertverfahren* (die Wertermittlung orientiert sich am Substanzwert des Objekts).

Welches der vorgenannten Bewertungsverfahren im Einzelfall in Anwendung kommt zeigt Übersicht X, 8*.

Bei **Grundstücken im Zustand der Bebauung** ergibt sich der Wert der Immobilie aus der Summe von Bodenwert und den bereits aufgelaufenen Herstellungskosten (§ 196 BewG).

---

* Schrobenhausener Treuhand GmbH Steuerberatungsgesellschaft, www.stg.info Erbschaft- und Schenkungsteuer.

Grundstücksart	Bewertungsverfahren	Rechtsgrundlage
Wohneigentum, Teileigentum, Einfamilienhäuser, Zweifamilienhäuser	Vergleichswertverfahren	§ 183 BewG
Mietwohngrundstücke, Geschäftsgrundstücke und gemischt genutzte Grundstücke, für die sich auf dem örtlichen Grundstücksmarkt eine **übliche Miete** ermitteln läßt	Ertragswertverfahren	§ 184 ff. BewG
Wohnungseigentum, Teileigentum, Einfamilienhäuser, Zweifamilienhäuser, soweit ein **Vergleichswert nicht vorliegt** Geschäftsgrundstücke und gemischt genutzte Grundstücke, für die sich auf dem örtlichen Grundstücksmarkt **keine übliche Miete** ermitteln läßt sonstige bebaute Grundstücke	Sachwertverfahren	§ 189 ff. BewG

Übersicht X, 8

Abschließend läßt sich feststellen: Wo vererbt oder geschenkt wird, ist der nimmersatte Staat immer präsent! Wer ein ansehnliches Vermögen auf seine Kinder übertragen möchte, sollte versuchen, sich dessen konfiskatorischen Zugriffs möglichst zu entziehen. Unter Ausnutzung der im Schenkungsteuerrecht vorgesehenen *Zehnjahresfrist* lassen sich erhebliche Steuerbelastungen vermeiden. Der spätere Erblasser kann nämlich seinen Kindern bereits zu seinen Lebzeiten im Vorgriff auf das spätere Erbe Vermögen durch Schenkung übertragen. Der Freibetrag je Beschenkten beläuft sich (wie dargelegt) auf 400 000 Euro. Er kann von diesem/ diesen jeweils nach Ablauf von 10 Jahren immer wieder in Anspruch genommen werden! – Es gilt jedoch zu beachten, daß das Kindergeld beziehungsweise der (steuerlich zu berücksichtigende) Kinderfreibetrag für Kinder über 18 Jahre total entfällt, wenn das betreffende Kind selbst jährliche Einkünfte (z. B. aus Kapitalvermögen oder aus Vermietung u. Verpachtung) von mehr als 7834 Euro (ab 1. 1. 2010 8004 Euro) hat.

7 Vermögensteuer

Nach einem Urteil des Bundesfinanzhofes vom 30. Juli 1997 (II R 9/95) dürfen die Vorschriften über die Vermögensteuer rückwirkend ab 1. Januar 1997 nicht mehr angewendet werden. Die Vermögensteuer darf jedoch weiterhin für zurückliegende Jahre erhoben und eingetrieben werden (Urteil Bundesfinanzhof II B 33/97).

8 Grundsteuer

Die Grundsteuer wird auf den im Inland liegenden Grundbesitz (einschließlich Betriebe der Land- und Forstwirtschaft) erhoben. Maßgeblich für ihre Höhe sind die Beschaffenheit und der Wert des jeweiligen Grundstückes.

Bei bebauten Grundstücken wird die Grundsteuer den Betriebskosten zugeordnet. Im Bereich des sozialen Wohnungsbaus geht sie in die Kostenmiete ein.

Rechtsgrundlage für die Erhebung der Grundsteuer ist das Grundsteuergesetz (GrStG) in der Fassung vom 7. August 1973, zuletzt geändert durch Gesetz vom 1. September 2005.

Die eng gehaltenen Befreiungsvorschriften nach §§ 3 und 4 GrStG gelten insbesondere für Grundstücke der öffentlichen Hand, für gemeinnützigen, mildtätigen, wissenschaftlichen, religiösen Zwecken dienende Grundstücke, Krankenanstalten und andere.

Grundsteuervergünstigungen werden seit 1990 in den alten Ländern und seit 1992 auch in den neuen Ländern für neu geschaffenen Wohnraum nicht mehr gewährt.

Besteuerungsgrundlage ist

– für Grundbesitz in den alten Ländern der nach dem Bewertungsgesetz festgestellte Einheitswert nach den Wertverhältnissen von 1994,
– für Grundstücke in den neuen Ländern, für die nach dem Bewertungsgesetz ein Einheitswert nach den Wertverhältnissen von 1935 festgestellt wurde oder festzustellen ist, der Einheitswert 1935,
– für vor 1991 entstandene Mietwohngrundstücke und Einfamilienhäuser in den neuen Ländern, für die kein Einheitswert 1935 festgestellt ist, die Ersatzbemessungsgrundlage Wohn- oder Nutzfläche nach Maßgabe des § 42 GrStG.

Der Einheitswert wird vom zuständigen Finanzamt festgesetzt. Durch Multiplikation mit der Steuermeßzahl ergibt sich der Steuermeßbetrag. Der Steuermeßbetrag vervielfacht mit dem Hebesatz ergibt die Grundsteuer.

In Rechenformeln gekleidet:

$$\text{Einheitswert} \cdot \text{Steuermeßzahl} = \text{Steuermeßbetrag}$$
$$\text{Steuermeßbetrag} \cdot \text{Hebesatz} = \text{Grundsteuer}$$

Die Steuermeßzahl für Grundstücke (§ 13 ff. GrStG), die zur Berechnung des Steuermeßbetrages auf den Einheitswert anzuwenden ist, beträgt generell 3,5 v. T. Abweichend davon

– für Betriebe der Land- und Forstwirtschaft 6 v. T.,
– für Grundstücke von Einfamilienhäusern
  – für die ersten 38 486,89 Euro des Einheitswertes 2,6 v. T.,
  – für den Rest des Einheitswertes 3,5 v. T.,
– für Grundstücke von Zweifamilienhäusern 3,1 v. T.

Der auf den Steuermeßbetrag in Ansatz gebrachte Hebesatz wird von den Gemeindeparlamenten beschlossen. Die Gemeinde setzt die Grundsteuer durch Grundsteuerbescheid fest.

In den neuen Ländern wird die Grundsteuer nach der Ersatzbemessungsgrundlage Wohn- oder Nutzfläche in einem vereinfachten Verfahren pauschal berechnet und im Steueranmeldungsverfahren erhoben (§ 44 GrStG). Die Selbständigkeit der Gemeinden in der Festsetzung der Hebesätze führt in den einzelnen Gemeinden zu recht unterschiedlichen Belastungen der Steuerpflichtigen.

9 Zusammenfassende Leitmaximen zur Steuerersparnis bei Geldanlagen

Um die bei Geldanlagen rechtlich möglichen Steuerersparnisse auszuschöpfen, sind insbesondere folgende Leitmaximen zu beachten:

– Mit der Einführung der Abgeltungsteuer (siehe X, 1)
  – werden Zinseinlagen und damit Zinserträge aus Spareinlagen, Festgeldern, Tagesgeldern sowie Anleihen bedeutend attraktiver, da sie nunmehr (nicht mehr wie bisher einem Einkommensteuersatz von bis zu 45 Prozent unterliegen) nur noch mit 25 Prozent plus 1,4 Prozent Solidarzuschlag belastet werden;
  – sind Kursgewinne aus Aktien, Fonds und Zertifikaten (auch nach einer bislang geltenden Haltedauer von 1 Jahr) steuerpflichtig;
  – unterliegen Dividenden, die bis dato nur mit bis zu 22,5 Prozent (d. i. die Hälfte des Spitzensteuersatzes) besteuert wurden, durchweg einem höheren Steuerabzug;
– Kursgewinne mit Kursverlusten verrechnen;
– Sparer-Pauschbetrag ausnutzen;
– möglicherweise über entsprechende Fondsbeteiligung(en) Steuervorteile in Anspruch nehmen;
– Lebensversicherung(en) in Betracht ziehen; bei ihr/ihnen ist wie bisher die Hälfte des Ertrags mit dem persönlichen Einkommensteuersatz zu versteuern, vorausgesetzt der jeweilige Vertrag läuft mindestens 12 Jahre und der Versicherte ist bei Auszahlung desselben 60 Jahre alt (vor 2005 abgeschlossene Verträge bleiben steuerfrei!);
– Zweckmäßigkeit von Riester-Rente (VIII, 1) oder Rürup-Rente (VIII, 3) prüfen;
– gegebenenfalls durch entsprechende vorzeitige Vermögensübertragung(en) an Kinder Erbschaftsteuer umgehen!

10 Der gläserne Steuerzahler
– Big brother is watching you! –

Nach dem Steueränderungsgesetz 2003 ist für jeden Steuerpflichtigen die Einführung eines bundeseinheitlichen Ordnungsmerkmals (steuerliches Identifikationsmerkmal) vorgegeben. Natürliche Personen erhalten mit ihrer Geburt eine **Steueridentifikationsnummer** (Steuer-ID) und behalten diese bis 20 Jahre nach ihrem Tod; wirtschaftlich Tätige erhalten eine Wirtschafts-Identifikationsnummer. Diese neue, elfstellige Steuernummer (Zahlencode) wurde vom Bundeszentralamt für Steuern zusammen- und – zunächst die natürlichen Personen betreffend – erklärtermaßen bis Ende 2008 zugestellt.

Mit der im Rahmen der Unternehmensteuerreform 2008 zum 1. 1. 2009 eingeführten Abgeltungsteuer sind die Voraussetzungen für Kontenabrufe durch Behörden und Gerichte neu geregelt.

Kreditinstitute haben nach § 24c Abs. 1 Kreditwesengesetz eine Datei zu führen, in der unverzüglich folgende Daten zu speichern sind:

– die Nummer eines jeden Kontos, das der Verpflichtung zur Legitimitätsprüfung im Sinne des § 154 Abs. 2 Satz 1 Abgabenordnung (AO) unterliegt oder eines jeden Depots sowie der Tag deren Errichtung und Auflösung;

– der Name, sowie bei natürlichen Personen der Tag der Geburt des Inhabers und eines Verfügungsberechtigten sowie in den Fällen des § 3 Abs. 1 Nr. 3 Geldwäschegesetz der Name und, soweit erhoben, die Anschrift eines abweichend wirtschaftlich Berechtigten im Sinne des § 1 Abs. 6 Geldwäschegesetz.

Das jeweilige Kreditinstitut hat zu gewährleisten, daß das Bundeszentralamt für Steuern jederzeit entsprechende Daten aus dieser Datei in einem von ihm bestimmten Verfahren automatisiert abrufen kann. Es hat durch technische und organisatorische Maßnahmen sicherzustellen, daß ihm (dem Kreditinstitut) Abrufe *nicht* zur Kenntnis gelangen!

Nach § 93 Abs. 7 AO ist ein automatisierter Abruf von Kontoinformationen auf Ersuchen von Finanzbehörden oder Gemeinden durch das Bundeszentralamt für Steuern zulässig, soweit

– der Steuerpflichtige eine Steuerfestsetzung nach § 32d Abs. 6 EStG beantragt oder
– die Kapitalerträge in den Fällen des § 2 Abs. 5b Satz 2 EStG einzubeziehen sind und der Abruf in diesen Fällen zur Festsetzung der Einkommensteuer erforderlich ist oder er erforderlich ist
– zur Erhebung von bundesgesetzlich geregelten Steuern oder
– der Steuerpflichtige zustimmt.

Darüber hinaus können nach § 93 Abs. 8 AO die für die Verwaltung

– der Grundsicherung für Arbeitsuchende,
– der Sozialhilfe,
– der Ausbildungsförderung,
– der Aufstiegsfortbildungsförderung und
– des Wohngeldes

zuständigen Behörden das Bundeszentralamt für Steuern ersuchen, bei den Kreditinstituten die im § 93b Abs. 1 AO bezeichneten Daten abzurufen, soweit dies zur Überprüfung des Vorliegens der Anspruchsvoraussetzungen erforderlich ist und ein vorheriges Auskunftsersuchen an den Betroffenen nicht zum Ziel geführt hat oder keinen Erfolg verspricht.

XI
ANMERKUNGEN
ZU EINER
KRITISCHEN GELDANLAGE

Um die Gunst der zunehmend wohlhabenden privaten Geldanleger buhlt heute ein buntes Heer von seriösen wie auch zwielichtigen Finanzdienstleistern und Anlageberatern nationaler wie auch internationaler Provenienz. Daß solchen zwielichtigen Finanzdienstleistern und Anlageberatern – trotz aller einschlägiger Warnungen und Aufklärungskampagnen in den Medien – immer noch eine Vielzahl von Anlagewilligen auf den Leim geht, liegt nicht zuletzt daran, daß das (Anlage-) Beratungsinteresse seriöser Banken und Sparkassen nicht selten erst ab einer entsprechend interessanten Anlagesumme (d. s. in der Regel 50 000 Euro u. mehr!) erwacht. (Anlageberatung auf niedrigerem Niveau gilt allgemein als Zuschußgeschäft!)

Aber auch die Banken sollten nicht vorschnell als ausschließlich am Kundenvorteil orientierte selbstlose Dienstleister gesehen werden! Als Mittler zwischen kapitalbenötigenden Unternehmen und investitionswilligen Anlegern befinden sie sich häufig in einer Konfliktsituation. Da die Bank dem jeweiligen Emittenten in der Regel als Großkunde verbunden ist und am Verkauf dessen Wertpapiere selbst erquicklich verdient, wird sie versuchen, diesen gegenüber den potentiellen Anlegern von seiner besten Seite erscheinen zu lassen. Selbstverständlich hat eine seriöse Bank auch einen Ruf zu wahren und kann diesen nicht leichtfertig aufs Spiel setzen. Dennoch, der Interessenkonflikt ist damit nicht ausgeräumt, sondern bleibt zumindest latent angelegt. Hinzu kommt: Die Anlageberater der Banken und Sparkassen sind durchweg gehalten, die hauseigenen Sparbriefe und Investmentzertifikate an den Mann zu bringen. Anzunehmen, daß ein Bankberater einem Kleinanleger die günstigsten Marktangebote heraussucht und unterbreitet, ist ein naiver Trugschluß. Häufig sind diese Berater – insbesondere kleiner Bankfilialen – auch selbst überfordert, solches zu tun. (Ihre Qualifikation reicht dazu meist nicht aus!) Derlei Beratungsansprüche können in der Regel erst ab einem Anlagevolumen von 50 000 Euro und mehr gestellt werden. Die Beratung von Kleinanlegern reduziert sich damit weitgehend auf einen konfektionierten (und damit nicht individualisierten!) Standard-Service. Die individuellen Gegebenheiten des potentiellen Anlegers, wie Einkommens- und Vermögensverhältnisse, seine Steuersituation sowie seine Präferenzen hinsichtlich Risiko, Sicherheit, Liquidität, Ertrag und anderem werden dabei vielfach nicht oder nur unzureichend zur Kenntnis genommen.

In geradezu provozierender Weise verdeutlicht sich die Minderachtung der Kleinanleger bei Neuemissionen allgemein als attraktiv erachteter Aktien. Nur selten werden hier – wie von den Banken behauptet – die Aktien tatsächlich verlost. Diese Neuaktien werden von ihnen meist recht schamlos an den Interessen der Kleinanleger vorbei Großanlegern zugeschanzt.

Daß den traditionellen Universalbanken die Kleinanleger eher lästig als willkommen sind, zeigt sich auch darin, daß sie diese mit hohen Mindestsätzen für den An- und Verkauf von Wertpapieren abzuschrecken versuchen. Hier haben mittlerweile jedoch sogenannte Discount-Broker – meist Tochterinstitute angesehener Banken – ihre Chance wahrgenommen und bieten entsprechende Produkte zu attraktiven Preisen (Spesen) – allerdings aber auch ohne jegliche Beratung – an.

Aus diesen ernüchternden Gegebenheiten – die auch durch die unter I, 5 getroffenen Feststellungen zur Anlageberatung und Beratungshaftung nicht konterkariert, allenfalls in ihren Konsequenzen für den Anleger gemildert werden können – ergeben sich für den potentiellen Anleger unter anderen folgende Verhaltensregeln:

– Gehen Sie zunächst zu Ihrer Hausbank und erkundigen sich dort über deren Möglichkeiten der Geldanlage und der qualifizierten Beratung über diese;

- lassen Sie sich Ihre diesbezüglichen Fragen vom Leiter der einschlägigen Abteilung (Geldanlage) oder von einem kompetenten Vertreter desselben beantworten (Erkundigen Sie sich bei Ihrem Gesprächspartner unbefangen nach dessen Funktion und Stellung in der Bank! Lassen Sie sich keinesfalls von einem inferioren Angestellten „abspeisen"!);
- scheuen Sie sich – falls die Auskünfte nicht zu Ihrer Zufriedenheit ausfallen – nicht, (gegebenenfalls) von der Zweigstelle zur Zentrale der Bank zu wechseln oder sich mit Ihren Fragen einer anderen Bank zuzuwenden;
- vereinbaren Sie in der Bank Ihrer Wahl einen Beratungstermin mit einem ausgewiesenen Anlageberater;
- bereiten Sie sich umfassend auf dieses Gespräch vor; lassen Sie sich dabei von den unter I, 5.3 (Anlageberatungsprotokoll) genannten Überlegungen leiten;
- begnügen Sie sich nicht mit dem üblichen Standard-Programm, sondern verlangen Sie eine umfassende Darlegung der für Sie in Frage kommenden Anlagemöglichkeiten sowie eine vergleichende Gegenüberstellung derselben unter Einschluß deren Vor- und Nachteile;
- bestehen Sie auf einer klaren Beantwortung der Sie interessierenden Fragen und lassen Sie sich nicht um den „heißen Brei" führen;
- scheuen Sie sich nicht, das Beratungsgespräch auch ohne Abschluß zu beenden und sich gegebenenfalls noch weitere Informationen bei anderen Banken wie auch aus einschlägigen Fachzeitschriften, Fachpublikationen und sonstigen Medien zu besorgen* oder sich überhaupt einer anderen Bank zuzuwenden;
- notieren Sie sich die wichtigsten Gesprächspunkte (Anlageberatungsprotokoll, siehe hierzu I, 5.3) und lassen Sie sich diese auf dem Protokoll bestätigen;
- treffen Sie klare Vereinbarungen über die gegebenenfalls anfallenden Spesen (An- u. Verkaufsspesen, Depotgebühren); hier eröffnen sich meist Verhandlungsspielräume, insbesondere in Abhängigkeit von der Höhe der Anlagesumme;
- holen Sie sich für die in Betracht gezogenen Investments und die mit diesen verbundenen Spesen Angebote bei verschiedenen Banken ein und vergleichen Sie diese (Angebote);
- verlangen Sie genaue Auskunft darüber, ob es sich bei den jeweiligen Anlagen um banken- oder konzerneigene (u. damit für die Bank selbst um besonders profitable) Produkte handelt (Diese müssen nicht, können aber im Vergleich zu Konkurrenzprodukten weniger attraktiv sein!);
- seien Sie vorsichtig gegenüber (noch so verlockend anmutenden!) ausländischen Wertpapieren, wenn Sie nicht über ausreichende einschlägige Informationen verfügen; hinzu kommt, daß ausländische Wertpapiere meist mit erheblich höheren Spesen belastet werden als inländische;
- verlangen Sie für die in Betracht zu ziehenden Wertpapiere visualisierte mittel- und langfristige Kursverläufe (Charts), aus denen Sie deutlich deren Volatilität

---

* Doch auch hier ist Vorsicht geboten, insbesondere was die marktschreierisch angebotenen Telefonhotlines und Faxabrufe angeht. Die hier meist zu überhöhten Gebühren angebotenen Aktientips, Informationen und Gerüchte rings um die Börse bringen meist nur den Betreibern dieser Einrichtungen einen Vorteil. Für den potentiellen Anleger ist den hier feilgebotenen Tips mit äußerster Zurückhaltung zu begegnen. Häufig verbergen sich hinter derlei Hotlines Verlage, die die in ihren Anlegermagazinen vorgetragenen „Erkenntnisse" auf diesem Wege vorvermarkten. Überhaupt sind die hier angebotenen Informationen häufig gar nicht so unbekannt und aktuell wie behauptet! Skepsis ist auf jeden Fall geboten!
– Es erscheint zweckmäßiger, sich im Internet unter den einschlägigen www-Adressen (wie z. B. www.finanztip.de) oder über www.google.de zu informieren.

ersehen können; üben Sie Zurückhaltung gegenüber hoch volatilen Anlagen; meiden Sie Anlageformen, deren Wertschwankungen Sie nicht jederzeit verfolgen können;

– seien Sie äußerst skeptisch gegenüber (allzu) verlockenden Renditeversprechungen; je höher die angepeilte Rendite, desto höher das Risiko!;

– lassen Sie sich bei einer Anlageberatung niemals unter zeitlichen Druck setzen;

– meiden Sie jede Beziehungsaufnahme mit unbekannten Anlageberatern und -vermittlern, die Sie ungebeten telefonisch kontaktieren!,

– wählen Sie nie eine Geldanlage, deren Konstruktion Sie nicht durchblicken;

– sollten Sie trotz aller Vorsicht doch einmal „reingelegt" worden sein, ist – um nicht eventuelle Verjährungsfristen zu versäumen – *sofort* ein auf Anlageprobleme spezialisierter Rechtsanwalt zu konsultieren; es ist davon abzuraten, sich selbst mit dem unseriösen Anlageberater ins Benehmen zu setzen, da dieser dadurch frühzeitig gewarnt würde und sich – möglicherweise unter Einbezug unbedachter Äußerungen Ihrerseits – für eventuell nachfolgende anwaltliche Auseinandersetzungen wappnen könnte!

Anhang: Erläuterungen zum Kursteil von Tageszeitungen

Über das tägliche Börsengeschehen informieren die überregionalen Tageszeitungen recht eingehend. Für den Laien sind diese Informationen jedoch nicht immer einfach zu lesen. Die *Frankfurter Allgemeine Zeitung* trägt diesem Umstand durch entsprechende Erläuterungen in äußerst anschaulicher Weise Rechnung. Sie sollen nachfolgend wiedergegeben werden. (siehe Übersicht XI,1.)

Erläuterungen zum Kursteil

52 Wochen Vergleich		Börsenwert in Mrd. Landeswähr.		KGV		Aktientitel	06.11.08 Schluss	07.11.08 Schluss	Xetra Tages		Veränd. in % seit		Xetra 52 Wochen		Div.	Ums.O Div.- Tsd. Rend. 7.1
Tief	Hoch	Gesamt	Streubes.	2008	2009				Hoch	Tief	6.11.	28.12.07	Hoch	Tief		
5,45	5,45	9,20	8,80				26,64	27,50	28,21	26,60	3,20	−46,4	51,63	23,01	0,501x	1,82 2

① ② ③ ④ ⑤ ⑥ ⑦ ⑧ ⑨ ⑩

Aktienmarkt (Beispiel)

Tabellen Euro Stoxx 50 und Stoxx 50: nur Werte, die nicht bereits im Dax 30 genannt sind.
1 Aktueller Kurs in der Bandbreite von Höchst- und Tiefstkurs der letzten 52 Wochen.
2 Börsenkapitalisierung: Unternehmenswert (Verlaufs- bzw. Schluss-kurs multipliziert mit Aktienzahl).
3 Kurs-Gewinn-Verhältnis: Kurs dividiert durch erwarteten Gewinn je Aktie. Je niedriger das KGV, desto besser.
4 Schlusskurs vom Vortag (Dax, M-Dax, Tec-Dax: Xetra; Eurostoxx 50, Stoxx 50: Parkett Frankfurt).
5 Aktueller Kurs bzw. Schlusskurs.
6 Höchst- und Tiefstkurs des Verlaufszeitraumes bzw. Börsentages.
7 Veränderung in Prozent gegenüber Vortag bzw. Vorjahresende.
8 Höchst- und Tiefstkurse der letzten 52 Wochen, teilweise gerundet, sowie um Kapitalmaßnahmen rechnerisch bereinigt.
9 Dividende: jüngster ausgeschütteter Gewinnanteil je Aktie in E oder – in kursiver Schrift – jewe ger Landeswährung. Hochzahl h ter Dividende: Zahl der Ausschü tungen je Jahr.
10 Dividendenrendite: Verhältnis D dende zum Börsenkurs in Proze
11 Handelsvolumen (Zahl gehand ter Aktien) aller deutschen Börs

Weitere Abkürzungen und wichtige Begriffe

Ohne Kurs: kein Kurs erhältlich. Börsen ohne Angabe der Uhrzeit: Schlusskurse. Alle Zeitangaben beziehen sich auf deutsche Uhrzeit. Kurs ohne Zusatz: bezahlt, alle Aufträge ausgeführt.

a Kursnotierung ausgesetzt. **ADR** American Depository Receipt: Anteilsscheine, die Rechte an Aktien verbriefen, wie Aktien gehandelt. **B** Brief; keine Umsätze, es bestand nur Angebot. **bB** bezahlt Brief; es bestand weiteres Angebot. **bG** bezahlt Geld; es bestand weitere Nachfrage. **Bn** Börsenplatz Berlin. **Br** Börsenplatz Bremen. **C** Kompensationsgeschäft, Käufer und Verkäu-fer identisch. **D** Börsenplatz Düsseldorf. **F** Börsenplatz Frankfurt. **G** Geld; keine Umsätze, es bestand nur Nachfrage. **gs** Börse geschlossen. **H** Börsenplatz Hamburg. **Hn** Börsenplatz Hannover. **i.A.** in Abwicklung. **i.K.** in Konkurs. **i.L.** in Liquidation. **Inh.** Inhaberaktie. **M** Börsenplatz München. **Na** Namensaktie. **PS** Partizipationsschein. **r** rationiert, beschränkte Ausführung limitierter Aufträge oder repartiert. **rB** rationiert, Brief. **rG** rationiert, Geld. **s** geschätzt. **S** Börsenplatz Stuttgart. **T** Taxe. **Vz** Vorzugsaktie, gewährt Vorrechte gegenüber Stammaktien (beispielsweise Stimmrechte oder Dividenden); häufig ohne Stimmrecht. **xA** nach Aus-gleichszahlung: erste Notiz unter Abschlag einer Ausgleichszahlung. **xB** ausschließlich Bezugsrecht oder Zusatzaktie. **xD** ausschließlich Dividende. **xS** nach Splitting, erste Notiz nach Kursumstellung auf geteilte Aktien. **xZ** nach Zinsen: erste Anleihenotiz unter Abschlag der Zinsen (flat). **–** gestrichen, kein Kurs festgestellt. **–B** kein Kurs, es bestand unlimitiertes Angebot. **–G** kein Kurs, es bestand unlimitierte Nachfrage. **–T** gestrichen Taxe, Preis geschätzt. * 5 DM. ** 50 DM. △ 1 Euro. ° andere. (Keine Angabe: ohne Nennwert). ▲ Dax-30-Wert, der auch im Euro Stoxx 50 oder Stoxx 50 enthalten ist.

Länderabkürzungen:

A Österreich **AN** Niederländisc Antillen **AUS** Australien **CDN** Kana **CH** Schweiz **E** Spanien **F** Frankre **GB** Großbritannien **GG** Guerns **I** Italien **IL** Israel **IRL** Irland **J** Jap **KY** Kaimaninseln **L** Luxemb **N** Norwegen **NL** Niederlan **SGP** Singapur **USA** Vereinigte Sta ten von Amerika **VG** Britisc Jungfern-Inseln.
Renditen US-Staatsanleihen v Tullett Prebon Information.
Nikkei: © Nihon Keizai Shimbun, In Kursangaben stammen, wenn nic gesondert ausgewiesen, von vwd Ve einige Wirtschaftsdienste AG. A Angaben ohne Gewähr.

Übersicht XI, 1

Quelle: F.

Stichwortverzeichnis